Die Abenteuer der Familie Manfred

Die komplette 1. Staffel

Cy Landie

Die Abenteuer der Familie Manfred

Die komplette 1. Staffel

Cy Landie

Alle Rechte vorbehalten.

Jede Verwertung oder Vervielfältigung dieses Buches – auch auszugsweise – sowie die Übersetzung dieses Werkes ist nur mit schriftlicher Genehmigung des Autors gestattet. Handlungen und Personen im Roman sind frei erfunden. Ähnlichkeiten mit lebenden oder verstorbenen Personen sind rein zufällig und nicht beabsichtigt.

Copyright © Landie

Kontakt
cylandie@web.de

ISBN-13: 978-3736869417

Inhalt

Folge 1 – Die Schneehasenjagd 5

Folge 2 – Der Entzug 31

Folge 3 – Das Gewinnspiel 57

Folge 4 – Das neue Haustier 87

Folge 5 – Verschobene Weihnachten (Teil 1) 115

Folge 6 – Verschobene Weihnachten (Teil 2) 142

Folge 7 – Der Zeitungsbote 172

Folge 8 – Die Kontaktanzeige (Teil 1) 204

Folge 9 – Die Kontaktanzeige (Teil 2) 227

Folge 10 – Die Lebensfreude (Teil 1) 257

Folge 11 – Die Lebensfreude (Teil 2) 280

Folge 12 – Die Zahnbehandlung 306

Folge 13 – Die Flüchtlingskrise 335

Die Manfreds

AMIN.

- das Oberhaupt der Familie
- Trinker und Drogenkonsument
- ein großer Fußballfan
- überzeugter Arbeitsloser
- reagiert cholerisch und wahnsinnig
- süchtig nach Sex und Glücksspielen
- herrscht daheim mit eiserner Hand
- behandelt seine Söhne wie Sklaven
- bringt sich und andere in Schwierigkeiten

PACECCO.

- der älteste Sohn von Amin
- ein Kumpeltyp
- spricht gern italienisch
- harter Arbeiter in einer Kohlemiene
- besessen von Pornos

PAULE.

- der jüngste Sohn von Amin
- ein selbsternannter Poet
- verfügt über einen großen Wortschatz
- neigt zu melodramatischen Ausbrüchen
- wirkt oftmals naiv und unerfahren

Folge 1 – Die Schneehasenjagd

1. Szene

Es ist ein sonniger Morgen im goldenen November. Während Paule die letzten Vorbereitungen für ein reichhaltiges Frühstück trifft, hat Pacecco bereits am Tisch Platz genommen und wartet geduldig auf sein Essen.

PACECCO.
Hey, Paule, wo bleibt mein hart gekochtes Ei mit extra Pfeffer? Würze, ich brauche Würze!

PAULE.
Gemach, lieber Pacecco, nur gemach! Die Freilandeier brutzeln, der Kaffee köchelt und der Toaster ist nun auch wieder voll funktionstüchtig, nachdem ich das Toilettenpapier erfolgreich aus dem Innenfach gekratzt habe.

PACECCO.
Toilettenpapier?

PAULE.
Jawohl! Du weißt nicht zufällig, wie es im Toaster gelandet ist?

PACECCO.
Äh, keine Quizfragen jetzt, ich verhungere hier noch. Dieser verdammte Wecker hat mich zu spät geweckt.

PAULE.
Nachdem du so intensiv alle fünf Minuten auf das Gerät eingeprügelt hast, bin ich ehrlich verwundert, dass es überhaupt noch einen Ton von sich gegeben hat.

PACECCO.
Ich kann diesen Lärm am Morgen einfach nicht ertragen. Ich habe so schön von tanzenden Würstchen geträumt. Nicht zu fassen, dass die Nacht schon vorbei ist. Da, sieh nur aus dem Fenster: Es ist noch stockdunkel draußen! Warum muss ich überhaupt in dieser Herrgottsfrühe aufstehen?

PAULE.
Damit du dein tägliches Brot verdienst?

PACECCO.
Käsebrot! Schuften wie ein Tier lassen die mich, von morgens bis abends. Wer das erfunden hat, der muss doch geisteskrank sein. Diese ganze Gesellschaft ist komplett verrückt! Loco!

PAULE.
So, der Kaffee ist fertig. Wie hättest du ihn heute gerne?

PACECCO.
Mach ihn so schwarz wie die Lunge des toten Marlboro-Mannes. Ich fühle mich so schlapp wie noch nie.

PAULE.
Schenkt Pacecco ein.
So, bitte sehr. Extra schwarz für den hechelnden Herrn.

PACECCO.
Trinkt einen Schluck.
Ah ja, das tut gut. So heiß muss er sein, dann brennt er dir glatt die Kehle weg.

AMIN.
Kommt zur Tür herein.
Schießmichtotunddreimalschwarzerkater!

PAULE.
Ah, guten Morgen, Vater!

PACECCO.
Hey, Amin. Schon so früh auf den Beinen?

AMIN.
Menschenskind, müsst ihr so viel reden? Da wird man doch irre! Haltet endlich die Schnauze!

PACECCO.
Lass mich raten: Du hast gestern Abend wieder zu viel

getrunken?

AMIN.
Ach, hör mir auf, es ist doch nie genug! Da kann man trinken, was man will, und wenn's Brennspiritus ist. Am nächsten Morgen seid ihr ja doch wieder hässlich!

PACECCO.
Ich benutze wenigstens Gesichtscreme gegen dunkle Augenringe.

AMIN.
Back dir doch 'n Ei drauf, du Geier.

PAULE.
Hach schön. Ich muss schon sagen: Mit euch zu frühstücken erwärmt mir jedes Mal das Herz.

AMIN.
Paule, sag mal, wo ist denn die verdammte Tageszeitung?

PAULE.
Verzeih, aber die liegt leider noch draußen vor der Haustür. Ich hatte bisher noch keine freie Sekunde, um sie zu uns ins Warme zu holen.

AMIN.
So eine Schlamperei! Warum muss ich in diesem verdammten Haushalt immer alles alleine regeln? Und da wundert sich die Regierung, wieso die Männer heutzutage alle frustriert sind und in ihren Kellern Bomben basteln! Burn-out ist das!

PACECCO.
Ist mein Ei schon hart genug?

PAULE.
Nein, achte auf Eieruhr! Erst wenn sie klingelt, hat dein Ei Perfektion erreicht.
Paule tritt ab.

PACECCO.
Dieses Miststück, ich brauche endlich mein gehöriges Futter! Sieh nur, wie meine Muskeln abschlaffen.

Paule tritt auf.

PAULE.
So, hier ist die Zeitung, Vater, ganz frisch gedruckt! Alle regionalen und internationalen Nachrichten für dich kompakt und sachlich zusammengefasst.

AMIN.
Na, das wollen wir doch mal sehen, du Lump!
Nimmt die Zeitung.
Mann, die ist ja ganz kalt! Widerlich!
Blättert herum.
Erst einmal schauen, was der Sportteil taugt.
Liest.
Scheiße, ist denn das zu fassen? Hört euch diese garstige Schlagzeile an: "Abgestiegen und glücklich dabei!" Ich sage euch, diesen Trainer sollte man sofort niederknüppeln und in ein dunkles Loch werfen! Keiner wagt mehr den Kampf bis aufs Blut! Die ganze Liga besteht nur noch aus Weicheiern, lauwarmen Laolas und Ziegendreck!

Die Eieruhr klingelt.

PACECCO.
Endlich, mein Ei! Ich bin gerettet!

AMIN.
Menschenskind, muss das immer so laut sein? Als ob ein D-Zug durch die Wohnung rollt!

PAULE.
Hier ist dein Ei, Pacecco. So, damit müsste nun alles auf dem Tisch bereitstehen: Butter, Marmelade, Käse, Frischkäse, Wurst und Joghurt, dazu heißer Kaffee, Orangensaft und etwas Obst. Und natürlich ein doppelter Wodka für Vater, damit sein Kreislauf wieder in Schwung kommt.

AMIN.
Her mit dem Trösterchen!

PAULE.
Stellt Amin das Glas Wodka vor die Nase.
Hier, bitte. Entspricht das Ei deinen Wünschen, Pacecco?

PACECCO.
Na ja, es ist schon schwierig zu pellen. Nächstes Mal lässt du das kalte Wasser 10 Sekunden länger drüberlaufen, ja? Ich als Arbeiter in der Familie möchte am Morgen nicht solche Herkulesaufgaben bewältigen müssen.

PAULE.
Zu Befehl, Käpt'n!

AMIN.
Beim Barte des Klabautermanns! Ist denn das zu fassen?

PAULE.
Irgendwas Wichtiges in der Zeitung von heute, Vater?

AMIN.
Ich sage euch, dieses Land ist auf direktem Weg in die Hölle!

PACECCO.
Warum, hat deine Stammkneipe Pleite gemacht?

AMIN.
Quatsch, zum Jahreswechsel werden die Strompreise schon wieder erhöht! Hier steht es schwarz auf weiß! Und der kleine Bürger ist wie immer der Depp der Nation! Dabei zahlen wir schon ein Vermögen an all diese dreckigen Aasgeier, für Strom und Gas und Wasser und Müllentsorgung und Krankenkassenbeiträge und weiß der Kuckuck für was noch alles!

PACECCO.
Genauer gesagt, zahle *ich* das alles.

AMIN.
Na und? Hier geht's ums Prinzip, kapiert? Diese korrupten Schweine haben die Macht, sich irgendwelche stumpfsinnigen Gründe für einen Preisanstieg auszudenken und erhöhen dann einfach, wie sie lustig sind!

PAULE.
Wo gerade von Preiserhöhungen die Rede ist: Ich vertrete ja die Auffassung, dass die Fleischpreise um mindestens 50 % erhöht werden sollten.

AMIN.
Was? Wo kommst du denn her?

PAULE.
Nun ja, die Menschen heutzutage schlucken ihre billigen Steaks herunter, ohne jemals einen Gedanken daran zu verschwenden, dass für ihren persönlichen Genuss ein wunderschönes Lebewesen von einem stumpfsinnigen Fleischer brutal ermordet wurde.

PACECCO.
Kann mir jemand mal die Landleberwurst reichen?

AMIN.
Reicht Pacecco die Wurst.
Hier hast du das gute Stück. Ich sage immer: Gutes Fleisch hält Leib und Seele zusammen.

PACECCO.
Appetit gut – alles gut!

AMIN.
Und ein Gläschen Wein bleibt ungern allein!

PAULE.
Aha! Jetzt dämmert es mir am frühen Morgen. Ihr seid noch immer auf dem Level der Primaten aus Kubricks Film *2001* stehen geblieben und werft abgenagte Knochen aus Tierkadavern durch die Lüfte, während ich längst durch eine Berührung des allmächtigen Monolithen die nächste

Evolutionsstufe erreicht habe und mit kreisenden Raumstationen schwerelos durch das Weltall schwebe. Ich bin das Starchild!

AMIN.
Starchild? Du bist ein Vogel!

PACECCO.
Ich verstehe nur Wurst.

AMIN.
Pah, hör dir diesen Weltverbesserer an. Mir kommen gleich die Tränen, du Milchmädchen! Ich sage dir, der Mensch ist dazu geboren, Tiere zu jagen und Fleisch zu essen. Wenn ich von einem langen Arbeitstag nach Hause komme, steht mir ein saftiges Steak zu, alles klar? Frisch vom Rind geschlachtet und am offenen Feuer gebraten, serviert mit deftigen Kartoffeln, Steinpilzen und feuriger Soße!

PAULE.
Na, ich habe mich wohl verhört, werter Vater. Du und lange Arbeitstage?

AMIN.
Ja, was glaubst du denn? Wenn ich den ganzen Tag auf dem Arbeitsamt hocke und einer mies gelaunten Bürotussi meinen Lebenslauf immer wieder von vorne vorkauen muss, ist es das gleiche für mich, als wenn ich meinen Körper Tag und Nacht auf dem Strich verkaufe, okay? Diese Erniedrigung des eigenen Geistes ist härter als alles andere.

PACECCO.
Ich bin auch ein harter Bursche. Die Arbeit in der Kohlemiene lässt mich höchstens 40 Jahre alt werden. Darum will mich auch keine Firma versichern.

AMIN.
Scheiße, ich kann diese ganze Ausbeutung von Ämtern und Firmen nicht mehr ertragen! Wir sollten die Dinge wieder selbstbestimmt regeln, wie die Männer aus den guten alten Wildwestfilmen, staubtrocken und hart wie Stahl! Damals

wurden Entscheidungen mit dem Colt getroffen, Mann gegen Mann. Oder glaubst du, John Wayne hätte beim Arbeitsamt bescheuerte Formulare ausgefüllt und sich von einer alten Schreibtischtante dämlich vollquatschen lassen?

PACECCO.
Ich sage: Frauen tratschen zu viel. Aber die Brüste locken das willige Männchen.

AMIN.
So eine Schabracke hatte in früheren Zeiten nichts zu melden, außer Kaffee zu kochen und für einen sauberen Haushalt zu sorgen – zu Recht! Schließlich muss sich der Mann um die wirklich wichtigen Aufgaben des Lebens kümmern!

PACECCO.
Zum Beispiel Brüste miteinander vergleichen. Es gibt einfach zu viele.

PAULE.
Das ist doch nichts weiter als reaktionärer Chauvinismus, das üble Geschwätz eines herrschsüchtigen Hinterwäldlers! Frauen sind wunderschöne zarte Wesen, die unsere Kinder gebären und für uns leiden und den größten Respekt verdient haben!

AMIN.
Pah! Ich habe noch keine getroffen, die eine kräftige Ohrfeige oder den Anblick einer Kanone nicht kapiert hätte.

PACECCO.
Also, meine Kanone sieht klasse aus und ist Tag und Nacht geladen.

PAULE.
Könnten wir bitte das Thema wechseln?

AMIN.
Haut auf den Tisch.
Verdammt noch mal, nein! Jetzt alle Mal herhören: Ich habe eine Entscheidung getroffen! Ich habe lange darüber nachgedacht, aber jetzt, jetzt sehe ich klar!

PAULE.
Oh nein, bitte nicht schon wieder eine dieser Entscheidungen aus Jux und Raserei heraus! Noch eine von dieser Sorte werde ich nicht überleben!

AMIN.
Schnauze! Ich sage euch jetzt, wie's läuft: Wir werden von nun an ein vollkommen selbstbestimmtes Leben führen, ist das klar? Wir lassen uns von niemandem mehr sagen, was wir zu tun und zu lassen haben! Wir werden nie mehr wie diese Idioten da draußen hinter einem System aus bescheuerten Regeln hinterherlaufen! Wir machen unsere eigenen Regeln, jenseits von Gesetz und Norm, okay? Hier wird sich von nun an einiges ändern! Ruf sofort in der Kohlemiene an, Pacecco! Als Erstes wirst du deinen Job kündigen!

PACECCO.
Juhu!

PAULE.
Aber Vater, ich höre wohl nicht recht! Pacecco ist unsere einzige Verbindung in die Außenwelt! Wovon sollen wir denn leben, wenn kein Geld mehr ins Haus kommt?

PACECCO.
Yeah, Baby! Endlich kann ich wochentags nackt auf dem Sofa tanzen und mich mit Senf einreiben!

PAULE.
Himmel hilf! Wir werden alle auf der Straße enden, und wie die Hunde auf verlassenen Schrottplätzen übernachten müssen! Wo wir vorher noch wie die Könige geschlemmt haben, nagen wir bald an verkommenen Käserinden aus dem Abflussrohr!

AMIN.
Nur keine Panik. Überlasst das Denken mal eurem guten alten Daddy. Ich bin doch Lebenskünstler und kenne die ganzen Tricks.

PAULE.
Ach herrje, ich glaube nicht, dass ich mein Frühstück weiterhin verspeisen kann. Mir ist ganz plötzlich so elend zumute.

PACECCO.
Klasse, mehr Futter für Pacecco! Heute ist mein Glückstag!

2. Szene

Einige Zeit später sehen Pacecco und Paule ein, dass ihr fürsorglicher Vater Amin mit seinem grandiosen Einfall goldrichtig lag. Die Familie Manfred ist nie glücklicher gewesen. Bei einem Gespräch unter Brüdern wird der Freude freien Lauf gelassen.

PACECCO.
Ich sterbe vor Hunger! Was habe ich von meiner neuen Freizeit, wenn überhaupt nichts zu essen im Haus ist? Und der Kühlschrank funktioniert auch nicht mehr. Una tragedia! Wieso muss ich immer so leiden?

PAULE.
Hier regiert der nackte Wahnsinn, Pacecco! Vater unternimmt alles, um unsere Körper zu vernichten und unseren Geist zu brechen! Erst verwehrt er uns den Gang zum Supermarkt, um unseren Hunger zu stillen, dann hat er all unsere Konten gelöscht und zu allem Übel Strom und das Gas abstellen lassen!

PACECCO.
Ausgerechnet jetzt zur kalten Winterzeit. Dabei bin ich es doch gewohnt, mir bei der Kälte immer viel Speck anzufressen, wie ein Braunbär.

PAULE.
Noch niemals habe ich so gefroren. Schau nur wie meine Beine schlottern! Dabei trage ich bereits die doppelte Schicht an Thermo-Unterhosen und selbst gestrickten Wintersocken! Das Elend muss schnellstens ein Ende finden!

PACECCO.
Wir könnten ja den Teppich anzünden, um uns aufzuwärmen.

Oder Amin hinterrücks erschlagen, wenn er zur Tür hereinkommt.

PAULE.
Wenn man vom Teufel spricht: Da kommt ja unser pöbelnder Patriarch!

Amin tritt auf.

AMIN.
Horrido – Joho! Ihr Penner!

PACECCO.
Was für ein Ho?

PAULE.
Stürmt auf Amin zu.
Vater, ich protestiere aufs Schärfste gegen diese katastrophalen Zustände! Wenn sich in Kürze nichts an unserer Lage ändert, werde ich ein immenses Protestplakat entwerfen und vor unserer Wohnung auf und ab marschieren!

AMIN.
Hör mir mal auf da mit deinen Tiraden, klar? Du alte Zicke, dir fällt auch immer ein Grund ein, dich zu beschweren, was? Da bemüht man sich, seinen Kindern ein besseres Leben zu ermöglichen und das ist der Dank dafür! Da kommt mir die kalte Kotze hoch!

PACECCO.
Mein armer Oberbauch, wie der grummelt. Wenn ich nicht gleich was zu essen bekomme, verliere ich all meine Superkräfte. Ich will kein Normalsterblicher werden!

AMIN.
Nicht verzagen, Amin fragen. Während ihr euch auf der faulen Haut ausgeruht habt, bin ich derweil los, um meinem Masterplan in die Tat umzusetzen. Darum war ich vorhin beim Baumarkt und habe uns von unserem letzten Geld Waffen besorgt, damit wir auf die Jagd gehen können. Schaut mal hier.

PACECCO.
Eine Schaufel?

PAULE.
Ein Baseballschläger?

AMIN.
Die sind für euch. Ich nehme mein altes Jagdgewehr aus Großvaters Zeiten.

PAULE.
Wie bitte, Vater, das soll wohl ein schlechter Scherz sein! Damit sollen wir nun auf die Jagd gehen wie die Wilden?

AMIN.
Na klar, was denn sonst, du Balg? Ich habe euch doch gesagt, dass wir den beschissenen Supermarkt nicht mehr brauchen. Und Amin hält immer Wort, klar? Wir sorgen ab jetzt für unser eigenes Futter. Wir erlegen das Vieh selbst und schlachten auch selbst, pure Selbstversorgung. Außerdem sparen wir damit ein Vermögen.

PAULE.
Wenn einem sowieso in allzu naher Zukunft der finanzielle Kollaps droht, fällt das Sparen nicht schwer.

AMIN.
Uns steht eine glorreiche Zukunft bevor, okay? Ihr werdet mir später dafür dankbar sein, dass ich richtige Kerle aus euch gemacht habe. So, Pacecco, nimm du die Schaufel, dann kriegt Paule den Baseballschläger. Ich schnappe mir mein Gewehr und dann können wir auch schon los. Alle mir nach!

PACECCO.
Wohin gehen wir denn?

AMIN.
Frag nicht so dumm, du Wurm. Wir drei werden natürlich in den Wald gehen. Dort gibt es reichlich Nahrung für uns. Wir müssen uns nur bedienen.
Tritt ab.

PACECCO.
Sag mal, Paule, von welchem Wald redet er?

PAULE.
Da bin ich leider überfragt, Pacecco. Aber ich werde unverzüglich mein Testament aufsetzen!

3. Szene

Und so stürzen sich unsere drei wagemutigen Helden wieder einmal in ein neues, unbekanntes Abenteuer. Alle sind hoch motiviert. Die Stimmung könnte nicht besser sein.

PACECCO.
Wann sind wir endlich da? Meine Beine fühlen sich an wie Pudding ... Schokoladenpudding mit Schlagsahne ... hm, lecker.

AMIN.
Nur Geduld, du Ignorant, wir sind gleich da. Gut Ding will Weile haben. Alte Jägerredensart.

PAULE.
Ich möchte bloß erfahren, wo sich hier ein Wald befinden soll. Wir haben uns gerade einmal in einem 10-Minuten-Fußmarsch von unserem Apartment entfernt.

PACECCO.
Vielleicht ist das alles nur ein böser Traum.

AMIN.
So, da wären wir.

PACECCO.
Was, hier? Das muss ein böser Traum sein.

AMIN.
Schaut euch ruhig um. Na, was sagt ihr? Ist die Jagdsaison eröffnet, oder was?

PAULE.
Wie bitte, Vater? Das nennst du einen Wald? Das ist doch bloß der Stadtpark!

AMIN.
Zweifelst du etwa an meinem natürlichen Urinstinkt, du Made? Ich weiß genau, was ich tue, okay?

PACECCO.
Was wollen wir hier? Der ganze Park ist doch von Schnee bedeckt.

PAULE.
Hier können wir doch nie und nimmer jagen, Vater. Schau, dort sind überall Spaziergänger. Frischgebackene Eltern, die mit ihren jubilierenden Kindern den ersten Schneemann bauen. Oder dort hinten, ein frisch verliebtes Paar in der Blüte seiner Jugend, vollkommen in seiner Sehnsucht nach zwischenmenschlicher Zuneigung und Geborgenheit.

AMIN.
Scheiße! Die haben mir gerade noch gefehlt, die verscheuchen mir ja sämtliche Schneehasen!
Schießt mit dem Gewehr in die Luft.
He, ihr Penner, raus aus meinem Jagdrevier, aber ein bisschen flott!

PACECCO.
Und schon laufen sie davon. Als hätten wir die Pest.

PAULE.
Bitte nicht schon wieder Randale, Vater, sonst landen wir noch allesamt hinter schwedischen Gardinen, bei kümmerlichen Rationen Wasser und Brot!

PACECCO.
Hör auf von Essen zu reden! Im Moment würde ich sogar für Wasser und Brot einen Mord begehen!

AMIN.
So, nachdem ich das so kühn geklärt habe, werden wir nun mit der Jagd beginnen. Haltet eure Waffen bereit.

PACECCO.
Wo fangen wir denn an? Ich sehe keine Tiere weit und breit, geschweige denn einen netten Dönerladen.

AMIN.
Ihr habt verdammt noch mal Glück, dass ich so ein guter Fährtenleser bin. Ich weiß, für euch ist das hier alles ein schneeverwehtes, tristes Gebiet. Und warum? Weil ihr Blindgänger seid! Ich als Profi habe dagegen schon reichlich Spuren entdeckt.

PACECCO.
Ist nicht wahr. Wo denn?

AMIN.
Passt gut auf. Seht ihr dort drüben im Schnee, gleich vor der großen Eiche? Das sind eindeutig die Pfoten eines wilden Tieres. Ich wittere einen fetten Hasen, mindestens 15 Kilo schwer.

PAULE.
Bist du dir sicher? Das schaut mir mehr nach Hundepfoten aus.

AMIN.
Hundepfoten – Bullshit! Kannst du nicht gucken, oder was? Du brauchst wohl eine Brille, wie dieser bescheuerte Zauberlehrling aus dem Fernsehen! Kommt jetzt, wir nehmen die Verfolgung der Beute auf. Die Spuren sind noch ganz frisch.

PACECCO.
So eine Plackerei. Ich bin so schwach, ich kann mich kaum noch bewegen. Jetzt eine ofenfrische Pizza Gorgonzola, mit einer doppelten Schicht Käse überbacken …

AMIN.
Nichts als widerwärtiger Analogkäse! Pfui Deibel! Diesen

industriellen Dreck können wir uns in Zukunft sparen!

PAULE.
Ich möchte es nicht wagen, auch nur einen Gedanken an unsere fatale Zukunft zu verschwenden.

AMIN.
Außerdem müssen wir uns nie wieder im Supermarkt zusammen mit dicken Hausfrauen an einer Kasse anstellen. Ich habe es satt, dass diese Egoisten am Förderband nie den Warentrennstab hinter ihren verdammten Einkauf legen. Ständig muss man mit diesen Idioten mitdenken! Da wird man doch bekloppt!

PACECCO.
Ich kenne niemanden, der so bekloppt ist wie wir. Mitten im Winter stapfen wir mit Baseballschläger und Schaufel durch den kalten Schnee. Ich wünschte, ich wäre nie geboren worden.

AMIN.
Aber es ist nun mal passiert, okay? Und ich kann dir eins sagen: Du warst ein verdammt dickes Kind bei deiner Geburt, mein lieber Mann! Und ein notorischer Busengrapscher noch dazu!

PACECCO.
Und du wurdest wohl von Großmutter mit dem Wodkafläschchen ernährt?

PAULE.
Halt, wohin des Weges? Da schnattert ihr so eifrig daher, dabei verlaufen die Spuren im Schnee nun in eine komplett andere Richtung. Seht selbst, hinter den Hügeln geht es weiter.

AMIN.
Was ist? Oh, tatsächlich. Das kommt davon, wenn ihr mich die ganze Zeit mit euren Kindereien ablenkt! Euch kann man keine Sekunde aus den Augen lassen. Also haltet jetzt gefälligst die Klappe und konzentriert euch!

PACECCO.
Ich bin sowieso viel zu schwach zum Reden.

AMIN.
Immer dieses Gejaule! Wir sind hier nicht auf einem von euren idiotischen Kindergeburtstagen, kapiert? Wir müssen eins mit der rohen Natur sein. Hier gibt's kein Topfschlagen und auch keinen Schokoladenkuchen, alles klar?

PACECCO.
Oh lecker, Schokoladenkuchen, mit einer kräftigen Portion Schlagsahne und Schokostreuseln ...

Plötzlich raschelt es im Dickicht.

AMIN.
Da brat mir doch einer 'nen Storch! Hört ihr zwei auch dieses Rascheln?

PACECCO.
Ich höre vor allem dich, du Brüllaffe.

Es raschelt erneut.

AMIN.
Da, schon wieder! Es raschelt! Unsere Beute muss ganz nah sein.

PAULE.
Dort drüben, die Zweige bewegen sich.

AMIN.
Ja! Es ist direkt hinter den Sträuchern! So, jetzt passt mal auf, wie wir Profis das machen. Ich starte einen Überraschungsangriff und überwältige das Tier!

PAULE.
Moment, nicht so hastig, Vater!

AMIN.
Ruhe, es geht um Sekunden, sonst haut sie uns ab! Ich zähle runter: 3 ... 2 ... 1 ... Halali!
Stürmt los.

PACECCO.
Jetzt ist er komplett durchgedreht.

PAULE.
Ach du gute Güte! Mir scheint des Öfteren, ich trage den Namen unserer Familie wie eine Bürde um den Hals!

PACECCO.
Na ja, wer weiß, vielleicht unterschätzen wir Amin ja doch und er ist in Wirklichkeit ein hervorragender Jäger?

Eine Dame tritt auf.

DAME.
He, was machen Sie denn da? Lassen Sie sofort meinen Hund los!

AMIN.
Scheiße, das ist ein Hund? Mensch, der ist so riesig, der könnte glatt als potthässliches Pony durchgehen!
Hund beißt Amin.
Aua! Das verdammte Pony hat mich glatt in den Hoden gebissen!

PACECCO.
Zu Paule.
Vergiss einfach, was ich eben gesagt habe.

DAME.
Zu Hilfe! Polizei!

AMIN.
Läuft unter Wehgeschrei davon.
Aua! Das brennt ja wie Hexe!
Zu Pacecco und Paule.
Rückzug, ihr Narren! Rückzug!

Von so einem kleinen Zwischenfall lässt sich Amin nicht unterkriegen. Mit unbändiger Tatkraft treibt er Pacecco und Paule schon kurze Zeit später weiter quer durch den Park zu weiteren Höchstleistungen an.

AMIN.
Wisst ihr, so ein Hodenbiss kann auch dem besten Jäger passieren. Wer kann schon ahnen, dass sich in diesem Park am helllichten Tag genmanipulierte Hunde herumtreiben? Die Besitzer dieser Bestien sollte man auf der Stelle verklagen und einbuchten!

PACECCO.
Wie lange müssen wir noch laufen? Ich spüre meine Beine nicht mehr.

PAULE.
Wahrscheinlich so lange, bis einer von uns als Todesanzeige in der morgigen Zeitungsausgabe endet.

AMIN.
Erstarrt plötzlich.
Donnerlittchen! Bleibt sofort stehen! Da, auf 11 Uhr!

PACECCO.
Was für eine Uhr?

AMIN.
Na sieh mal einer an, wer dort so dämlich auf der Parkbank hockt: Columba livia forma domestica!

PAULE.
Du sprichst von der Taube? In Latein?

AMIN.
Quippe! Die sieht verdammt lecker aus, nicht wahr?

PAULE.
Aber wir können doch keine Tauben essen, Vater. Tauben sind voller Keime und übertragen elende Krankheiten!

AMIN.
Du bist doch selber eine Krankheit! Taubenfleisch ist eine Delikatesse! Wir werden sie schön schmoren, im Speckmantel hüllen und in Balsamicosoße tauchen, kapiert?

PACECCO.
Pfui! Die fressen bestimmt auch Zigarettenkippen und Dreck von der Straße!

AMIN.
Als ob das Rind in deinen matschigen Burgern nicht auch hochgradig verseucht wäre! Aber den widerlichen Fraß haust du dir immer kiloweise rein, ohne mit der Wimper zu zucken! Also stellt euch mal nicht so an, ja?

PACECCO.
D'accordo. Und wie geht's nun weiter, du Genie?

AMIN.
Hört zu: Ich pirsche mich nun ganz langsam von hinten an die Taube heran und fange sie mit bloßen Händen. Diese Technik habe ich mir von Grizzlybären abgeschaut.

PACECCO.
Buona fortuna. Ich mache hier Rast und schaue dir gern dabei zu.

PAULE.
Schaut zum Himmel.
Oh, welch herrlicher Anblick! Die liebe Sonne hat es geschafft, die triste Wolkendecke zu durchbrechen. Plötzlich erstrahlt die gesamte Schneelandschaft in gleißendem Licht!

AMIN.
Pirscht sich langsam an.
Komm zu Amin, mein kleines Täubchen ...

PACECCO.
Maledizione! Ist das hell! Immer wenn ich in die Sonne gucke, muss ich nie ... nie ...

AMIN.
Gleich hab ich dich ...
Pacecco niest laut und verschreckt damit die Taube.
Nein! Ihr Idioten! Jetzt habt ihr die Taube verscheucht!

PAULE.
Seht nur, wie die Taube den Himmel emporsteigt, so silbern und prächtig, wie ein majestätisches Symbol für Freiheit und Frieden!

AMIN.
Der Frieden ist vorbei, von jetzt an gibt's Krieg, das sag ich euch! Die verdammte Taube schieß ich glatt vom Himmel!
Schießt wutentbrannt in den Himmel, verfehlt aber die Taube.

Trotz aller Rückschläge geben die Manfreds nicht auf. Sie wollen noch einen letzten Angriff starten, bevor die Dämmerung einsetzt.
Nachdem unsere Freunde weitere Stunden durch den Park marschiert sind und dabei sogar eine Straße überquert haben, macht Amin erneut eine erfreuliche Entdeckung.

AMIN.
Stopp!

PACECCO.
Was denn nun schon wieder?

AMIN.
Dort drüben ist ein Teich! Ich kann von hier erkennen, dass dort dicke Fische drin schwimmen! Endlich! Die werden wir schön fangen, putzen und dann braten!

PAULE.
Aber Vater, ich glaube nicht, dass der Teich noch zum Parkbereich gehört. Das ist mit Sicherheit Privatbesitz. Sieh doch, gleich hinter den penibel getrimmten Rosenbüschen ragt ein großes Anwesen hervor.

AMIN.
Ich pfeif auf deine Meinung! Ich bin kein Mann der Spekulation, ich bin ein Mann der Tat, alles klar? Darum hau ich uns jetzt erst mal mit dem Gewehrkolben ein dickes Loch in den Teich!
Schlägt mehrmals auf die Eisschicht des Teiches, sodass ein Loch entsteht.
Na, wer sagt's denn! Jetzt sehen wir mal zu, dass wir ein paar

Fische erwischen. Los, Pacecco, geh mal mit gutem Beispiel voran und stoß mit der Schaufel rein! Siehst du, da drüben schwimmt ein großer Brocken!

PACECCO.
Sticht mit der Schaufel in das Loch.
Ich versuch's. Nimm dies und das! Mist, nicht getroffen. Der ist verdammt flink.

AMIN.
Na los, warum dauert das so lang? Wird's bald? Du musst seine Bahn verfolgen. Du musst denken wie der Fisch!

PACECCO.
Merda! Hetz mich nicht so! Ich stoße ja schon wie ein Irrer. Der Fisch bewegt sich zu schnell. Meine Gelenke sind eingerostet, schließlich habe ich seit gestern nichts mehr gegessen.

AMIN.
Du dämlicher Tunichtgut! Na komm, Paule, dann bist du jetzt an der Reihe. Hol kräftig aus und knüppel den Fisch endlich nieder! Da! Siehst du ihn? Der Bursche hat sich unter einer Seerose versteckt.

PAULE.
Tut mir leid, doch werde ich als sensibler Dichter keinerlei rohe Gewalt gegenüber diesem wunderschönen Geschöpf anwenden. Jedes Lebewesen ist einzigartig und darf nicht aus dem lapidaren Grund getötet werden, damit wir uns aus purer Langeweile heraus die Bäuche vollschlagen können. Bevor ich diesen Fisch auch nur anrühre, würde ich mich eher an Ort und Stelle mit Kerosin übergießen, und wie die Jungfrau von Orleans in Flammen aufgehen!

AMIN.
Ihr verweichlichten Kaffeetanten! Ihr würdet es ohne mich keinen Tag in der freien Wildnis aushalten! Na schön, dann muss ich halt mit der Flinte ran. Schaut mal, wie das ein richtiger Mann klärt. Ich ziele jetzt geradewegs ins Wasser. Heute Abend gibt's leckere Fischstäbchen!

PAULE.
Nicht doch, du Unhold, das gibt ein Massaker! Hinfort mit deinem Mordinstrument! Hinfort!
Hält Amins Gewehr fest.

AMIN.
Was fällt dir ein, du Pudel? Nimm deine Dreckspfoten von meiner Flinte!

PAULE.
Niemals! Eher opfere ich uns alle!

AMIN.
Wirst du wohl loslassen, du feige Trine!

PACECCO.
He, passt mit dem Gewehr auf, ihr zielt ja auf den armen Pacecco!

Die Dame tritt auf.

DAME.
He, Sie da! Hören Sie sofort auf damit!

PACECCO.
Sie schon wieder? Die Dame mit dem Hund?

DAME.
Das ist doch die Höhe! Verlassen Sie auf der Stelle meinen Gartenteich! Ich habe bereits die Polizei verständigt!

PACECCO.
Gehen Sie besser in Deckung!

Während Paule und Amin noch um die Flinte kämpfen, löst sich ein Schuss. Die Dame schreit auf.

PAULE.
Oh Gott, Mord, Vater! Das ist Mord!

AMIN.
Ähm.
Drückt das Gewehr in Paules Hand.
Paule war's! Paule war's!

4. Szene

Es zeugt von Hingabe und Herzlichkeit, dass die einzelnen Mitglieder der Manfreds während des Ausflugs noch stärker zusammenwachsen konnten. Das Band innerhalb der Familie ist inzwischen so stark geworden, sodass man auch weiterhin jede Sekunde gemeinsam verbringen möchte.

PACECCO.
Das habt ihr ja fein hingekriegt, jetzt sind wir euretwegen im Knast gelandet! Wieso musstet ihr der Dame mit dem Gewehr auch direkt vor die Füße schießen?

PAULE.
Das war ein tragisches Missgeschick! Vater war völlig von Sinnen, einer musste seine Raserei doch beenden! Oh weh! Hoffentlich ist die Dame wohlauf. Noch als der Polizeiwagen uns bereits abtransportierte, hat sie Gift und Galle gespuckt!

AMIN.
Ach was, die wird schon wieder. Ich kenn mich mit solchen Frauen aus. Der schicke ich demnächst einfach 'ne Tafel Schokolade nach Hause und alles ist wieder im Lot.

PACECCO.
Auf jeden Fall müssen wir jetzt wegen eurer dummen Aktion in dieser winzigen Zelle herumhocken. Merda! Dabei wollte ich nur eine knusprige Pizza Gorgonzola!

AMIN.
Ich weiß gar nicht, warum ihr euch schon wieder beschwert. Scheiße, es hätte doch gar nicht besser laufen können! Solange wir hier im Gefängnis sind, haben wir eine kostenlose Unterkunft, ein warmes Bett, kriegen regelmäßig unsere Essensrationen und ab und zu ist sogar ein kleiner Verdauungsspaziergang auf dem Gefängnishof drin.

PACECCO.
Ich kann diese Zelle nicht verlassen! Ich bin doch viel zu süß! Die werden kommen und mir in den culo pimpern!

AMIN.
Keine Panik, ich bin doch der pfiffige Amin und kenne die Tricks. Es dauert nicht lange, bis sie uns wieder rauslassen. Und dann werden wir uns erst einmal eine gute Sechserpackung Bier besorgen und kräftig feiern.

PAULE.
Eine Sechserpackung, Vater? Etwa aus dem Supermarkt?

AMIN.
Natürlich aus dem Supermarkt, woher denn sonst? Oder glaubst du, dass Bier auf den Bäumen wächst? Außerdem lassen wir uns den Strom wieder anstellen und braten uns auf der guten Herdplatte das größte Steak, das die Welt je gesehen hat.

PAULE.
Aber woher stammt dieser plötzliche Sinneswandel? Heute Morgen beim Frühstück warst du dir noch vollkommen sicher, dass wir ein völlig neues, autarkes Leben führen sollten.

AMIN.
Ach Gottchen, heute Morgen war ich einfach noch müde, da redet man allerhand komisches Zeug daher. Steigende Strompreise hin oder her – man muss halt manchmal in den sauren Apfel beißen und für seinen Lebensstandard gewisse Leistungen erbringen.

PACECCO.
Das bedeutet im Klartext, ich soll meinen alten Job in der Kohlemiene wieder aufnehmen.

AMIN.
Natürlich, du fauler Penner! Und nur damit du's weißt, du wirst bald härter anpacken als je zuvor, klar?

PACECCO.
Mit dem armen Pacecco kann man's ja machen. Ich bin halt zum Leiden geboren.

PAULE.
Also ist es vorbei, Vater? Ist die Zeit des Jagens endlich vorüber?

AMIN.
Ja, was glaubst du denn? Ich habe es satt wie im Mittelalter zu leben, okay? Wir sind schließlich keine Wilden. Wir sind die Manfreds – zivilisiert, großzügig und anständig zu Tieren. Ab heute essen wir nur noch verpacktes Fleisch!

Ende

Folge 2 – Der Entzug

1. Szene

Es wird Abend in der Tulpenstraße. Die Vögel würgen zum Abendessen für ihre Jungen leckere Würmer heraus. Paule Manfred sitzt zu Hause auf dem Sofa und schaut sich eine Fernsehsendung an. Pacecco kommt derweil nach einem langen Arbeitstag endlich zur Tür herein.

PACECCO.
Lässt sich umgehend zu Paule aufs Sofa fallen.
Meine Fresse, endlich Feierabend! Seit 14 Stunden schon sehne ich mich danach – ich sage dir, das strengt unheimlich an.

PAULE.
Mein Gott, Pacecco! Sprich, wo bist du denn nur gewesen? Bist du bei guter Gesundheit?

PACECCO.
Wo ich gewesen bin? Ich war in der Kohlemine schuften, wie jeden Tag. Habe Steine geschleppt wie ein Esel.

PAULE.
Wie meinen? Ich verstehe nicht. Du hast dein Tageswerk geleistet? An einem Sonntag?

PACECCO.
Von wegen Sonntag! Heute ist doch Montag, du Köter.

PAULE.
Ach, deswegen vernahm ich so ein reges Treiben draußen auf der Straße. Heute ist ja Montag, ich Narr! Ich war so krank vor Sorge um dich, dass ich bereits mit dem Gedanken gespielt habe, Flugblätter mit deinem Antlitz zu verteilen! Aber ich konnte es nicht übers Herz bringen, besitze ich doch bloß Bilder von dir, auf denen du eine garstige Fratze schneidest!

PACECCO.
Vielleicht solltest du mal öfters vor die Tür gehen. Wenn du

den ganzen Tag hier drin hockst und deine Gedichte da schreibst, wirst du irgendwann noch bescheuerter, als du jetzt schon bist. Was guckst du eigentlich gerade für 'nen Mist?

PAULE.
Eine höchst interessante Kochsendung. Dort kochen fünf Hausfrauen gegeneinander, die oftmals zwischen Fleischspießchen und geschnittenem Gemüse amüsante Anekdoten aus ihrem täglichen Leben preisgeben.
Lacht.
Die sind teilweise so keck, dass ich mich manchmal sogar dabei ertappe, wie ich hier auf dem Sofa sitze und mit dem Studiopublikum klatsche. Ist das nicht grandios?

PACECCO.
Ja, doch wirklich, ich freue mich für dich. Aber bevor ich jetzt die Männer in Weiß anrufen muss, die dich in eine Zwangsjacke packen und die nächsten paar Jahre in eine Gummizelle stecken, schalte ich jetzt doch einfach mal um, ja?
Wechselt das Programm.

PAULE.
Meine Lieblingssendung, nein! Wie kannst du es wagen? Schande über dich und deine Familie!

PACECCO.
Findet eine Pornosendung.
Alter, ich musste 14 Stunden lang in der heißen Kohlemine schwitzende, stinkende Männer ertragen. Da brauche ich abends einfach meine Tittenpornos, okay? Wenn du ein Problem damit hast, schreibe ein Gedicht drüber.

Das Telefon klingelt.

PAULE.
Horch, die Glocken läuten! Herein! Herein! Es droht Gefahr!

PACECCO.
Das ist nur das Telefon, Mann. Geh du ran, ja? Ich bin jetzt viel zu schwach dafür. Wenn ich jetzt den Hörer abnehme, habe ich Angst, meine arme Schulter auszukugeln.

PAULE.
Nimmt den Hörer ab.
Wer da? Sprich, Geselle, oder schweig für immer!
Lauscht dem Anrufer.
Aha. Aha. So? Nein!

PACECCO.
Was ist denn los? Ist schon wieder ein berühmtes Tier im Zoo gestorben?

PAULE.
Legt den Hörer nachdenklich wieder auf.
Welch tragische Kunde.

PACECCO.
Was ist denn?

PAULE.
Ich pflegte soeben eine blamable Konversation mit einem Polizeibeamten.

PACECCO.
Was, die Bullen? Was wollten die schon wieder?

PAULE.
Es ging um unseren Erzeuger, unseren lieben Vater Amin. Der Polizeibeamte teilte mir in aller Höflichkeit mit, dass Vater wieder betrunken in einer Spelunke randalierte. Er hat Streit angefangen und ist dann bei einem Messerduell auf Leben und Tod offenbar übel zugerichtet worden!

PACECCO.
Puh, da bin ich aber erleichtert. Dachte schon, es wäre was Ernstes. Dann kann ich mich ja wieder zu dir setzen und weiter den Porno schauen. War gerade so spannend.

PAULE.
Der Beamte sagte weiterhin, jemand müsse Vater abholen. Er liegt da mutterseelenallein im Rinnstein vor der Bar in seinem eigenen Erbrochenen.

PACECCO.
Wie, abholen? Jetzt? Mitten in der Nacht?

PAULE.
Nacht? Gerade erst hat der Kuckuck die 18 Uhr verkündet.

PACECCO.
Und wenn schon, ich habe Feierabend, ich kann mich jetzt nicht mehr bewegen. Ich sage dir was, ich werde jetzt diesen Porno zu Ende schauen, genüsslich mein kühles Feierabendbier trinken und meine Eier massieren, und das war's. Finito. Alles andere wäre Stress. Und du weißt, was Stress macht, oder, Paule?

PAULE.
Nein, was macht denn der Stress?

PACECCO.
Glatzen. Der Stress macht Glatzen, Paule, Glatzen nach einem üblen Haarausfall. Willst du etwa, dass ich meine Haare verliere?

PAULE.
Natürlich nicht, nichts liegt mir ferner.

PACECCO.
Na siehst du, da sind wir ja schon zu zweit. Darum wirst du Amin abholen. Und jetzt störe mich bitte nicht länger, ich kann schon fühlen, wie meine Haut um Hilfe schreit. Wegen all dem Stress hier in den letzten Minuten ist sie bestimmt schon um Jahre gealtert.

PAULE.
Ich schreite schon davon, aber bitte warte nicht auf mich, es könnte zu später Stunde sein, wenn der Zeitpunkt endlich gekommen ist, an dem ich zurückkehre!

PACECCO.
Jaja, hau doch endlich ab.

2. Szene

Als Paule zurück in die Wohnung kommt, muss er den armen Amin mit aller Kraft abstützen. Doch Amin kämpft tapfer gegen seinen kleinen Schwächeanfall und versucht wie immer die Contenance zu wahren.

AMIN.
Lallt betrunken.
Na scheiße, schlag mich doch einer mit 'ner Schaufel! Ich hätte sie fast erledigt, diese Narren, ich hätte sie allesamt erledigt, wenn man mich nur gelassen hätte! Was quatschen die auch einfach so mein Mädchen an, hä? Die Kellnerin gehörte zu mir, okay? Ihr hättet sehen müssen, wie sie mich ansah, als sie mir die Nüsse brachte! Keiner bezahlt mein Mädchen! Was sind das denn für Manieren? Wo zum Teufel leben wir eigentlich, wenn man noch nicht einmal ein Gentleman sein darf? Nicht einmal das lassen diese Schweine zu. Erst nehmen sie dir dein Geld, dann deine Frauen und zuletzt die Eier von deinen Hühnern. Aber meine Eier bekommen sie nicht, das sag ich euch …
Paule schließt die Wohnungstür.
Moment, was war das denn? Was ist das, wo bin ich hier?

PAULE.
Du bist endlich zu Hause, Vater.

AMIN.
Was, zu Hause? Wer bist du denn?

PAULE.
Ja, erkennst du mich denn nicht? Ich bin es: Paule, dein Sohn, die Frucht deiner Lenden! Ich bin es, der dir so fleißig jeden Morgen die Zeitung bei den Nachbarn klaut. Ich bin es auch, der immer die tonnenschweren Kästen trägt, wenn du Bier einkaufen gehst, weißt du nicht mehr?

AMIN.
Bier? Her mit dem Bier, Fremdling!

PAULE.
Es ist kein Bier mehr da, Vater. Pacecco hat die letzte Flasche

getrunken.

AMIN.
Was sagst du, kein Bier mehr da? Und du willst mein Sohn sein? Dir will ich's zeigen, du Störenfried!
Streckt Paule mit einem Schlag nieder.
So, jetzt ist hier aber Kacke im Karton! Langsam fällt mir alles wieder ein. Hier wohne ich tatsächlich! Dort, das T-Shirt meines Lieblingsvereins, seit 10 Jahren ungewaschen! Und ich meine mich zu entsinnen, dass ich wirklich irgendwann einen Sohn gezeugt hab. Sein Name war ... sein Name war ... Pullunder Bär! Haha, genau!

PACECCO.
Schaut noch immer teilnahmslos Fernsehen.
Na, alles klar, Amin? Bist du wieder in den Zaubertrank gefallen?

AMIN.
Hä? Wer spricht da?

PACECCO.
Hier, auf dem Sofa! Kuckuck!

AMIN.
Wer zum Geier sind Sie?

PACECCO.
Pacecco, dein Sohn. Der Erstgeborene wohl bemerkt.

AMIN.
Scheiße, noch einer von der Sorte?
Lacht dreckig.
Mann, da war ich ja anscheinend doch einmal richtig fleißig, oder?

PACECCO.
Ja, also eines ist mal sicher: Bei mir musst du damals ziemlich gut drauf gewesen sein, wenn man bedenkt, was für ein prachtvoller Stammhalter ich geworden bin. Aber wenn ich da an Paule denke ...

AMIN.
Was ist dieses "Paule"? Etwa ein Haustier, das du kennst?

PAULE.
Erhebt sich stöhnend vom Boden.
Oh weh, welche Schmach gebührt dem Vater, der seinen geliebten Sohn nicht mehr erkennt!

AMIN.
Ach, du schon wieder. Hier ist ja was los. Scheiße ihr beiden, lasst mich erst einmal in Ruhe hinsetzen. Ich fühle mich, als hätte mich eine grasende Milchkuh vergewaltigt.

PAULE.
Vater, was ist denn nur geschehen? Wieso versagt dir dauernd der gesunde Geisteszustand?

AMIN.
Mann, halt doch mal die Klappe jetzt, ständig dieses Genörgel, du bist ja schlimmer als 'ne alte senile Kaffeetante, die sich in 'nen Bus setzt und von irgendwelchen Betrügern ausgenommen wird. Weißte, da kann man bei all dem guten Willen, den man an den Tag legt, am Ende ja doch nur noch reinschlagen.

PACECCO.
Ja, seid mal ruhig jetzt, ich will die Sendung hier genießen. Ich schufte den ganzen Tag wie ein Esel, da brauche ich dann abends wenigstens etwas Freude, ja?

PAULE.
Das ist doch nichts als sinnfreie Zerstreuung und geistige Ohnmacht, du ahnungsloser Tor! Siehst du denn nicht, dass unser werter Herr Vater ein ernsthaftes Problem hat?

PACECCO.
Was redest du da? Was denn für ein Problem?

PAULE.
Na, er frönt dem Alkohol, als ob es kein Morgen gäbe! Dabei

lehrt uns die natürliche Erfahrung, dass der Morgen am nächsten Tag wiederkommt! Aber Vater wählt den zerstörerischen Pfad, der nur ein Ziel kennt: die totale Selbstauflösung! Oh Gott, Vater, warum hasst du dich selbst so sehr, dass du zum Schluckspecht der Stadt wurdest, zu einem hemmungslosen Säufer, der permanent seine eigene Telefonnummer vergisst?

AMIN.
Sag mal, wie redest du denn mit mir, du mieser Wicht?

PACECCO.
Also ich weiß ja nicht, wie es euch geht, aber ich finde mich klasse! Jeden Morgen, wenn ich in den Spiegel schaue, gebe ich mir selbst einen Kuss.

AMIN.
So, jetzt passt mal gut auf: Ich bin kein verkackter Säufer, alles klar? Gut, ab und an genehmige ich mir mal einen, ja, aber ich bin halt von Natur aus einfach nur besonders durstig, okay? Ein Bier pro Monat darf man sich ja wohl mal gönnen, oder ist das jetzt auch schon verboten?

PAULE.
Ein Bier pro Monat? Verzeih, aber du redest wirr! Gestern hast du noch hier gesessen und zehn Bier in zwanzig Minuten in deinen gierigen Schlund gestürzt! Und überall liegen leere Flaschen herum, unter dem Sofa, im Kleiderschrank, ja sogar im Wäschetrockner habe ich welche finden können! In unserem Keller stapeln sich die Kästen mittlerweile so hoch wie der Turm zu Babel! Ich war irgendwann so verzweifelt, dass ich mich sogar genötigt sah, ein paar von den Kästen heimlich zu den Nachbarn zu schmeißen!

AMIN.
Was? Bist du noch zu retten, du Wurm? Also durften diese Schweine von nebenan den satten Pfand abkassieren? Dabei weißt du doch genau, dass es für mich kein schöneres Erlebnis gibt, als jeden Samstag die leeren Flaschen in den Pfandautomaten zu stecken und zu sehen, wie viel Geld ich wiederbekomme. Nun hast du mir diese Freude auch noch

zerstört, verdammtes Kind!

PAULE.
Ich habe es getan, um dich zu retten, Vater! Ich wollte eigentlich nicht darauf zu sprechen kommen, weil ich irrtümlicherweise an deinen gesunden Menschenverstand appelliert habe und annahm, dass sich die Situation wieder beruhigen würde, doch jetzt, nach all der Pein und der Demütigung von heute, sehe ich mich gezwungen, ein für alle Mal für Deeskalation zu sorgen! Denn sieh nur, was heute Morgen mit der Post gekommen ist!

PACECCO.
Oh, ist mein Tittenmagazin endlich da?

PAULE.
Nein.

PACECCO.
Verdammte Schweine von der Post! Wie lange muss ich denn noch warten, bis ich meine Titten kriege?

AMIN.
Was hast du da? Einen Brief? Na gib schon her den Wisch! Hm, mal lesen ...
Liest laut vor.

Sehr geehrter Herr A. Manfred,

wir haben heute die Resultate Ihres großen Blutbilds erhalten, das Sie vor zwei Wochen in unserer Praxis anfertigen ließen. Da wir Sie auf telefonischem Wege bisher nicht erreichen konnten, möchte ich Sie hiermit aufgrund der besorgniserregenden Ergebnisse bitten, nach Erhalt meiner Nachricht umgehend Kontakt mit mir aufzunehmen.

Mit freundlichen Grüßen,
Doktor Humpelbein

Verdammte Scheiße, was ist das?

PAULE.
Ein Brief von deinem Hausarzt.

AMIN.
Das sehe ich selbst, Made! Aber da steht ja drin, dass ich bald sterben werde! Mensch, da werde ich ja plötzlich ganz nervös. Ich brauche jetzt unbedingt was zu trinken!

PAULE.
Wie ich schon sagte, es ist kein Tropfen mehr im Haus! Zügle deine Gier, jetzt oder nie, oder es ist alles aus!

AMIN.
Ich kann dir sagen, was ich davon halte, dass du mir mitten in der Nacht irgendwelche Todesnachrichten in die Hand drückst!
Schlägt Paule abermals um.
So, jetzt erst mal einen klaren Kopf kriegen. Bloß nicht ausflippen, sondern Ruhe bewahren. Stress killt einen noch schneller als sonst was.

PACECCO.
Stress macht Glatzen. Darum meide ich auch diese ganzen Neonazis, denn die sind *richtig* gestresst!

AMIN.
Rüttelt an Pacecco.
Verdammte Scheiße, du Ziegenpeter, weißt du, was das bedeutet?

PACECCO.
Ne, was denn?

AMIN.
Ich muss sofort runter von dem Zeug! Jetzt sofort, auf der Stelle! Weißte, ich habe immer am Limit gelebt, die süßen Früchte gekostet, weil es verdammt noch mal mein einziges Leben ist, aber sieh nur, was es nun angerichtet hat. Ich habe keinen Bock, draufzugehen, alles klar? Ich will nicht meschugge werden und stotternd durch die Gegend laufen, wie dieser verdammte Heavy-Metal-Opa aus dieser Serie! Es ist 5 vor 12 und ich muss jetzt radikal umdenken. Volle Breitseite!

PACECCO.
Und was bedeutet das jetzt?

AMIN.
Na, Entzug bedeutet das, kalter Entzug, ist doch klar. Und ihr seid mein Fleisch und Blut, zwar verdorbenes Fleisch, aber immer noch Familie, okay? Und ich habe im Fernsehen gesehen, dass sich Familienmitglieder untereinander helfen. Ihr seid also ab jetzt verantwortlich dafür, dass ich keinen Schluck mehr trinke.

PACECCO.
Ach du Scheiße!

AMIN.
Ja genau! Macht euch auf was gefasst, das wird nicht einfach! Ich bin ein professioneller Süchtiger. Wenn ihr einmal unaufmerksam seid und euch zum Pinkeln hinsetzt, bin ich weg zur nächsten Bar und hänge kopfüber unterm Trinkhahn! Außerdem werde ich die ganze Zeit mies drauf sein und wild um mich schlagen. Aber ihr müsst verdammt noch mal gnadenlos sein, alles klar?
Zu Paule.
Hast du das auch kapiert da unten, du Wurm?

PAULE.
Stöhnt.
Ja ... jawohl, Sir.

PACECCO.
Willst du nicht erst einmal deinen Arzt anrufen, wie er es in dem Brief verlangt hat, bevor du jetzt hier völlig durchdrehst?

AMIN.
Keine Zeit, du verstehst anscheinend den Ernst der Lage nicht, du Dummbeutel! Ich dulde keinerlei Widerrede – der kalte Entzug hat hiermit begonnen! Ich werde jetzt durch die Hölle gehen, und ihr kommt gefälligst mit mir!

PACECCO.
Och nö. Ich schnuppere den fiesen Gestank von Stress ...

3. Szene

Der 1. Tag des Entzugs

Ein neuer Tag bricht an. Die Tulpenstraße wird von der lieben Sonne mit Wärme und Leben erfüllt. Pacecco und Paule sitzen gemütlich beim Frühstück.

PAULE.
Endlich Frühstück – die schönste Mahlzeit des Tages! Geschnittenes Brot, Butter, Marmelade, Wurst und Käse. Und dazu liegt der herrliche Duft von frischem Kaffee in der Luft. Wie ich diesen morgendlichen Hedonismus liebe!
Amin kommt und setzt sich mit an den Tisch.
Ah, Vater, du bist erwacht. Sag, ist das nicht ein herrlicher Morgen?

AMIN.
Bier!

PACECCO.
Also dieses Spiegelei schmeckt echt gut. Das gibt mir die nötige Kraft für den ganzen Tag.
Zu Paule.
Du, Paule, reichst du mir bitte mal das Salz?

PAULE.
Aber gerne.
Reicht Pacecco das Salz.
Bitte sehr.

PACECCO.
Gracie.

AMIN.
Vergräbt den Kopf in seine Arme.
Mann, was gäbe ich jetzt für einen Drink! Nur ein eiskaltes

Bier, mehr verlange ich doch gar nicht!

PAULE.
Aber, Vater, bist du denn nicht hungrig? Komm, ich backe dir einen schönen Pfannkuchen, ja? Da kommst du auf andere Gedanken.

AMIN.
Schreit.
MIR REICHT ES JETZT!
Steht auf und schmeißt seinen Stuhl durch das Küchenfenster.
Ich habe alles versucht, aber es hat nicht geklappt, okay? Der Mensch lebt halt nicht nur von Spiegelei und Salz! Mir kommt die kalte Kotze hoch, wenn ich euch hier so schmatzen sehe, kauend wie die Nager! Fressen, fressen – das ist alles, was euch zu meiner Lage einfällt! Aber nicht mit mir, das sag' ich euch! Ich hau jetzt ab, die Bar von Nat müsste gleich aufmachen. Wir sehen uns in der Hölle!
Springt durch das kaputte Fenster.

PAULE.
Vater, nein! Er entkommt durch das zerstörte Fenster, Pacecco!

PACECCO.
Nur die Ruhe, ich habe gestern vor dem Schlafengehen noch überall Stacheldraht gelegt und Bärenfallen rund um das Haus verteilt. Zum Glück ist Amin Hobbyjäger und hatte das Zeug noch im Keller gebunkert. Amin schafft es niemals da durch.

AMIN.
Schreit von draußen.
Verdammte Scheiße! Irgendwas hat mich gebissen!

PACECCO.
Siehst du – alles unter Kontrolle.

PAULE.
Hurra, Fortuna ist uns wohlgesinnt! Ich eile schnell zu ihm und befreie ihn aus seinen eisernen Ketten, ja?

PACECCO.
Nur keine Eile, das kann warten. Ich möchte jetzt erst einmal in Ruhe mein Frühstücksei aufessen. Wenn wir weiterhin Glück haben, wird Amin einfach ohnmächtig umfallen. Wegen des hohen Blutverlusts, weißt du?
Amin fällt wie ein Sack Zement zu Boden.
HA! Ich habe immer Recht!

Der 2. Tag des Entzugs

An einem wunderschönen Nachmittag bittet Pacecco seinen Vater Amin, mit in den Keller zu kommen, um ihm etwas Wichtiges zu zeigen.

AMIN.
Was gibt's denn im Keller, was du mir ausgerechnet jetzt zeigen musst, du Wurm? Ich habe gerade mal 30 Sekunden nicht ans Trinken gedacht und da ich jetzt wieder bei vollem Bewusstsein bin, muss ich wieder daran denken und kriege einen Wahnsinnsdurst, verdammt! Ich hoffe für dich, dass es das wert war, dass ich jetzt mit dir hier runtergehe.

PACECCO.
Das ist es bestimmt, du wirst sehen.
Schließt die Kellertür.
Also, pass jetzt gut auf, Amin. Ich hatte jetzt einfach keine Lust mehr gehabt, dich leiden zu sehen. Deshalb habe ich hinter dieser Tür zum Waschraum heimlich einen Kasten Bier eingeschleust, sodass Paule ihn nicht findet. Ich habe ihm nichts davon erzählt, weil er viel zu sensibel ist. Wenn er wüsste, dass ich dir heimlich Bier gebe, würde der glatt zu heulen anfangen. Du kannst also beruhigt reingehen und was trinken. Ich stehe hier so lange Wache und schaue, dass weder Paule noch irgendwelche Nachbarn aufkreuzen, ja?

AMIN.
Mensch, großartig! Da bin ich doch jetzt zum ersten Mal froh, dass deine Mama nicht auf mich gehört hat, was dein Schicksal betrifft!

PACECCO.
Jaja, wie auch immer. Nun geh schon rein. Da hinten in der

Ecke steht der Kasten. Siehst du ihn?

AMIN.
Oh ja, ich sehe ihn!
Stürzt in den Waschraum.
Bier! Endlich wieder goldenes Bier!

PACECCO.
Schlägt die Tür hinter Amin zu.
Der Kasten ist leer, nun habe ich dich in der Falle, du alter Suffkopp! Jetzt kannst du keinen Schaden mehr anrichten!
Befestigt ein Sicherheitsschloss an der Tür.

PAULE.
Ruft von oben.
Meine Güte, woher stammt dieser Lärm? Kommt etwa die Flut? In ein anderes, großes Leben?

PACECCO.
Ruft.
Nein, alles klar hier. Ich habe Amin mit einem leeren Kasten geködert und im Waschraum eingesperrt. Nun können wir endlich wieder in Ruhe pinkeln gehen.

PAULE.
Eilt rasch zu Pacecco in den Keller.
Im Waschraum? Oh nein, welch furchtbares Unglück! Ich war es doch, der vor einer Viertelstunde erst den leeren Kasten zum Supermarkt gebracht und durch einen vollen Kasten ersetzt hat!

PACECCO.
Was? Da steht ein voller Kasten im Waschraum? Bist du jetzt völlig geistesgestört? Wieso zum Henker hast du das gemacht?

PAULE.
Schlägt die Hände über dem Kopf zusammen.
Oh, die elende Macht der Gewohnheit, eine üble Strukturmonotonie, die tagtäglich Besitz von meiner Seele ergreift! Einst war ich Mensch, doch dann haben sie mich so programmiert, dass ich nur noch in geregelten Bahnen

existiere, gleich einem willenlosen Cyborg! Du musst mich auf der Stelle abschalten, sonst richte ich noch mehr Unheil an!

PACECCO.
Madonna mia, wie bin ich nur in diese Familie geraten? Also gut, wir müssen Amin da schnell wieder rausholen.
Drückt Paule den Schlüssel für das Sicherheitsschloss in die Hand.
Du nimmst jetzt diesen Schlüssel hier und schließt das Schloss auf. Danach gehst du langsam rein und versuchst, Amin irgendwie abzulenken. Keine Ahnung, wie, aber dir wird schon was einfallen. Ich laufe inzwischen nach oben und hole was! Ich bin gleich wieder da, ja?
Rennt die Treppenstufen hoch.

PAULE.
Ja, verlass dich auf mich, für dich stelle ich mich jederzeit auf den Tisch, oh Käpt'n, mein Käpt'n!
Schließt das Sicherheitsschloss auf und öffnet langsam die Tür zum Waschraum.
Vater? Vater, bist du hier?

AMIN.
Lallt betrunken.
Paule! Das ist ja lustig, dass du hier bist. Ich habe gerade eine Kakerlake über den Boden flitzen sehen und musste spontan an deine miese Visage denken!

PAULE.
Oh nein, der Alkohol hat dich bereits fest im Griff, Vater! Sag, wie viele Flaschen mussten bereits dran glauben, um deinem endlosen Durst eine kleine Ruhepause zu verschaffen?

AMIN.
Von wegen Ruhepause, ich hab schon den halben Kasten intus, nach drei Minuten – das müsste ein neuer Rekord sein. Und jetzt mach dich vom Acker, ich will in Ruhe den Rest vom Kasten trinken, alles klar?

PAULE.
Niemals! Ich werde standhaft sein und nicht eher weichen, bis du mir die Flasche ausgehändigt hast, die du in deiner Hand

trägst!

AMIN.
Ach, ist das so, ja? Ich sag dir was, ich werde dir zeigen, was mit Leuten passiert, die versuchen, mir mein kostbares Bier zu stehlen!
Mit lautem Kampfgebrüll geht Amin auf Paule los.

PAULE.
Weicht Amin aus.
Pacecco, zu Hilfe! Vater hat Schaum vor dem Mund, als hätte er die Tollwut!

Pacecco stürmt die Treppe hinunter und hastet in den Waschraum.

PACECCO.
Bin da, bin da! Halt ihn fest! Festhalten, habe ich gesagt!
Schießt einen kleinen Pfeil aus einem dünnen Rohr.
Hab ihn!

Amin kriegt einen Pfeil in die Schulter und taumelt im Anschluss wie ein angeschossener Bär durch den Waschraum.

PAULE.
Grundgütiger! Was hast du da auf Vater geschossen?

PACECCO.
Das sind Betäubungspfeile – ganz starker Stoff, die hauen sogar einen ausgewachsenen Ochsen um.

Fluchend sinkt Amin in die Knie, bis er schließlich regungslos zu Boden fällt.

Der 3. Tag des Entzugs

Paule und Pacecco wollen ein wenig frische Luft schnappen und spazieren gemeinsam mit ihrem lieben Herrn Papa durch die Stadt.

AMIN.
Scheiße, wo gehen wir denn hin? Ich will nicht mehr laufen! Mir ist kotzelend, alles klar? Mein Körper merkt einfach, dass

ich so wenig trinke wie nie zuvor. Sogar als 8-Jähriger habe ich mehr getrunken als jetzt!

PACECCO.
Da haben die anderen Kinder bestimmt doof geguckt, als du beim Kindergeburtstag mit 'ner Fahne aufgekreuzt bist.

AMIN.
Ach, das waren doch alles feine Primeln, die mit ihren hässlichen Pullovern! Ich erzähl euch mal was: Wenn wir damals zusammen am Tisch saßen und die anderen Kinder ihren Kakao geschlürft haben, hab ich mir mit 'ner Halbliterflasche Wodka die Kante gegeben! Ich war halt damals schon ein echter Kerl!

PAULE.
Merkst du denn nicht selbst, Vater, wie sehr der Alkohol dein Leben bestimmt hat? Er hat sich durch deine gesamte Existenz gezogen, wie ein roter Faden des Grauens! Er war es, der dir stets treu blieb, wie ein stinkender Hund aus der Gosse, der dir, während er einfühlsam deine Hand leckt, diverse Krankheiten überträgt! Darum führen wir dich nun an den Ort, an dem es ein für allemal enden wird!

AMIN.
Ich will verdammt sein, ich kenne die Gegend! Da hinten an der Straßenecke liegt *Nat's Bar*!

PACECCO.
Und genau dahin gehen wir jetzt mit dir.

AMIN.
Was? Ihr müsst ja total verblödet sein, oder glaubt ihr im Ernst, dass ihr mich aufhalten könnt, wenn wir einmal durch diese Türe sind? Ich bin mittlerweile so aggressiv, dass ich euch beide mit einem Schlag glatt ausknocken kann!

PAULE.
Wir sind uns absolut sicher, Vater. Pacecco und ich sind Kreuzritter auf einer heiligen Mission, und wir werden nicht eher ruhen, ehe wir dir diesen Teufel endlich ausgetrieben

haben!

PACECCO.
So, wir sind da, lasst uns reingehen.

AMIN.
Na dann, ganz wie ihr wollt. Also nach euch, bitte.

PAULE.
Bitte, Vater, du gehst zuerst.

AMIN.
Nein, nein, ich bestehe darauf, ihr geht zuerst rein.
Lächelt freundlich.
Bitte tut mir doch den Gefallen. Für euren lieben Daddy, okay?

PAULE.
Das können wir leider nicht verantworten. Also bitte sei so lieb und tritt ein.

AMIN.
Brüllt.
ICH TRETE EIN, ABER AUF DEIN GESICHT, MADE!
Wenn ich euch schon nicht von hinten erdrosseln kann, dann mache ich euch eben mit einem Frontalangriff fertig!
Schlägt wild um sich.

PAULE.
Pacecco, rasch!

PACECCO.
Hält einen Elektroschocker an Amins Körper.
Das wird dir eine Lehre sein!

AMIN.
Schreit.
ARRRRRR!
Zuckt heftig und droht umzufallen, doch Paule und Pacecco stützen ihn rechtzeitig ab.

PAULE.

Komm, Pacecco, hilf mir, wir tragen ihn rein!

PACECCO.
Mann, ist der schwer. Wie der Elefantenmensch.

PAULE.
So, hier ist ein freier Tisch. Wir setzen ihn auf den Stuhl.

PACECCO.
Schnell, ich kann gleich nicht mehr.

Paule und Pacecco laden Amin auf den nächstbesten Stuhl und setzen sich zu ihm. Nach kurzer Zeit kommt Amin wieder zu Sinnen.

PACECCO.
Da, der Elefantenmensch wacht wieder auf.

AMIN.
Mit wirrem Gesichtsausdruck.
Scheiße, was war das? Ich fühle mich, als hätte mich ein Bus überrollt.

PAULE.
Das war keineswegs ein Bus, sondern eine Elektroimpulswaffe, die mittels elektrischer Spannung dein motorisches und sensorisches Nervensystem vorübergehend außer Kraft gesetzt hat.

PACECCO.
Genauer gesagt, ich habe eine fette Stromladung in deinen Körper gejagt, Amin. Und wenn du jetzt nicht schön brav bist, und genau tust, was wir dir sagen, werde ich dir noch mal eine volle Ladung verabreichen, klar? Ich verpasse deinetwegen etliche Pornos im Fernsehen. Ich habe keine Lust mehr auf diesen Stress. Also bleib jetzt endlich friedlich, oder ich zerstöre deine Nerven!

AMIN.
So geht man nicht mit seinem gesetzlichen Vormund um, euch werd ich's zeigen ...
Will zum Schlag ansetzen, erschlafft aber wieder.

Verflucht, ihr habt mich zum Krüppel gemacht! Seht mich an, ich kann nicht mal meine Arme bewegen, um euch zu verhauen!
Schaut sich in der Bar um.
Hey! Hey Leute, helft mir, diese beiden lauwarmen Brüder hier am Tisch halten mich gegen meinen Willen fest, und wollen mich hinterher mit in ihr Kellerloch schleppen und doppelt und dreifach vergewaltigen! Hilfe!

PACECCO.
Amin, ich warne dich: Noch ein falsches Wort und du leuchtest hier heller als der verdammte Stern von Bethlehem, capito?

PAULE.
Auweia! Mir wird ganz übel von dieser rohen Gewalt und der vergifteten Atmosphäre! Du musst wissen, Vater, dass alles, was wir hier tun, nur zu deinem Besten geschieht.

AMIN.
Na, was wollt ihr denn von mir? Wieso habt ihr mich hier überhaupt reingeschleppt? Wollt ihr dabei zusehen, wie ich leide wie ein Köter, ihr verdammten Sadisten?

PAULE.
Bitte überbring du ihm die Botschaft, Pacecco, ich kann es nicht über mein Herz bringen.

PACECCO.
Also, Amin, hör gut zu: Wir wollen, dass du dir, wenn gleich die Kellnerin kommt, um unsere Bestellung aufzunehmen, ein Glas Mineralwasser bestellst.

AMIN.
Wasser? NIEMALS! Eher fress ich Glasscherben!

PACECCO.
Entweder das, oder ich verpasse dir gleich noch eine elektrische Ladung. Du hast die Wahl.

Die Kellnerin tritt auf.

KELLNERIN.
Guten Tag, die Herren. Was darf ich Ihnen denn bringen?

PAULE.
Also, ich hätte gerne eine Zitronenlimonade, aber bitte nicht zu viel Eis hineingeben. Außerdem darf die Zitronenscheibe am Glasrand nicht zu weit in das Getränk hineinragen, da sonst der Geschmack der Limonade zu intensiv wird.

PACECCO.
Zu Paule.
Bist du jetzt fertig, du Tussi?
Zur Kellnerin.
Ich nehme eine Cola. Und unser Herr Papa hier wird seine Bestellung jetzt auch aufgeben, nicht wahr, Amin?

AMIN.
Mann, hetz mich nicht, ich überlege noch!

PACECCO.
Aber eben wusstest du doch schon, was du wolltest. Also sag es der netten Lady einfach, ja?

AMIN.
Tja, Sie müssen verstehen, Madame, dass mir das alles furchtbar peinlich ist, aber man kann sich seine Söhne eben nicht aussuchen, wissen Sie? Sobald die nicht mehr in ihre Windeln machen, reden die, wie ihnen der Schnabel gewachsen ist. Eine richtige Plage ist das manchmal.

KELLNERIN.
Ich verstehe nicht ganz. Soll ich vielleicht später noch mal wiederkommen?

AMIN.
Ja, das wäre nett.

PACECCO.
Nein, das ist nicht nötig. Amin, ich glaube, ich höre draußen ein Gewitter.

PAULE.
Ein Gewitter? Merkwürdig, ich vernehme nichts dergleichen. Oh Gott, vielleicht habe ich kranke Ohren!

PACECCO.
Ja, vielleicht. Da ist definitiv ein Gewitter. Und wir wollen doch nicht, dass unser lieber Amin unerwartet von einem Blitz getroffen wird, oder?

AMIN.
Ach so. Nein, das wollen wir nicht.
Hustet künstlich.
Also, ich würde dann gerne bestellen, und zwar … ein Mineral … Wasser.

KELLNERIN.
Entschuldigung, wie war das?

AMIN.
Mit Flüsterstimme.
Mineralwasser.

KELLNERIN.
Tut mir leid, aber ich verstehe Sie nicht. Können Sie bitte etwas lauter reden?

AMIN.
Brüllt.
Ein Mineralwasser, okay? Ein gottverdammtes Mineralwasser! Ist das denn so schwer zu kapieren? Muss sich denn hier jeder dahergelaufene Idiot volllaufen lassen, oder was? Das ist ein freies Land und ich bestelle, was auch immer ich will, klar? Und wenn es Ihnen nicht passt, dann sage ich Nat, wie herablassend Sie Ihre Gäste behandeln, okay?

PAULE.
Klatscht vor Verzückung in die Hände.
Preiset den Herrn!

PACECCO.
Jetzt haben wir dich. Brav, Amin.

4. Szene

Der 7. Tag des Entzugs

Die Familie Manfred sitzt zusammen in der Küche. Pacecco und Paule huldigen Vater Amin, der sich als tapferer Krieger erwiesen und seine gemeine Sucht vollkommen überwunden hat.

PAULE.
Vater, ich bin wahrhaft stolz auf dich. Du hast jetzt ganze drei Tage ohne Bier ausgehalten. Ich glaube nun fest daran, dass du dich endlich auf dem Weg der Besserung befindest. Ist das nicht wunderbar? Das muss für dich ein ungeheurer Kraftakt gewesen sein.

PACECCO.
Ja, endlich zeigst du uns, was du drauf hast. Genau wie damals, als du zum ersten Mal den Müll runtergebracht hast. Und ohne das Bier bist du auch viel ruhiger geworden – heute hast du kein einziges Mal herumgeschrien, als du die Fernbedienung nicht gleich gefunden hast.

AMIN.
Mit sanfter Stimme.
Vielen Dank, Jungs. Ich fühle mich auch wirklich gelassener, da ich jetzt nicht alle zwei Minuten an den nächsten Drink denke. Das könnte ein völlig neues Kapitel in meinem Leben bedeuten. Ich sehe jetzt nach vorn, alles klar? Ich kann mich glücklich schätzen, dass ich euch habe, denn ohne eure Hilfe hätte ich das sicher nicht durchgestanden. Darum dürft ihr heute Abend ausnahmsweise auch mal länger fernsehen. Na, ist das 'n Deal?

PAULE.
Oh, welch großzügige Geste, vielen Dank, Vater! Pacecco und ich werden dich nun auch mal allein lassen, damit du mal wieder Zeit für dich findest. Wir waren die letzte Zeit ja ständig in deiner Nähe. Komm, Pacecco, wir gehen ins Wohnzimmer.
Geht aus dem Zimmer.

PACECCO.
Na klar. Also, bis später dann, Amin.
Geht aus dem Zimmer und zieht die Tür hinter sich zu.

AMIN.
Bis später dann, meine lieben Kinder.

PAULE.
Flüstert im Flur.
Du, Pacecco?

PACECCO.
Was ist? Bitte nicht mehr reden jetzt, ich bin völlig fertig. Lass lieber mal Titten gucken. Alles, was ich nun hören will, ist das Stöhnen williger Sexsklavinnen in schwarzem Latex.

PAULE.
Das sollst du auch und das wirst du. Aber vorher muss ich dir unbedingt noch ein Geheimnis anvertrauen.

PACECCO.
Was denn?

PAULE.
Also, der Brief, den Vater erhalten hat, von seinem Hausarzt, erinnerst du dich? Der Stein des Anstoßes, um Vaters teuflischer Sucht Einhalt zu gebieten?

PACECCO.
Ja, ich erinnere mich. Was ist damit?

PAULE.
Ich wollte dich nur darüber in Kenntnis setzen, dass der Herr Doktor diesen Brief gar nicht verfasst hat, sondern ich selbst war es, der die Feder gezückt und diese Sätze aufs Papier gebracht hat.

PACECCO.
Hä, wie jetzt? Du warst das?

PAULE.
Höchstpersönlich.

PACECCO.
Gibt's ja nicht. Verdammt, Paule, wenn ich nicht so müde wäre, würde ich dich jetzt übers Knie brechen. Du hast uns also den ganzen Schlamassel eingebrockt? Warum zum Henker hast du das getan?

PAULE.
Na, begreifst du denn nicht? Ich habe Vater mit diesem gefälschten Brief geheilt! Du warst doch soeben selbst Zeuge dieses Wunders – Vater ist ein völlig anderer Mensch geworden, ruhig und gelassen, fast handzahm! Es mag stimmen, dass diese Woche ein ganzes Stück harte Arbeit bedeutet hat und wir beide oft am Rande der Verzweiflung gestanden haben, aber ich bin fest davon überzeugt, dass es Vater ab jetzt viel besser gehen wird.

PACECCO.
Atmet tief durch.
Nun gut. Wenn es Amin in Zukunft dadurch besser geht, hat sich der ganze Stress vielleicht doch gelohnt, wie du behauptest.

Derweil in der Küche.

AMIN.
Hängt lächelnd am Telefon.
Ah, Zerda, du alte Drecksau, endlich rufst du mal zurück! Ja, ich hab dein Zeug heimlich hier reinschmuggeln können und auf dem Klo getestet, ohne dass die zwei Vollidioten was mitbekommen haben. Die denken, ich wäre jetzt geheilt!
Lacht dreckig.
Also, ja, der Grund, warum ich anrufe, ist der: Ich brauche noch mehr von dem neuen Zeug. So viel, dass es den ganzen Monat reicht. Ach was, vielleicht brauche ich doch gleich einen ganzen Jahresvorrat! Mann, du hast mir da was Tolles besorgt! Ja, ich bin begeistert, haha! Ist wirklich spitze, dieses HEROIN!

Ende

Folge 3 – Das Gewinnspiel

1. Szene

Es ist ein wunderschöner Morgen im Februar. Das gleißend helle Licht der Sonne lässt die schneebedeckten Straßen der Stadt wie in einem Märchen erstrahlen. Von überallher strömen die Menschen ins Freie, um frisch und vergnügt mal wieder etwas Sonne zu tanken. Auch unsere Familie Manfred hat sich bereits auf den Weg gemacht, um das famose Wetter für ihren traditionellen Mittwochseinkauf zu nutzen.

PAULE.
Ich kann es kaum begreifen, habe ich doch so lange auf diesen Moment gewartet, sodass mein kleines, schwaches Herz vor Sehnsucht fast zersprungen wäre, doch nun hat sich die quälende Warterei gelohnt, denn die automatischen Schiebetüren öffnen sich und wir haben unser Ziel endlich erreicht – den guten alten Supermarkt!

AMIN.
So, und bevor wir uns jetzt wie üblich in alle Richtungen verteilen und am Ende an der Kasse jeden Scheiß anschleppen, lasst mich mal eine Sache klarstellen, okay? Diese fetten Schweine vom Amt haben mir diesen Monat die Sozialleistungen gekürzt, weil ich angeblich ihren dämlichen Auflagen nicht nachgekommen bin. Ich bin also so gut wie blank, dabei hat der verdammte Monat gerade erst begonnen. Darum kaufen wir nur das Allernötigste, kapiert? Und damit meine ich Unmengen an Bier, damit wir überleben!

PAULE.
Schon wieder dieser schändliche Gerstensaft den ganzen Tag? Ich hasse es, meine Frühstücksflocken in Bier zu tunken!

Eine ältere Dame stößt versehentlich mit Pacecco zusammen.

PACECCO.
Aua, mein Fuß, passen Sie doch auf mit Ihrem verdammten Einkaufswagen! Mamma mia, heute ist wieder Rentnertag!

Überall alte Leute, die man mit dem Bus aus den umliegenden Dörfern aufgesammelt und vor den Eingang des Supermarkts gekarrt hat. Und alles nur, damit die den ganzen Tag fressen und saufen und Schwachsinn kaufen!

AMIN.
Scheiße, merkt euch eins: Wenn ich so ein seniler, alter Opa werden sollte, für den der Höhepunkt des Tages darin besteht, mit 'ner zahnlosen Omi bei 'ner Tasse Kaffee in 'nem gottverdammten Supermarkt über das Wetter zu quatschen, müsst ihr mir 'ne Kugel durchs Hirn jagen, alles klar?

PACECCO.
Ja, gerne.

PAULE.
Würdet ihr bitte aufhören, so negativ zu sein? Ich möchte nun ruhig und entspannt einkaufen und zwischen Marmelade- und Honigregalen für eine kurze Zeit meine Alltagssorgen vergessen.

PACECCO.
Was hast du denn für Alltagssorgen? Was soll ich denn sagen? Geh du mal jeden Tag in der Kohlemine schuften und lass dich 10 Stunden von deinem dicken Vorarbeiter anbrüllen, der nach Dreck und Schweiß stinkt. Dann hast du nicht nur Alltagssorgen, sondern Sehnsucht nach dem Strick!

AMIN.
Schnauze jetzt, ihr beiden. Hier können wir weiter, denn in der Obstabteilung habe ich sowieso noch nie etwas gebraucht. Alles, was gesund ist, macht mich ganz krank!

PAULE.
Also, ich hätte gern eine reife Aubergine!
Läuft ein Stück weit davon.

AMIN.
Hält Paule am Hemd fest.
Wirst du wohl hierbleiben! Was habe ich eben gesagt, hä? Es wird nur das Nötigste gekauft!

PAULE.
Aber Vater! Sieh nur, wie geschmackvoll die Auberginen dort aufgereiht sind, wie eine Mannschaft auf einem Marineschiff, die in Reih und Glied an Deck steht und mit dem größten Respekt vor ihrem Kapitän salutiert! Außerdem suggeriert der Spiegeltrick, dass dort Hunderte, Tausende von Auberginen liegen, die nur darauf warten, dass ich nach ihnen greife!

AMIN.
Wenn du noch einmal das Wort Aubergine sagst, sorge ich dafür, dass sie dich gleich in 'ner Zwangsjacke hier abtransportieren, alles klar?

PACECCO.
Lasst uns jetzt endlich mal weitergehen. Wenn ich noch länger auf diese dicken Honigmelonen starren muss, kriege ich eine riesige Latte!

PAULE.
Also auf ins Kühlregal! Dort gibt es sicherlich neue, unschlagbare Angebote für uns!

AMIN.
Was brauchst du denn aus dem Kühlregal? In den Joghurts sind keine echten Früchte drin, und wenn du Milch brauchst, kannst du dich auch auf 'ner Wiese zu 'ner Milchkuh hinknien und an ihrem dicken Euter nuckeln!

PACECCO.
Außerdem ist der Milchpreis inzwischen viel zu hoch. Die verdammten Milchbauern haben die Discounter wieder erpresst!

PAULE.
Aber wird nicht erst umgekehrt ein Schuh draus? Viele Milchbauern produzieren doch mittlerweile am Existenzlimit und müssen ihren Liebsten daheim zum Abendbrot abgekochte Schnürsenkel servieren!

AMIN.
Ist mir völlig schnuppe, wer hier wen erpresst! Die Kunden haben in jedem Fall das Nachsehen, das war schon zu Kriegszeiten so. Ich werde dir also jetzt keine Milch kaufen, kapiert?

Plötzlich ertönt eine Werbung durch die Lautsprecher.
"Quarkalarm im Kühlregal! Ganz Deutschland sucht Käpt'n Quarkie, den ultracoolen Magerquark-Frosch! Er verrät sich durch ein deutlich hörbares Quakgeräusch beim Öffnen eines Quarkbechers! Und das Beste: Der Finderlohn für Käpt'n Quarkie beträgt satte 100.000 Euro! Also, versuchen Sie Ihr Glück und suchen Sie mit!"

PAULE.
Wenn ich diese ganzen Backzutaten hier sehe, bekomme ich wieder dieses riesige Verlangen nach Kuchen. Hätte jemand Lust, am Wochenende mit mir zu backen?

PACECCO.
Nein, du Großmütterchen! Allein der Gedanke, wie du mit Schürze und Nudelholz in der Küche herumläufst, ruft bei mir Übelkeit hervor.

AMIN.
Moment mal! Habt ihr nicht eben die Lautsprecherdurchsage gehört? Das ist unsere Chance, aus unserem Rattenloch endlich rauszukommen!

PACECCO.
Ich dachte, wir wollten nur das Nötigste kaufen.

AMIN.
Tun wir doch! Scheiße, ich will endlich unter kultivierten Menschen leben, so wie ein Lebenskünstler wie ich es verdient, alles klar? Das wird doch nicht so schwer sein, diesen verdammten Käpt'n Qualle zu finden.

PACECCO.
Käpt'n Quarkie.

AMIN.
Mir doch gleich, wie der Scheißkerl heißt, okay? Ich sag euch jetzt, wie's läuft: Anstatt den üblichen Fraß für den restlichen Monat zu kaufen, gehen wir jetzt auf schnellstem Weg in die Kühlabteilung und kaufen den ganzen Käpt'n Quatsch-Vorrat auf. Und damit meine ich jede einzelne, gottverdammte Palette. Irgendwo muss der Bastard ja drin sein!

PAULE.
Aber das ist doch ein Selbstmordkommando, Vater! Wenn wir versagen und den Käpt'n nicht finden, sind wir binnen weniger Tage vollkommen bankrott und werden elendig zugrunde gehen. Wir werden uns von dem Staub ernähren müssen, der auf unseren Regalen liegt!

AMIN.
Schwachsinn! Wasser holen wir uns kostenlos aus der Leitung. Wenn wir vorher die Rohre reinigen, dürfte das sogar einigermaßen sauber sein. Ansonsten haben wir noch ein paar Vorräte im Haus: getrocknete Feigen, Milchpulver, gutes Mehl – alles da. Und wenn wir dann noch mehr essen wollen, schicken wir dich wieder in den Wald, um zu jagen, Paule.

PAULE.
Oh nein!

AMIN.
Oh doch! Aber mit Jagen meine ich auch Jagen, hast du kapiert? Wenn du wieder körbeweise Kastanien und Stachelbeeren anschleppen willst, brauchst du erst gar nicht wieder ins Haus zu kommen, klar?

PAULE.
Aber Vater, es war damals schon schwer genug, die riesigen Körbe mit Beeren zu füllen! Ich trage von den spitzen Dornenbüschen noch immer riesige Narben auf meinem Körper! Meine ganze Kleidung lag in Fetzen! Ich habe meine Gesundheit geopfert, damit ihr euch die Bäuche vollschlagen konntet, und dies ist der Dank dafür?

AMIN.
Danke am Arsch! Wir wollten keine blöden Beeren, sondern richtiges Fleisch! Dein Problem ist, dass du einfach keinerlei Killerinstinkt hast! Aber genug jetzt von dir, du Egoist. Wenn wir Käpt'n Quadrophenia finden, haben wir erst einmal ausgesorgt. Also, Paule kommt mit mir. Wir beide räumen jetzt die Paletten leer. Und du, Pacecco, du gehst inzwischen in die Lagerhalle hier und fragst nach, ob die noch irgendwelche zusätzlichen Quarkvorräte gebunkert haben. Wenn ja, bring alles mit, koste es, was es wolle, auch wenn du jemanden dafür erschlagen musst!

PACECCO.
Zu Befehl, großer Diktator.
Tritt ab.

AMIN.
So, Paule, komm jetzt, die Kühlabteilung ist gleich dort drüben.

PAULE.
Oh ja, ich merke es an dem plötzlichen Temperatursturz. Schon fange ich an, zu bibbern, zu frösteln, meine Bewegungen werden langsamer, schwerfälliger, bald schon werden meine Nippel einfrieren und meine Körperfunktionen ganz zum Erliegen kommen!

AMIN.
Das könnte dir so passen, ich brauche dich noch als Packesel, klar? So, da wären wir. Und wo ist jetzt dieser Käpt'n Quatsch? Alles, was ich sehe, sind leckere tote Tiere!

PAULE.
Ach toll, sieh nur, an der Wand ist ein Preisscanner für Kunden installiert. Den muss ich unbedingt mal ausprobieren! Wie viel wohl diese streichzarte Margarine kostet?

AMIN.
Kannst du nicht gucken, oder was? Die kostet 79 Cent, das steht doch da unten auf dem Preisschild. Preisscanner sind nur was für senile Vollidioten, die während des Einkaufs ihren eigenen Namen vergessen.

Der Preisscanner piept.

PAULE.
Potz Blitz, 79 Cent! Du hast vollkommen recht, Vater. Hihi, meinst du, der piept auch, wenn ich nur meine Handfläche darunter halte? Was ich wohl koste?

AMIN.
Der wird nicht piepen, weil du vollkommen wertlos bist! Siehst du, kein Ton. Komm jetzt endlich weiter, ich glaube, ich hab's gefunden. Da drüben grinst mich so ein dämlicher Frosch von einem bunten Plakat an.

PAULE.
Jawohl! Dort ist er! Oh Käpt'n, mein Käpt'n!

AMIN.
Genau der. Sieht ja noch recht voll aus, das Regal. Gut für uns. Also alles wie besprochen. Du hältst jetzt schön die Hände auf, damit ich die Paletten hochstapeln kann, kapiert?
Wuchtet eine Palette hoch.
Hier kommt auch schon die erste Palette!

PAULE.
Ach du meine Güte, ist die schwer! Was muss ein einzelner Mensch doch für Leid ertragen in diesem Leben!

AMIN.
Stell dich mal nicht so an, du Mädchen! Zu meiner Zeit musste ich jeden Morgen 10 km zur Schule laufen – dabei 5 Paletten in jedem Arm und ein Eimer Wasser aufm Kopf, um mich und die Wäsche zu waschen! Und hab ich mich je beschwert? Hab ich je frustriert irgendwelche Scheunen angezündet? Nein, denn die Beweise wurden im Feuer vernichtet, alles klar? So, hier kommen die nächsten zwei Paletten.

PAULE.
Auweia! Bleibt standhaft, ihr tapferen Kniegelenke! Ein Königreich für einen Einkaufswagen!

AMIN.
Streng dich gefälligst an! Dein Problem ist, dass du viel zu sehr darüber nachdenkst. Pass auf, jetzt kommen die letzten zwei. Und drauf damit!

PAULE.
Uff! Uff! Ich atme schon wie eine schwangere Frau, die kurz vor der Entbindung steht! Doch welch ein Glück, da kommt unser Pacecco wieder, der mir sicherlich die eine oder andere Palette abnehmen wird.

Pacecco tritt auf.

PACECCO.
So, ich bin zurück aus der Lagerhalle.

AMIN.
Und? Hast du das Zeug bekommen?

PACECCO.
Ja, hier, die zwei Paletten von Käpt'n Quarkie waren alles, was sie noch da hatten. Der Preis dafür war allerdings ziemlich hoch.

AMIN.
Was? Hast du nicht gefeilscht, du Dummbeutel?

PACECCO.
Na ja, der Chef hat sich anfangs geweigert, mir den ganzen Vorrat zu verkaufen. Als ich ihm dann den Grund dafür genannt habe, von wegen Gewinnspiel und so, hat er schließlich doch eingewilligt. Allerdings muss ich jetzt bis Ende des Monats kommen und ihnen helfen, die Lkws mit Neuware auszuladen. Mein ganzes Leben besteht nur aus Sklavendienst!

AMIN.
Stell dich nicht so an, du faules Stück! Ein bisschen Arbeit neben deinem Vollzeitjob wird dir gut tun. Du kannst die zwei Paletten übrigens ruhig dem Paule geben, der trägt die gerne.

PAULE.
Moment mal! Ich protestiere aufs Schärfste!

PACECCO.
Das ist echt nett von dir, Paule. Hier hast du sie.
Pacecco gibt Paule die beiden Paletten, sodass dieser taumelt und fast umkippt.

PAULE.
Ach du lieber mein Vater! Jetzt garantiere ich für nichts mehr!

AMIN.
Pass bloß auf, dass du nichts fallen lässt! Wenn ich deinetwegen die 100.000 Euro verliere, verfrachte ich dich wieder in den Zoo und sperre dich in den Affenkäfig!

Ein Fräulein tritt auf.

FRÄULEIN.
Halten Sie bitte mal still, junger Mann.
Nimmt sich drei Becher Magerquark von Paules Paletten.

PAULE.
He, ich wurde bestohlen! Zu Hilfe, ein Dieb von weibischer Natur!

AMIN.
Ja, ist das denn die Möglichkeit, dass hier Leute einfach frei rumlaufen können und unser Zeug stehlen? So geht das aber nicht!

PACECCO.
Ich bin zwar kein Experte, aber ich glaube, die Ware gehört uns erst, wenn wir sie an der Kasse bezahlen.

AMIN.
Das könnte denen so passen! Eher reiße ich hier alle Packungen einzeln auf!
Läuft dem Fräulein hinterher.
Entschuldigen Sie, Fräulein! Verzeihung, Gnädigste, aber ich glaube, Sie haben versehentlich drei von unseren Bechern

Magerquark mitgenommen! Also bitte ich Sie ganz freundlich, diese wieder zurückzulegen, ja?

FRÄULEIN.
Na hören Sie mal, was erlauben Sie sich? Der Supermarkt ist für alle Kunden da. Sie haben da bestimmt 100 Stück für sich beschlagnahmt, ist Ihnen das noch nicht genug? Zufällig lieben meine Kinder diesen Quark. Da wird es Ihnen bestimmt nichts ausmachen, mir diese drei Becher zu überlassen, oder?

AMIN.
Von wegen Kinder! Du willst doch nur die gottverdammte Kohle abstauben! Her mit meinem verdammten Quark, du raffgierige Furie, oder ich vergesse meine gute Erziehung! Keiner stellt sich zwischen mich und die 100.000 Piepen!

FRÄULEIN.
He, lassen Sie den Quark los, Sie Grobian! Das ist doch eine Unverschämtheit, jemand muss den Abteilungsleiter rufen, und zwar sofort! So was habe ich noch nicht erlebt!

Amin reißt dem Fräulein die Becher mit Magerquark aus der Hand.

AMIN.
Ich hab unseren Quark! Pacecco, Paule, kommt schnell, wir hauen hier ab!

PAULE.
Wie denn? Die ganzen Paletten versperren mir die Sicht! Ich weiß nicht, wo ich hinlaufe!

AMIN.
Folg meiner Stimme, du blinde Nuss! Hier her, an der Käsetheke vorbei!

PACECCO.
Achtung, Paule! Rentner kreuzen!

Kreischend rennt Paule in eine Meute von Rentnern hinein und stürzt mitsamt den Paletten krachend zu Boden.

2. Szene

Nach diesem gemütlichen Einkauf wird die Familie Manfred sogar vom Filialleiter persönlich nach draußen auf den Parkplatz des Supermarkts eskortiert. Bei einem gemeinsamen Plausch in der Nähe der Einkaufswagen-Sammelstelle sind unsere Freunde von solch einem einzigartigen Service sichtlich angetan.

PAULE.
Oh weh, wir wurden aus dem Supermarkt geworfen wie Aussätzige, verstoßen nun, vogelfrei wie Robin Hood und seine Freunde mit den grünen Strumpfhosen! Wir werden im Wald leben müssen wie die Nagetiere, dabei ekle ich mich doch vor diesen kalten Nächten im Freien, wo dicke Käfer und glitschige Würmer unbemerkt über mein Gesicht krabbeln!

AMIN.
Das wäre alles nicht passiert, wenn ihr meinen Masterplan befolgt hättet, aber nein, ihr weigert euch, eurem Vater zu gehorchen. Eure Generation fühlt sich ja so verdammt erwachsen! Dabei seid ihr nichts anderes als Blindgänger, genau wie diese Idioten aus diesem beschissenen Motorradfilm!

PACECCO.
Ich weiß gar nicht, warum ihr euch so aufregt. Wir können doch einfach in einen anderen Supermarkt gehen. In unserem Viertel gibt's doch genug davon.

PAULE.
Ein anderer Supermarkt? Ich habe sie doch alle getestet, dieser war der Vollkommenste! Was soll ich in dieser Familie noch alles an Schmach erdulden? Ständig werde ich dazu gezwungen, meine lieb gewonnenen Gewohnheiten zu ändern!

AMIN.
Außerdem gibt's in einem anderen Supermarkt kein Gewinnspiel, du Nuss. Und ohne Gewinnspiel keine 100.000 Euro.

PACECCO.
Na ja, das Gewinnspiel ist wohl für uns vorbei. Die Quarkbecher sind ja allesamt auf dem Boden gelandet, oder?

PAULE.
Ich habe leider keinen Einzigen mehr retten können. Der Boden war danach so versaut, dass ich unweigerlich das Bedürfnis verspürte, einen Wischmopp zu erwerben!

AMIN.
Es sind nicht alle am Arsch. Ich habe die drei Packungen, die ich der Furie zuvor aus den Händen gerissen habe, schnell noch in meine Jackentaschen stecken können.

PAULE.
Du hast sie einfach gestohlen, Vater?

PACECCO.
Na, ist doch klasse! Vielleicht ist dort ja der Gewinn drin. Gib mir doch mal eine Packung.

PAULE.
Das scheint mir statistisch gesehen doch recht unwahrscheinlich zu sein. Aber wenn du noch nicht genug Enttäuschungen an diesem Morgen erlebt hast, kannst du mir auch einen Käpt'n Quarkie reichen.

AMIN.
Drückt Pacecco und Paule je einen Becher Magerquark in die Hand.
Hier habt ihr das Zeug. Ich mach die erste Packung jetzt mal auf.
Reißt den Deckel ab.
So. Und wann genau sollte das Geräusch kommen?

PACECCO.
Es hätte schon längst kommen müssen. Also ist die erste Packung 'ne Niete.

AMIN.
Verfluchter Beschiss! Ich lasse mich von diesem verkackten Frosch doch nicht zum Narren halten!

Schmeißt den Becher Quark gegen das Glasfenster des Supermarkts.
Da habt ihr euren Dreck zurück, ihr miesen Affen vom Supermarkt!

PAULE.
Ich bitte dich, Vater! Nicht schon wieder Randale! Die Leute gucken schon ganz pikiert!

AMIN.
Ist mir egal, was diese Säcke denken! Ich habe mich geistig schon auf den neuen Lebensstandard vorbereitet. Ich kann jetzt nicht mehr zurück in die Gosse, alles klar? Nun mach schon den zweiten Quark auf, Paule! Und wehe, da ist auch nichts drin!

PAULE.
Ist gut. Aber egal, was passiert, bewahre bitte deine Würde, Vater. Ich ziehe den Deckel ab und dann ...

PACECCO.
Wieder nichts. Mist.

AMIN.
Wieder nichts? Das ist doch Betrug von der übelsten Sorte! Da ist nichts drin außer heiße Luft! Die Manager vom Supermarkt lachen sich wahrscheinlich gerade ins Fäustchen! Seht ihr, da oben hängt eine Überwachungskamera, die den Scheißkerlen da drin unser Leid in Großaufnahme präsentiert! Ich sehe euch, ihr Penner! Ich zeige euch, was ihr von mir kriegt: Ihr wollt doch bestimmt schon lange einen nackten, behaarten Hintern sehen, oder? Das könnt ihr haben, ihr perversen Schweine!
Strampelt seine Hose ab.

PAULE.
Ich flehe dich an, Vater, bitte lass deine Hose an. Oh nein, zu spät!

AMIN.
Wedelt mit seinem nackten Hintern herum.
Na, wie gefällt euch das, hä? Da seid ihr sprachlos! Wenn ihr wollt, kann ich für euch auch ganz blankziehen. Dann komme

ich zurück in den Laden und mache euch die Hölle heiß, klar? Passt gut auf, gleich geht's los, ich ...

Plötzlich ertönt ein Quakgeräusch.

PAULE.
Wie, was, Quak?

AMIN.
Quak? QUAK?

PACECCO.
Schaut entgeistert auf einen Becher Magerquark.
Das gibt's nicht. Ich habe gerade die letzte Packung geöffnet. Und es hat gequakt!

PAULE.
Es hat gequakt! Himmlisches, göttliches Quak!

AMIN.
Quak! Quak!

PACECCO, PAULE, AMIN.
Fallen sich in die Arme und hüpfen wild umher.
Quak! Quak! Quak! Quak! Quak! Quak!

AMIN.
Scheiße! Wir sind reich, Quak Quak! 100.000 Euro, Quak Quak! Hört mich alle an! Ich stehe auf schleimige Frösche!

PACECCO.
Ich fasse es nicht! Nie wieder Geldsorgen! Nie wieder Pökelfleisch aus zerbeulten Büchsen!

PAULE.
Hält abrupt inne.
Augenblick! Bitte hört mir zu!

AMIN.
Was ist denn los?

PAULE.
Wir sind soeben zu unverhofftem Reichtum gekommen und das finde ich wirklich bezaubernd.

PACECCO.
Ich auch!

PAULE.
Trotzdem sollte uns das viele Geld nicht den gesunden Menschenverstand verwirren.

PACECCO.
Ich bin der Beste!

PAULE.
Wir sollten weiterhin Bescheidenheit walten lassen und weise mit diesem hohen Geldbetrag umgehen. Sonst ist der Gewinn schneller weg, als wir im Moment glauben.

PACECCO.
Weg? Oh nein!

AMIN.
Da hat der Paule ausnahmsweise Mal recht. Seht ihr, ich war mein ganzes Leben lang arm, musste mich zeitweise sogar von einem Schokoriegel pro Tag ernähren und auf Parkbänken übernachten. Also macht euch keine Sorgen. Die Familie Manfred ist eine Familie mit Würde und wird sich von diesen paar Kröten nicht beeindrucken lassen!

3. Szene

Ein paar Tage später lässt sich beruhigt feststellen, dass Vater Amin mit seiner Ankündigung wie immer Recht behalten hat. Nach der Auszahlung des stattlichen Gewinns hat sich nur wenig verändert im Hause Manfred. Alle gehen weiterhin geradezu vorbildlich ihren normalen Tagesabläufen nach.

PACECCO.
Ich liebe meine neuen vergoldeten Zähne! Damit kann ich

sogar die Walnüsse vom letzten Weihnachtsfest knacken.
Beißt eine Nussschale in zwei Hälften.
Möchte jemand eine Nuss?

AMIN.
Her damit.

PACECCO.
Wo bist du denn?

AMIN.
Na, wo bin ich wohl? Hier oben bin ich! Der gute Zerda hat wirklich ganze Arbeit geleistet mit diesem riesigen Koksberg in der eigenen Wohnung. Von hier oben hat man eine völlig neue Sicht auf die Dinge. Der Mensch erscheint so winzig klein. Fast bedeutungslos.

PACECCO.
Moment, ich komme zu dir hoch.
Wirft sein neues Motorrad an und düst den Berg hoch.
Mit diesem Motorrad bin ich so mobil wie nie zuvor! Hier, deine Nuss.
Gibt Amin die Nuss.

AMIN.
Starrt teilnahmslos auf die kleine Nuss in seiner Hand.
Ah ja … die Nuss.
Knabbert die Nuss und schnieft direkt danach eine ordentliche Ladung Koks.
Mein lieber Pacecco, das ist das wahre Leben. Wenn ich daran denke, wie es früher einmal war, kommt mir das Ganze wie ein schlechter Scherz vor. Stell dir nur vor: Wir trugen Lumpen, waren primitiv und haben gehaust wie die Tiere.

PACECCO.
Ja, unglaublich. Kannst du dir vorstellen, dass ich früher mal arbeiten gegangen bin? Ich musste in dieser Kohlemine schuften und all diesen schädlichen Staub einatmen, der meine Lunge geschwärzt hat, als würde ich seit meiner Kindheit Kette rauchen. Aber jetzt inhaliere ich nur noch reinen Sauerstoff – dank meines neuen Jahresvorrats an Oxygen. Es wird gleich

auch wieder Zeit für eine ordentliche Dosis.

AMIN.
Wird dir gut tun, mein Junge. Ich könnte auch wieder 'ne ordentliche Ladung vertragen.
Taucht seine Nase wieder in den Koksberg.

Es klingelt an der Tür.

PACECCO.
Nanu, Besuch? Hast du wieder die ganze Nachbarschaft zu einer deiner Orgien eingeladen?

AMIN.
Nee, nee, das müssten diese Menschenwesen vom Catering sein. Ich habe mir nämlich ein leckeres 15-Gänge-Menü bestellt. Mit Ente à la Provence und knusprigen Bratkartoffeln auf glühendem Vulkangestein gebraten.

PACECCO.
Gut, dann fahre ich mal zur Tür.

AMIN.
Moment. Bevor du aufmachst, wirf erst mal einen Blick durch unsere neue Überwachungskamera. Vielleicht ist es ein Bittsteller oder ein mieser Vertreter, die unser mühsam Erspartes rauben wollen.

PACECCO.
Geht klar.
Blickt auf einen großen Bildschirm im Wohnzimmer.
Also, ja, die sehen aus, als wären sie vom Catering. Die tragen große Töpfe, Schüsseln und allerlei eingepacktes Zeug in den Händen. Ich sehe auch, dass Paule ihnen schon die Tür geöffnet hat.

AMIN.
Dieser Paule. So naiv, wie der ist, lässt der einfach jeden rein – Hinz und Kunz, Brüderchen und Schwesterchen, und sogar Charles Manson! Wenn das so weitergeht, heuere ich einen Schläger an, der Paule mal Benehmen beibringt. Ich bin jetzt

reich und mit meiner Erziehung am Ende!

PACECCO.
Da kommt er ja. Hey, Paule, hast du Appetit auf Nüsse?

Paule tritt auf.

PAULE.
Du lieber Himmel, Vater, du hast schon wieder eine solch verschwenderische Mahlzeit geordert? Das ist jetzt schon das zehnte Mal in dieser Woche, dass grinsende Menschen mit warmen Töpfen vor der Tür stehen!

AMIN.
Na und? Appetit gut – alles gut! Wir gehören jetzt zur Elite, ich kann es mir leisten, zu essen!

PAULE.
Aber weißt du nicht mehr, wir wollten doch sparsam mit dem Gewinn umgehen! Wie nennst du das, was im Moment hier stattfindet?

AMIN.
Das ist nichts weiter als ein bisschen Abwechslung von der Langeweile des Nichtstuns, alles klar? Ich bin immer noch derselbe wie früher! Der gute alte Amin from the block, alles klar?
Zieht Schleim durch die Nase und rotzt alles von oben auf den Boden.
Brenda, jemand hat auf den Teppich gerotzt! Wisch das bitte auf, okay? Brenda? Brenda? Brenda! Ich rede mit dir!

PAULE.
Brenda hat gerade Mittagspause.

AMIN.
Mittagspause? Das ist doch wohl die Höhe! Die Putzfrau muss sofort entlassen und gegen eine ersetzt werden, die auch mit dem halben Lohn zufrieden ist! Siehst du mal, was für ein sparsamer Arbeitgeber ich geworden bin. Aber dir ist das noch nicht sparsam genug, wie? Ich weiß, wenn's nach deiner Nase gehen würde, würden wir hier alle im Stillen mit braunen

Kapuzenmänteln in der Ecke hocken und uns gegenseitig den Arsch abwischen! Aber bevor es nach deiner Nase geht, breche ich sie dir vorher!

PAULE.
Du irrst, Vater! Aber ich sehe dieser heillosen Verschwendung nicht länger tatenlos zu! Vorhin erst habe ich vier neue Automobile in der Garage entdeckt!

PACECCO.
Ach, die gehören zu mir, die habe ich heute Morgen beim Frühstück bestellt. Ich fand, dass ich für jede Jahreszeit einen passenden Wagen besitzen sollte.

PAULE.
Und was ist mit diesem Kerl im grünen Trainingsanzug, der bei den Fahrzeugen derweil die zweite Wachsschicht aufträgt?

PACECCO.
Meinst du Sniff? Der kümmert sich ab jetzt um die Pflege meiner Autos. Ich habe es halt gern sauber. Je reicher und älter ich werde, desto größer meine Angst vor Schmutz und Bakterien! Weißt du, die lauern einfach überall! Erinnert mich bitte daran, dass ich mir einen Jahresvorrat an Feuchttüchern bestellen muss.

PAULE.
Du lieber Himmel! Ich schaue aus dem Fenster und blicke einer Zukunft des Wahnsinns entgegen!
Blickt schockiert aus dem Küchenfenster.
Moment mal! Sehe ich recht? Da steht ja ein Pferd in unserem Garten und frisst die Rosenbüsche von Oma Friedel!

AMIN.
Der Hengst gehört zu mir, alles klar? Ich habe ihn Walter genannt. Walter von Waltershausen.

PAULE.
Wofür brauchen wir denn ein Pferd?

AMIN.
Ohne Pferd werde ich mich außerhalb dieses Hauses nicht mehr blicken lassen! Schließlich bin ich jetzt König von Koksland! Und ein König trifft Entscheidungen, die das niedere Fußvolk ohne Widerworte zu akzeptieren hat! Wenn also jemand glaubt, er müsse sich gegen das königliche Pferd wenden und ihm den Hafer miesmachen, droht der Tod durch die Guillotine, alles klar?

PAULE.
Beim lieben Herrgott, euretwegen werden wir noch alle im Kuckucksnest enden, wo sie unsere Gehirne entfernen und ein alter Indianer sich unserer erbarmen muss und uns mit einem Kissen erstickt!

PACECCO.
Hey Amin, dein 15-Gänge-Menü wurde fertig aufgetischt. Komm lieber runter, bevor es kalt wird.

AMIN.
Ich habe jetzt keinen Hunger mehr, Paule hat mir mit seinem niederen Geschwätz den Appetit verdorben! Sei so nett: Mach ein Feuer und zünde es an, ja?

PAULE.
Du willst das kostbare Essen verfeuern? Wieso konservieren wir es nicht im Kühlschrank?

PACECCO.
Der Kühlschrank ist bis oben hin voll, genauso wie der zweite und dritte Kühlschrank. Der vierte Kühlschrank ist bis jetzt noch nicht geliefert worden.

AMIN.
Was? So eine Schlamperei! Wenn der Botenjunge mit dem neuen Kühlschrank hier einkehrt, bringt ihr ihn unverzüglich zu mir, okay? Sein Kopf muss rollen!

Da klopft es an der Tür.

AMIN.
Das muss diese Dumpfnuss sein! Macht euch auf ein gutes altes, monarchisches Gemetzel gefasst.

PACECCO.
Die Überwachungskamera sagt aber etwas anderes.

PAULE.
Nanu? Täuschen mich meine Augen? Das ist doch Bäckermeister Bullerjahn! Und neben ihm steht Felix, der Fleischer!

PACECCO.
Momentmal, da kommen noch mehr.

PAULE.
Der fettige Fritz, dessen krosse Pommes uns stets gut ernährte! Und der alte Gustl vom Getränkemarkt, bei dem du seit deiner Kindheit Stammkunde bist, Vater. Was wollen diese Personen denn alle hier?

AMIN.
Was redet ihr da, ihr Narren? Lasst mich mal sehen!
Steigt von seinem Berg herab und starrt auf den Bildschirm.
Tatsächlich, da steht die ganze Horde vor der Tür. Die wollen bestimmt was schnorren!

Es klopft lauter an der Tür.

PACECCO.
Vielleicht wollen sie uns zu unserem Gewinn gratulieren.

PAULE.
Ach, woher denn? Wie könnten sie davon Kenntnis genommen haben?

PACECCO.
Na, aus der Zeitung.

PAULE.
Aus der Zeitung? Was steht denn in der Zeitung? Etwas über

uns?

PACECCO.
Na klar, gestern waren doch zwei Reporter hier, Hildy und Walter. Die haben mit Amin ein Interview gemacht.

PAULE.
Wie bitte? Entspricht diese Behauptung der Wahrheit, Vater? Was genau hast du denen erzählt?

AMIN.
Ich habe denen erzählt, dass ich nun König Koks bin, Herrscher über die gesamte Tulpenstraße! Und dass ich so reich bin, dass ich mir den Hintern nur noch mit Toilettenpapier aus gepressten Kaviarkügelchen abtrockne!

Es klopft noch lauter an der Tür.

PAULE.
Oh weh, ich ahne Schlimmes!

AMIN.
Lasst die Hunde los!

PACECCO.
Wir haben keine Hunde.

AMIN.
Verdammt, dann bestell welche aus dem Fernsehen! Da suchen doch immer welche ein Zuhause! Es hört nie auf!

Bäckermeister Bullerjahn tritt auf.

BÄCKERMEISTER BULLERJAHN.
Schreit von draußen.
Komm raus, Amin, wir wissen, dass du da drin bist! Heute ist Zahltag!

PAULE.
Schlägt erschrocken die Hand vor den Mund.
Du hast Schulden, Vater! Die wollen uns nicht gratulieren,

sondern ihr Geld eintreiben!

AMIN.
Pah, diese Geier! Dabei geht's um Beträge, so lächerlich gering, dass ich sie schon längst absichtlich vergessen habe! Das sind nichts weiter als Peanuts!

BÄCKERMEISTER BULLERJAHN.
Rück endlich meine 1000 Piepen raus, Amin!

PAULE.
1000 Piepen? Hat dieser Herr gerade 1000 Piepen gesagt? Wie kannst du bei einem Bäcker so viele Schulden haben?

AMIN.
Ich esse halt gerne warme Brötchen! Ist das ein Verbrechen, oder was?

PAULE.
Nein, ein Desaster! Wenn du schon solch astronomisch hohe Schulden bei einem Bäcker angehäuft hast, dann will ich gar nicht wissen, wie viel der Getränke-Gustl von dir will!

PACECCO.
Oh oh.

AMIN.
Was ist?

PACECCO.
Ich sehe gerade, dass Gustl vom Getränkemarkt mit einem Schlagstock bewaffnet ist.

AMIN.
Na, das sieht dem Primitivling ähnlich, sofort grob werden zu wollen! Mit Worten kennt der sich doch nicht aus!

PAULE.
Ojemine! Was machen wir denn jetzt? Jetzt kann uns nicht einmal mehr die Polizei retten! Wenn dieser Mob uns in die Finger bekommt, wird er uns an einem Baum aufknüpfen und

bei lebendigem Leibe verbrennen!

PACECCO.
Da! Einige entfernen sich von der Tür und schleichen sich um das Haus! Die werden doch nicht gewaltsam hier reinkommen wollen, oder?

Ein Fenster wird eingeschlagen. Das Geräusch scheint aus der Küche zu kommen.

PAULE.
Sie kommen! Sie kommen, um uns zu holen! Haltet mich, ich bin der Ohnmacht nahe!

BÄCKERMEISTER BULLERJAHN.
Ruft aus der Küche.
Wir sind jetzt im Haus, Amin! Du kannst uns nicht entkommen! Weißt du noch, bei unserem Treffen hinter der Backstube? Ich habe dich davor gewarnt, mich zu bescheißen. Nun will ich die Kohle sehen, sonst kannst du was erleben!

AMIN.
Okay, jetzt reicht's! Ihr wollt euch mit mir anlegen? Ihr wollt Spiele spielen? Das könnt ihr haben, ihr Penner!

PACECCO.
Was hast du vor, Amin?

AMIN.
Das wirst du gleich sehen! Los, mir nach, die Treppe hoch!

PACECCO.
Aber was …?

AMIN.
Komm schon, jetzt sofort! Und schlepp den Paule mit, so bleich, wie der aussieht, klappt der gleich zusammen wie 'n altes Großmütterchen nach 'nem Spaziergang! Ich sag's ja: kein Killerinstinkt, dieses Waschweib!
Stürmt die Treppe nach oben.

PACECCO.
Verdammter Mist. Wieso immer ich? Komm, Paule, wir müssen hier weg!
Stützt den stöhnenden Paule ab und rennt mit ihm ebenfalls die Treppe hoch.

BÄCKERMEISTER BULLERJAHN.
Die Schweine laufen eine Etage höher! Ihnen nach!

PACECCO.
Scheiße, wohin jetzt, Amin? Sie haben uns gleich!

AMIN.
Hier rein, ins Schlafzimmer!

Pacecco rennt mit Paule ächzend ins Schlafzimmer. Amin verriegelt sofort die Tür hinter ihnen.

PACECCO.
Was machen wir denn jetzt? Wir haben keine Chance gegen diese Leute!

PAULE.
Stöhnt.
Wo bin ich? Mir war plötzlich schwarz vor Augen. Und ich hatte diesen grässlichen Albtraum. Ein Mob mit brennenden Fackeln und Heugabeln schlug gegen unser Tor, schrie unsere Namen und wollte uns lynchen und häuten. Zum Glück war alles nur ein böser Traum.

BÄCKERMEISTER BULLERJAHN.
Schläft heftig gegen die Schlafzimmertür.
Komm raus, Amin, oder wir kommen rein und häuten dich!

PAULE.
Oh Gott, das war gar kein Traum!

PACECCO.
Amin, sag denen doch einfach, dass du deine Schulden begleichen wirst. Dann bleibt für uns immer noch genug Geld übrig.

AMIN.
Aufgeben? Im Augenblick des Triumphs? Niemand stiehlt mir meine Chancen, kapiert? Wenn das gemeine Volk eine Revolution anzettelt, muss es brutal niedergeschlagen werden! Ich habe unter dem Bett noch mein altes Jagdgewehr! Damit werde ich denen zeigen, wer hier der King of Kotelett ist!

BÄCKERMEISTER BULLERJAHN.
Also gut, Amin, du hast es nicht anders gewollt! Wir kommen jetzt rein! Los, Jungs! Mit vereinten Kräften!

Mit vereinten Kräften fangen die Gläubiger an, mit roher Gewalt die Tür zum Schlafzimmer aufzubrechen.

AMIN.
Die machen wir fertig! Wo ist denn nur mein Gewehr? *Kramt mit irrem Blick unter dem Bett.*
Ah, da ist es ja.

PACECCO.
Was hast du damit vor? Willst du sie alle erschießen?

AMIN.
Ich? Bist du verrückt? Das übernimmt unser frommer Paule hier!

PAULE.
Ich höre wohl schlecht! Wieso gerade ich?

AMIN.
Weil du jetzt endlich beweisen kannst, was in dir steckt! Du willst doch auch mal ein Mann werden, oder etwa nicht? Hier, nimm das Gewehr!
Drückt Paule das Gewehr in die Hand.
So, und jetzt ziele auf die Tür und drücke erst ab, wenn ich es dir sage, alles klar?

PAULE.
Um Gottes willen, Vater, nein! Ich schaffe das nicht! Ich bin kein Mörder!

AMIN.
Keine Widerrede, jeder fängt mal klein an, du Memme! Und für den Anfang reicht ein ordentlicher Schuss in das Knie vom Fleischer-Felix!

PACECCO.
Jetzt mal im Ernst, Amin, denkst du wirklich, dass das jetzt der passende Zeitpunkt für solche Übungen ist? Die wollen uns ans Leder!

AMIN.
Man lernt am schnellsten, wenn man ins kalte Wasser geworfen wird! Und jetzt halt den Rand, es geht um Sekunden, sie brechen gleich durch!

PAULE.
Panisch.
OH GOTT, OH GOTT, ICH ARMER WICHT! Seht nur, wie meine Hände zittern!

AMIN.
Schnauze! Höchste Konzentration jetzt! Das Gewehr gerade ausrichten und den Finger am Abzug bereithalten!

Die Tür zum Schlafzimmer gibt langsam nach.

PACECCO.
Scheiße, scheiße, scheiße! Wir werden alle sterben!

AMIN.
HAAALT!

PAULE.
MIR IST SO ÜBEL! BRINGT MIR EINEN KÜBEL!

Die Tür ist fast durchgebrochen. Splitter fliegen durch die Luft.

PACECCO.
Sie sind gleich durch!

AMIN.
HAAAAAAALT!

PAULE.
ICH KANN ES NICHT LÄNGER HALTEN!

Die Tür gibt weiter nach.

AMIN.
HAAAAAAAAAAALT!

Die Tür springt auf. Sofort stürmen die Gläubiger hinein.

PACECCO.
DA SIND SIE!

AMIN.
UND ... SCHUSS!

Während die Gläubiger das Zimmer stürmen, übergibt sich Paule und löst dabei einen Schuss aus dem Gewehr.

4. Szene

Eine Woche später hat sich die Situation wieder entspannt. Paule und Pacecco tragen nun todschicke Bandagen und sitzen gemeinsam mit Vater Amin auf dem Sofa, der vollkommen unversehrt in seiner Programmzeitschrift blättert.

PACECCO.
Ich liebte meine goldenen Zähne! Doch jetzt sind sie alle futsch. Verdammt.

AMIN.
Wer hätte auch ahnen können, dass der Gustl vom Getränkemarkt auf seine alten Tage noch so hart zuschlagen kann? Aber diesem alten Sack werden wir noch auflauern, das verspreche ich dir. Das letzte Wort ist noch nicht gesprochen. Wann glaubst du, bist du wieder auf den Beinen?

PACECCO.
Na ja, weiß nicht. Die Gehirnerschütterung wirkt noch nach und mein Jochbein ist zertrümmert. Außerdem ist alles geschwollen. Das dauert seine Zeit. Aber das Nasenbein scheint zu heilen. Ich kann schon fast wieder riechen.

AMIN.
Das ist gut. Aber wenn ich mir den Paule so ansehe: Die haben den ganz schön übel zugerichtet. Sieht aus wie 'ne Mumie, eingewickelt in Klopapier.

PACECCO.
Hey, alles paletti, Paule?

PAULE.
Unverständliches Gemurmel.

AMIN.
Der wird schon wieder. Wer murmeln kann, kann auch bald wieder Bierkästen schleppen.

PACECCO.
Wieso bist du eigentlich so fröhlich? Bist du nicht sauer, dass unser gesamter Gewinn nun futsch ist? Nicht nur, dass wir alle wütenden Gläubiger doppelt auszahlen mussten, nun haben unsere Arztrechnungen auch noch dafür gesorgt, dass wir wieder pleite sind und zusätzlich neue Schulden machen mussten. Wenn ich gesund bin, muss ich also so lange in der Kohlemiene schuften, bis ich wieder krank werde.

AMIN.
Ach, das juckt mich nicht. Die Familie Manfred ist hart im Nehmen und hat sich von den großen Scheinen sowieso noch nie beeindrucken lassen. Das unterscheidet uns einfach von dem anderen Pöbel, weißt du? Nein, ich freue mich darüber, dass der Paule anscheinend doch 'nen Killer in sich trägt – hat dem Fleischer-Felix 'ne Kugel in den Allerwertesten geschossen, während seine eigene Kotze durch die Luft flog. Das hat nicht jeder drauf. Hörst du, Paule, vielleicht steckt ja doch 'n kleiner Manfred in dir!

PACECCO.
Ja, der Schuss war nicht schlecht, Paule.

AMIN.
Drückt Pacecco eine Flasche Bier in die Hand.
Nimm dir ein kühles Bier, Pacecco. Bevor sie meine Kreditkarte im Laden mit einem Hammer zerschlagen werden, habe ich vorsorglich einen ganzen Kasten gekauft. Damit haben wir für ein paar Tage Ruhe.

PACECCO.
Klasse. Wir drei auf dem Sofa, bei Fernsehen und Bier. Genau wie früher.

AMIN.
Das waren gute Zeiten, nicht wahr?

PACECCO.
Die besten Zeiten!

AMIN.
Darauf trinken wir. Also, auf die Familie Manfred!

PACECCO.
Auf die Familie Manfred!

PAULE.
Unverständliches Gemurmel.

Ende

Folge 4 – Das neue Haustier

1. Szene

Am zweiten Weihnachtsfeiertag lassen bunte Lichterketten und allerlei stilvolle Fensterdekorationen die gesamte Tulpenstraße in festlichem Glanz erstrahlen. Bei Familie Manfred nutzen Pacecco und Paule diese besinnliche Zeit, um gemütlich auf dem Sofa zu sitzen und sich im Fernsehen einen alten Film anzuschauen.

PACECCO.
Ich liebe die Weihnachtsfeiertage! Keine Befehle, kein Berufsverkehr, keine Schinderei in der Kohlemiene. Stattdessen kann ich mich den ganzen Tag auf dem Sofa vergraben und salziges Zeug in mich reinstopfen, das mich dick macht wie ein Nasenbär.

PAULE.
Und dazu schauen wir traditionell *Das letzte Einhorn*, einen der schönsten Weihnachtsklassiker überhaupt. Zwar habe ich dieses cineastische Meisterwerk bereits gefühlte 100 Mal gesehen, doch jedes Mal werde ich aufs Neue vollkommen in den Bann gezogen, in diese Welt voller Grazie, Schönheit und Magie.

PACECCO.
Ich finde das herumhängende Knochenmännchen am besten, das sich übelst betrinkt und die ganze Zeit dummes Zeug redet. An wen erinnert es mich nur?

Amin reißt die Tür zum Wohnzimmer auf.

AMIN.
He, ihr hohlen Fritten, was soll der Scheiß mit der verkackten Weihnachtsbeleuchtung?

PACECCO.
Was für 'n Ding?

AMIN.
Na, die Weihnachtsbeleuchtung am Fenster! Der dämlich grinsende Lauseniko und der verdammte Stern von Beelzebub! War dieses stromfressende Zeug etwa die ganze Nacht an?

PAULE.
Aber sicher, lieber Vater, wir befinden uns doch in der Weihnachtszeit. Da darf man ruhig etwas beleuchtete Dekoration im Fenster präsentieren. Damit die armen Menschen ohne Heim und Hof, die an unserer Wohnung vorbeiziehen und in der Kälte frieren müssen, durch das Licht wieder von einem Fünkchen Hoffnung erfüllt werden.

AMIN.
Bullshit, das ist diesen Pennern doch egal! Die wollen nur ihren billigen Fusel saufen und alles vergessen! Nein, da freuen sich doch viel mehr die verfluchten Aasgeier von der Stromgesellschaft, die uns am Monatsende wieder einen saftigen Geldbetrag abluchsen können! Für diese Säcke ist doch das ganze Jahr über Weihnachten!

PACECCO.
Mach doch keinen Stress, Amin. Wer bezahlt denn hier alles? Ich, Pacecco, der Goldesel. Da machen mir ein paar Lichter mehr nichts aus. Komm, setz dich zu uns und iss ein Stück Schweinebraten.

AMIN.
Es sind nicht nur die Lichter! Ihr lümmelt den ganzen Tag hier herum und schaut euch sentimentale Tierfilme im Fernsehen an! Was das nur wieder kostet! Zu meiner Zeit sind wir über die Feiertage in der freien Natur gewesen und haben was unternommen!

PACECCO.
Unternommen? Du meinst doch sicher getrunken. Du bist doch bestimmt schon als Kind in die übelsten Spelunken gerannt und hast dich kopfüber volllaufen lassen.

AMIN.
Da irrst du dich gewaltig! Das habe ich erst nach meinem 8.

Geburtstag gemacht, kapiert?

Plötzlich ertönen seltsame Klänge von draußen, die kontinuierlich an Lautstärke gewinnen.

PAULE.
Horcht! Was ist das nur für eine garstige Geräuschkulisse zu dieser stillen, besinnlichen Zeit? Es scheint von der Außenwelt zu kommen!

PACECCO.
Ich guck mal aus dem Fenster.

AMIN.
Wahrscheinlich wieder eine von diesen Naziparaden. Ich kann diese dreckigen Glatzenföhner nicht ausstehen!

PACECCO.
Ne, da scheint ein Zirkus in der Stadt zu sein. Die ziehen gerade mit Clowns, Trompeten und bemannten Elefanten durch die Straßen und machen ordentlich Krach.

AMIN.
Was sagst du da, ein Zirkus? Geh mal weg vom Fenster, du Wurm, und lass mich sehen!
Stürmt euphorisch ans Fenster.
Tatsächlich! Kinder, ein Zirkus ist in der Stadt! Na, da müssen wir unbedingt dabei sein, müssen wir da!

PACECCO.
Was? Wieso?

AMIN.
Wieso? Willst du mich verscheißern, du Ekel? Na, weil es Spaß macht! Pah, und so was will mein Sohn sein!

PACECCO.
Von Wollen kann keine Rede sein.

AMIN.
Mensch, ich erinnere mich noch, dass mich eure Großeltern als

Kind jedes Jahr in den Weihnachtsfeiertagen in einen Zirkus mitgenommen haben. Mein Vater hat mir beim Einlass immer eine kleine Tüte Popcorn gekauft. Das war noch richtiges Popcorn, mit steinharten Körnern, die einem die Backenzähne wegsprengen konnten!
Pacecco gähnt laut.
Dann sind wir reingegangen und haben uns auf eine der vorderen Bänke gesetzt und mit Spannung auf die Show gewartet. Ich weiß noch, ich war jedes Mal so aufgeregt, dass ich mir fast die Unterhose vollgepinkelt habe!

PACECCO.
Also ich habe schon ein paar Zirkusshows im Fernsehen gesehen und da hielt sich meine Begeisterung in Grenzen. Ich mag den Pornokanal einfach lieber.

AMIN.
Fernsehen? Bist du noch zu retten? Diese Ignoranz ist genau der Grund dafür, warum eure Generation so verdammt dämlich ist! Du und Paule, ihr kennt das Leben nur noch in Quadratform vom Bildschirm! Nein, man muss sich die Zirkusshows live anschauen und sich von den lustigen Clowns nass spritzen lassen! Wenn sie mit wilden Tieren die gefährlichen Kunststücke aufführen, mit den brennenden Reifen und dem doppelten Boden! Mit wilden Pferden, die noch richtig stinken, wenn sie an dir vorbeigaloppieren!

PAULE.
Nein danke. Ich bevorzuge die weniger geruchsintensive Variante und schaue mir weiterhin sehr gerne *Das letzte Einhorn* in unserem Flimmerkasten an.

AMIN.
Du bist doch ein Pflegefall! Na, schön, wenn ihr einen auf Milchmädchen macht und lieber eure Zeit vor dem verfluchten Fernseher verpulvern wollt, dann könnt ihr von mir aus hier drin krepieren! Ich werde heute Spaß haben und in den Zirkus gehen!

PACECCO.
Dann sei so nett und schließe von außen die Tür ab, ja? Ich

habe gerade beschlossen, mich heute kein Stück mehr zu bewegen.

2. Szene

Am nächsten Morgen finden sich Pacecco und Paule zum gemeinsamen Frühstück ein.

PAULE.
Sag mal, mein lieber Pacecco, hast du ebenso wie ich am gestrigen Abend Vater nach Hause kommen hören?

PACECCO.
Nee, ich habe so viel gegessen, dass ich geschlafen habe wie ein dickes Baby. Wieso stellst du mir diese Frage?

PAULE.
Weil Vater einen Höllenlärm veranstaltet hat, als er zur Tür hereinkam! Ich bin vollkommen erschrocken aufgewacht, nachdem Vater offenbar diverse Möbelstücke umgestoßen hat!

PACECCO.
Und darüber wunderst du dich noch? Das alte Trampeltier hat gestern bestimmt wieder so viel getrunken wie zehn nackte Matrosen.

PAULE.
Und da war noch etwas: Scheinbar hat Vater bei seiner Heimkehr intensive Gespräche geführt. Ich hörte ihn lautstark mit jemandem reden.

PACECCO.
Wahrscheinlich hat er sich wieder mit seinen eingebildeten Fledermäusen unterhalten. Hört sich für mich vollkommen normal an.

Amin tritt auf.

AMIN.
Jo-ho-ho, und 'ne scheiß Buddel voll Rum!

PAULE.
Ah, einen wunderschönen guten Morgen, Vater. Du bist aber zeitig auf – das trifft sich ja wunderbar. Dann kannst du ja schön mit uns frühstücken. Soll ich dir einen schönen Speckstreifen braten?

AMIN.
Klar, mach 'ne große Portion. Unser Besuch hat sicher Hunger wie ein Raubtier.

PACECCO.
Morgen, Amin. Paule hat mir gerade erzählt, dass du gestern noch mit jemandem geredet hast, als du heimgekommen bist. Sag nicht, du hast wen kennengelernt?

AMIN.
Das habe ich sehr wohl! Und da behaupte noch jemand, ich hätte keine sozialen Kontakte!

PACECCO.
Amin, der Casanova – ist ja nicht zu fassen. Und wo ist deine neue Bekanntschaft?

AMIN.
Nun, er hat gerade in der Badewanne sein Geschäft gemacht und müsste jeden Moment zu uns in die Küche kommen.

PACECCO.
Er?

PAULE.
Geschäft?

Ein ausgewachsener Tiger betritt den Raum und springt geradewegs auf den Esstisch und räumt dabei sämtliches Geschirr ab.

PACECCO.
Springt panisch vom Stuhl auf.
Maledizione! Ein Untier ist über uns gekommen!

PAULE.
Gott stehe uns bei, das ist ja ein Tiger! Ein richtiger Tiger! Ruft den Ungeziefervernichter!

AMIN.
Streichelt den Tiger.
Ruhig, mein Lieber, ganz ruhig. Das sind nur meine beiden dämlichen Söhne Pacecco und Paule. Vor denen brauchst du keine Angst zu haben, die können noch nicht mal 'ne gottverdammte Glühbirne wechseln, ohne sich die Arme zu brechen. Darf ich vorstellen, ihr beiden, das ist Gunther, der Tiger.

PACECCO.
Gunther?

AMIN.
Höchstpersönlich. Im Zirkus war er zwar unter dem Namen "Azrael der Gewaltige" bekannt, doch ich hab ihn Gunther genannt. Ich finde, der Name passt einfach besser zu ihm. Stimmt's, mein Kleiner?

Der Tiger brüllt zustimmend.

PAULE.
Du lieber Himmel, sag, bist du noch recht bei Trost, Vater? Du bringst einen ausgewachsenen Tiger in unsere Wohnung und lässt ihn hier einfach frei herumlaufen?

AMIN.
Keine Panik, der Gunther ist handzahm. Aber ich glaub, er kriegt langsam Hunger, also solltest du ihm schnell seinen Speck servieren. Und brat ihn schön saftig, klar? Gunther ist ein kleiner Gourmet!

PAULE.
Du meinst, der Tiger bleibt hier und frühstückt mit uns?

AMIN.
Genau das will ich damit sagen. Gunther gehört nun zur Familie und ist ab sofort euer neuer Bruder, kapiert?

PAULE.
Wie bitte?

AMIN.
Jawohl! Gunther ist der Sohn, den ich nie hatte! Gestern Abend habe ich nach der Zirkusvorstellung noch einen kleinen Spaziergang gemacht und bin irgendwann im Tierzelt gelandet. Dort sah ich Gunther einsam und verlassen in seinem Käfig sitzen. Und ihr wisst, dass ich keine Tiere leiden sehen kann. Darum habe ich ihn prompt rausgelassen und mitgenommen. Bei mir hat er es allemal besser!

PACECCO.
Du bist doch gestört!

AMIN.
Krank ist nur der, der hustet! Du kannst dich übrigens wieder hinsetzen, Pacecco. Der Kleine tut dir nichts.

PACECCO.
Woher willst du das wissen? Vielleicht hat der Tiger gerade Appetit auf ein zartes Stück Pacecco! Sieh nur, wie gierig der mich anstarrt!

Der Tiger brüllt erneut.

AMIN.
Der guckt nicht gierig, der Gunther kann bloß nicht fassen, was du hier für ein Affentheater veranstaltest. Ist schon was anderes, als wenn man das Leben nur aus dem Fernsehen kennt, was? Also, Pacecco, jetzt mach gefälligst Platz und trink deinen verdammten Kaffee!

PAULE.
Aber Vater, das ist doch Wahnsinn! Und darüber hinaus ist es in höchstem Maße gefährlich und illegal! Du musst den Tiger schleunigst wieder zum Zirkus zurückbringen und einen langen Entschuldigungsbrief an die Direktion verfassen!

AMIN.
Pah, damit Gunther wieder den ganzen Tag in seinem engen Käfig verrottet und Gitterstäbe anstarren muss? Nicht mit mir, du kaltherziger Klappskalli! Eher sperre ich *dich* ein und schmeiß den Schlüssel in den nächstbesten Fluss!

PACECCO.
He, der Tiger isst mein Käsebrötchen!

AMIN.
Tja, der Kleine lebt eben seinen natürlichen Instinkt noch voll aus! Du musst ab jetzt schnell sein und um dein Essen kämpfen, klar?

PACECCO.
Na komm schon, Gunther, sei ein netter Tiger und gib mir das Brötchen wieder her, ja?

Der Tiger brüllt bedrohlich.

PACECCO.
Seht ihr, der will mir ans Leder! Wieso muss mein Fleisch nur so zart sein?

PAULE.
Apropos Fleisch – der Speck ist fertig, Vater. Wie soll ich ihn servieren?

AMIN.
Greift sich den Teller mit dem Speck.
Her damit, du Waldwichtel! Ich zeige euch jetzt mal, was für tolle Kunststücke mein Gunther kann! Da könnt ihr noch was lernen!
Wirft den Speck in die Luft.
Hier, Gunther, fang den Speck!

Der Tiger springt empor und fängt den Speck im Flug. Dabei stößt er eine Blumenvase um, die vom Podest taumelt und auf dem Boden zerschellt.

PAULE.
Oh nein, die schöne Vase von Oma Friedel! Das war unser

letztes Erinnerungsstück an diese feine alte Dame!

AMIN.
Zum Teufel damit, Scherben bringen Glück! Außerdem hätte ich das potthässliche Ding sowieso bald auf dem Flohmarkt verscheuert!

PACECCO.
Dannazione! Ist das eine Aufregung am frühen Morgen! Dabei wollte ich nur in Ruhe kauen und schlürfen!

AMIN.
Genug gekaut und geschlürft! Nach diesem reichhaltigen Frühstück fahren wir nun allesamt in die Stadt! Ich sehe es inzwischen als feine Tradition an, dass ich nach Weihnachten all meine Geschenke von euch umtauschen lasse, um mir schließlich das zu kaufen, was ich auch wirklich brauche!

PACECCO.
Siehst du, Paule. Ich habe es dir ja vorher gesagt.

PAULE.
Aber Vater! Pacecco und ich haben uns in diesem Jahr solche Mühe gegeben, passende Geschenke für dich zu finden! Stunde um Stunde stürzten wir uns todesmutig in gestresste Menschenmassen, sind wacker und mit wunden Füßen von Geschäft zu Geschäft gepilgert, und reihten uns in schier endlose Warteschlangen ein!

AMIN.
Ja und? Ich habe doch am Weihnachtsabend als Zeichen meiner unendlichen Güte so getan, als ob ich mich darüber freuen würde! Aber die verdammte Weihnachtszeit ist jetzt vorbei, also lasst euch gesagt sein, dass ich den Müll, den ihr mir geschenkt habt, nicht ausstehen kann!

PACECCO.
Was denn zum Beispiel?

AMIN.
Na alles! Die Bücher, die Filme – nichts als Schund! Aber

besonders hasse ich dieses Set aus Rasierschaum, Rasierer und Aftershave! Wann genau sollte ich das denn nutzen, ihr Dumpfbacken? Ich trage nun mal einen Vollbart, okay?

PACECCO.
Dein Bart wuchert so stark, dass du mittlerweile aussiehst wie eine dicke Ziege!

AMIN.
Keine Widerrede, das Zeug wird umgetauscht! Ich hoffe, ihr Dummbeutel habt die Kassenbons noch aufbewahrt, sonst könnt ihr was erleben!

PAULE.
Moment mal, Vater! Wir können nicht fort. Was soll aus dem Tiger werden? Wir können ihn doch unmöglich allein im Apartment lassen, sonst erkennen wir es nach unserer Rückkehr wahrscheinlich nicht mehr wieder!

AMIN.
Den Tiger allein lassen? Sag mal, spinnst du? Gunther fährt natürlich mit uns!

Der Tiger klammert sich derweil mit seinen scharfen Krallen an den Gardinen fest.

PACECCO.
He, nicht die Gardinen herunterreißen! Böser Gunther!

Der Tiger faucht kräftig. Panisch drückt sich Pacecco an die Wand.

PACECCO.
Äh, lieber Gunther! Ich finde es klasse, wenn du unsere Gardinen frisst!

PAULE.
Vater, soll das etwa bedeuten, dass du den Tiger in unser Auto packen und mit in die Stadt zum Einkaufen mitnehmen willst?

AMIN.
Menschenskind, musst du mich heute die ganze Zeit mit diesen

großen Glupschaugen anstarren? Ich weiß schon, was du mir sagen willst: Der Tiger darf nicht frei herumlaufen. Aber du kannst beruhigt sein, denn im Keller muss noch eine alte Hundeleine herumliegen. Die ziehen wir Gunther einfach an und alles wird gut! Kommt, lasst uns endlich losgehen!
Ab.

PAULE.
Oh Gott, das muss ein Albtraum sein. Der Pöbel wird kommen und uns quer durch die Stadt jagen. Was sollen wir nur tun, Pacecco?

PACECCO.
Ich weiß nicht! Falsche Schnurrbärte tragen und Russisch sprechen?

3. Szene

Nach einer kurzen Autofahrt erreichen unsere Freunde schon bald das Al Kassira – das größte und schönste Einkaufszentrum weit und breit. Die Vorfreude auf drei Stockwerke voller Action und Abenteuer hält die Manfreds bei bester Laune.

PACECCO.
Das war die längste Autofahrt meines Lebens! Ich kann noch immer nicht fassen, dass ich im Auto hinten sitzen musste, während der Tiger gemütlich auf dem Beifahrersitz Platz nehmen konnte. Was ist das bloß für eine Welt?

AMIN.
Das ist meine Welt, du lebst nur darin, klar? Und was beschwerst du dich überhaupt? Jedes Kind weiß doch, dass Tigern schlecht wird, wenn sie im Wagen hinten sitzen müssen! Willst du etwa die toxische Tigerkotze aufwischen?

PAULE.
Zum Glück verweilt fast keine Menschenseele so früh in diesem Konsumtempel. Wenn wir uns beeilen, schaffen wir es vielleicht, keine große Aufmerksamkeit auf uns zu ziehen.

AMIN.
Los, Pacecco, dann nimm jetzt mal unseren Gunther an die Leine.

PACECCO.
Wieso immer ich?

AMIN.
Na, damit du endlich ein inniges Verhältnis mit deinem neuen, animalischen Bruder aufbauen kannst!

PACECCO.
Wie denn? Gunther stinkt fürchterlich aus dem Maul!

Der Tiger brüllt kräftig in Paceccos Gesicht.

PACECCO.
Madonna mia, ist das ein Gestank!

AMIN.
So, alle Mann mir nach! Wir gehen zuerst in eine Buchhandlung. Ich muss schleunigst dieses Buch hier umtauschen: "Die gesammelten Werke von Johann Wolfgang von Go ... Go ... Ethe". Was soll das überhaupt sein?

PAULE.
Dieses Präsent ist von mir. Ich war so frei anzunehmen, dass dir ein wenig Kultur ab und an nicht schaden würde. Was war ich doch für ein furchtbarer Narr.

AMIN.
Das kannst du laut sagen, Narr! Wenn ich Kultur will, geh ich zum Kühlschrank und esse einen Joghurt, klar?

PACECCO.
Da vorne ist die Buchhandlung.

AMIN.
Und geöffnet ist sie auch schon, so lob ich's mir! Ich sag's ja immer: Der frühe Vogel würgt den Wurm! Also, worauf wartet ihr noch? Lasst uns reingehen.

PACECCO.
Und was wird so lange aus dem Tiger?

AMIN.
Wieso, Gunther kommt natürlich mit! Vielleicht gefällt ihm ja ein Bilderbuch über die afrikanische Savanne.

PAULE.
Nicht doch, Vater, Tiere müssen doch draußen bleiben! Dies gilt im Besonderen für menschenfressende Raubtiere, welche aus anderen Kontinenten importiert wurden. Schau doch, dort neben dem Eingangsbereich hängt ein entsprechendes Verbotsschild.

AMIN.
Humbug! Auf dem Verbotsschild ist ein durchgestrichener Hund abgebildet – das Verbot gilt also nur für Hunde! Das weiß doch jedes Kind!

PAULE.
Du irrst dich! Der Hund ist lediglich ein Symbol für alle Tiere! Ebenso wenig ist innerhalb der Filiale Essen und Trinken gestattet.

AMIN.
Willst du mich verkohlen? Natürlich ist das gestattet! Die Zeichen sind doch vollkommen eindeutig: Das Verbot betrifft nur Kugeleis und Milchshakes!

PACECCO.
Hey, Gunther, bitte nicht so fest ziehen! Du brauchst diese Glastüren nicht zu markieren!

AMIN.
Gunther wird langsam ungeduldig! Und ich auch! Ich bin nicht den weiten Weg hier in die Stadt gefahren, nur um jetzt vor jedem verfluchten Laden 'ne Grundsatzdiskussion zu führen. Also genug jetzt! Ihr beide könnt ja hier draußen warten, wenn ihr keine Eier habt, dann geh ich halt mit Gunther allein in den Laden! Her mit Gunthers Leine!

Nimmt die Leine an sich und geht mit dem Tiger in die Buchhandlung.

PAULE.
Ruft Amin nach.
Ganz wie du willst, Vater. Dann halten Pacecco und ich derweil die Stellung!
Zu Pacecco.
Halte dich bereit, Pacecco!

PACECCO.
Wofür?

PAULE.
Für die Apokalypse natürlich! Wenn die Kundschaft der Buchhandlung den Tiger bemerkt, besteht die Möglichkeit, dass wir vielleicht schneller rennen müssen als jemals zuvor!

PACECCO.
Mist! Dabei wollte ich gleich gemütlich in das Café gegenüber schlendern und eine große Portion Spaghettieis schlecken!

Derweil in der Buchhandlung. Eine Verkäuferin tritt auf.

AMIN.
Schönen guten Morgen, die Dame. Würden Sie mir freundlicherweise dieses Buch hier umtauschen?

VERKÄUFERIN.
Oh Gott! Ein Tiger!

AMIN.
Ja, das ist Gunther. Ist er nicht drollig? Sie dürfen ihn auch ruhig mal hinter den Öhrchen kraulen, das mag er gern.

VERKÄUFERIN.
Raus, raus mit dem Tier! Verlassen Sie augenblicklich unsere Geschäftsfläche!

AMIN.
Nur die Ruhe, Fräulein, ich habe Gunther ja angeleint. Da kann nichts passieren.

VERKÄUFERIN.
Das ist ja unerhört! Ich werde nun unverzüglich die Polizei rufen! Sie können doch nicht einfach mit einem Tiger hier am frühen Morgen herumspazieren!

AMIN.
Wie, was, Polizei? Du hysterische Pute! Hast du mir eben nicht zugehört, oder was ist los? Hier ist der Kassenbon, also tausche endlich mein gottverdammtes Buch um!

PAULE.
Schreitet ein.
Komm Vater, wir gehen lieber, bevor das Unheil seinen Lauf nimmt!

VERKÄUFERIN.
Hinaus mit Ihnen!

AMIN.
Skandal! Da will man ahnungslos ein Buch zurückbringen und was kriegt man dafür? Anfeindungen, Tierhass und Polizeigewalt!

PACECCO.
Gunther, na los, bitte spucke das Buch aus!

Der Tiger schluckt kräftig.

PACECCO.
Na toll, jetzt hast du das Buch gefressen!

AMIN.
Ich werde diese feige Meute verklagen! Ich bin zwar nur ein gewöhnlicher Provinzler, aber dieses Mal habt ihr euch mächtig verkalkuliert, liebe Leute, das sag ich euch!

PAULE.
Beruhige dich, Vater! Denk an deinen armen Blutdruck, sonst platzt dir irgendwann noch die Schädeldecke!

PACECCO.
Hey, das Zoogeschäft da drüben macht auf. Vielleicht fühlt sich Gunther dort wohler. Was meinst du, Amin?

AMIN.
Das könnte durchaus sein! Wisst ihr, Tiger lieben es ja, Goldfische zu beobachten!

PAULE.
Ich kann diese garstigen Zoogeschäfte nicht ausstehen. Da riecht es stets so fürchterlich nach Kaninchen!

AMIN.
Na und? Wenn ich morgens in dein Zimmer komme, schlägt mir auch ein Dunst wie im Affenkäfig entgegen!

Die Manfreds betreten mitsamt dem Tiger das Zoogeschäft.

PACECCO.
Hey, Gunther, zieh nicht so stark an der Leine! Wir gehen ja schon zu den Goldfischen!

PAULE.
Ich frage mich, wie lange es wohl dauert, ehe jemand unsere Anwesenheit bemerkt und … und schon kommt ein Mitarbeiter des Zoogeschäfts angelaufen! Schande, das hat ja keine fünf Sekunden gedauert!

Verkäufer tritt auf.

VERKÄUFER.
He, Sie da, hören Sie mal. Was soll das bitte werden?

AMIN.
Guten Tag, Sir. Wir sind gekommen, um Goldfische zu beobachten und Kaninchen zu streicheln.

VERKÄUFER.
Aber nicht mit dem Tiger im Laden.

AMIN.
Was soll das heißen, Sie Fäkalgesicht? Das ist doch ein Tiergeschäft, oder etwa nicht? Wenn sich also jemand hier aufhalten darf, dann doch wohl unser Gunther!

Plötzlich löst sich der Tiger von Pacecco und läuft geradewegs in den Laden hinein.

PACECCO.
He, Stopp! Hiergeblieben, Gunther! Oh nein! Der Tiger ist los!

PAULE.
Welch ein Unglück, du hast ihn losgelassen, Pacecco! Jetzt rennt er fort, so geschwind wie der Wind!

VERKÄUFER.
Das ist ja ungeheuerlich! Fangen Sie sofort das Tier wieder ein!

AMIN.
Das geschieht Ihnen recht, Sie mieser Verkäufer! Sie haben den Kleinen mit Ihrem unsensiblen Geschwätz ja völlig verängstigt!

PAULE.
Dort! Gunther sprintet in den hinteren Bereich des Ladens, geradewegs zu den anderen Tieren! Rasch, Pacecco, wir umkreisen den Tiger, sodass du ihn mit einem geschickten Manöver wieder einfangen kannst!

PACECCO.
Ich? Ich weiß nicht, wie man Tiger fängt! Bei Fuß, Gunther!

AMIN.
Bei Fuß? Gunther ist doch kein verkackter Köter!

Etliche Regale werden umgeschmissen. Es scheppert und kracht in der Filiale.

VERKÄUFER.
Ihr Tiger ruiniert noch den ganzen Laden!

AMIN.

Scherben bringen Glück, Sie Berufsunfall! Das wusste schon unsere Oma Friedel! Und die war vollkommen verkalkt in der Birne!

PAULE.
Los, Pacecco, du musst Gunther unbedingt von den Glaskästen weglocken, in denen die ganzen Tiere wohnen!

PACECCO.
Wie denn? Soll ich mich etwa in einen Fummel schmeißen und Hula tanzen?

Es klirrt und scheppert. Der Tiger brüllt kräftig.

PAULE.
Oh weh, jetzt macht der Tiger Randale! Das Glas ist zersprungen! Scherben überall! Wilde Tiere gelangen ins Freie! Sie werden die ganze Stadt überfluten und plündern!

VERKÄUFER.
Das hat mir gerade noch gefehlt! Tun Sie endlich was!

AMIN.
Pah! Mein Gunther handelt doch völlig korrekt, wenn er die Tiere befreit! Dafür, dass Sie Ihr Geld damit verdienen, unschuldige Tiere in winzig kleinen Glaskästen verschimmeln zu lassen, landet Ihre Seele geradewegs in der Hölle!

PAULE.
Seht nur, die Vögel brechen durch! Diese gefiederten Monster werden sich in Massen formieren und unseren Kindern auf dem Schulweg auflauern und sie attackieren!

AMIN.
Das sind doch bloß harmlose Zebrafinken, du Butterkuh! Und ein paar drollige Papageien sind auch dabei!

PACECCO.
Schreit.
Verdammt! Ein Papagei hat mir auf die Schulter geschissen!

PAULE.
Schlägt wild um sich.
Kusch! Kusch! Fliegt so denn wieder in eure Käfige, ihr bunten Vögel aus der Cornflakeswerbung!

Ein frecher Papagei fliegt über Paceccos Kopf hinweg.

PAPAGEI.
Arschloch! Arschloch!

AMIN.
Ha! Der Papagei spricht mir aus der Seele!

PACECCO.
Oha! Jetzt sehe ich überall weiße Mäuse auf dem Boden herumlaufen!

AMIN.
Na und? Die sehe ich auch jeden Tag, wenn das Bier alle ist!

PAULE.
Erst flüchten die Vögel, dann die Nagetiere! Und möglicherweise fallen bald die Frösche vom Himmel! Wo wird das alles nur enden?

VERKÄUFER.
Ich sage Ihnen, wo das enden wird: Da Sie offensichtlich unfähig sind, werde ich nun persönlich dafür sorgen, dass der Tiger aus dem Laden verschwindet! Zum Glück bin ich für solche Fälle mit einer Schreckschusspistole ausgerüstet!

AMIN.
Sind Sie noch zu retten, Sie zoologisches Abfallprodukt? Stecken Sie sofort die verfluchte Pistole weg!

Doch Amins Einwand kommen zu spät: Der Verkäufer schießt dreimal kurz in die Luft und löst damit einen ohrenbetäubenden Lärm aus. Der Tiger brüllt panisch und springt mit großen Sätzen davon, raus aus dem Laden, hinaus in das Einkaufszentrum.

PACECCO.
Gunther rennt aus dem Laden!

AMIN.
Sie notorischer Tierquäler! Was haben Sie nur angerichtet? Ich sage Ihnen, das wird ein Nachspiel haben! Wenn wir Gunther wieder aufgesammelt haben, werden wir kommen und Sie dem Tiger als Mittagsmahlzeit servieren! Ich bin zwar nur ein gewöhnlicher Provinzler ...

VERKÄUFER.
Schreit.
Alle Mann raus aus meinem Laden!

PACECCO.
Schon gut, du Schreihals, wir gehen ja schon!

PAULE.
Du lieber Himmel, meine schlimmsten Befürchtungen sind doppelt und dreifach übertroffen worden! Wenn wir jemals wieder einen Fuß in diese Stadt setzen wollen, werden wir unsere Gesichter zwecks Tarnung vollständig umoperieren müssen!

PACECCO.
Du vielleicht, aber ich werde mein schönes Gesicht niemals unters Messer legen! Das machen nur Schauspielerinnen aus Hollywood, die die 20 überschritten haben.

AMIN.
Ruhe jetzt, du Gesichtsruine, wir müssen schleunigst unseren Gunther wieder einholen! Der arme Kerl muss völlig verstört sein! Kann ihn jemand von euch sehen?

Eine Frau kreischt laut auf.

PACECCO.
Dort drüben ist er! Er fährt mit der Rolltreppe in die obere Etage!

AMIN.
In die obere Etage? Wo er wohl hinwill?

PACECCO.
In der oberen Etage sind hauptsächlich Modegeschäfte. Vielleicht will er sich mit Pelzen neu einkleiden!

PAULE.
Wie dem auch sei, wir müssen Gunthers Amoklauf sofort stoppen, sonst passiert noch ein Unglück! Mittlerweile ist das Einkaufszentrum mit Menschen überfüllt! Seht nur, wie sie alle flüchten!

AMIN.
Pah, das ist wieder typisch für diese Waschlappen! Aber wenn sie mit ihren Kindern im Zoo sind und die wilden Tiere mit sicherem Abstand hinter Gitterstäben anglotzen können, kommen sie sich stark und überlegen vor!

PAULE.
Dazu fällt mir prompt das Zitat eines weisen Plüschtigers ein, der da sagte: "Wenn die Menschen Regenbögen in Zoos stecken könnten, sie würden's glatt tun."

PACECCO.
Ich möchte euch ja nicht beunruhigen, aber von hier aus kann ich zwei Polizisten sehen, die soeben durch den Eingang des Einkaufszentrums gekommen sind.

AMIN.
Na und? Ich habe jetzt keine Zeit für die Polizei!

PAULE.
Oh nein, die Menschen weisen den Polizisten den Weg, sodass sie geradewegs auf uns zukommen! Womöglich schießen sie noch auf uns, wenn wir uns dem Tiger zur Rettung nähern!

AMIN.
Das wäre aber sehr ungesund für dich, weil ich dich dann als Schutzschild benutzen würde!

PAULE.
Schande! Ich will nicht wie ein durchlöcherter Käse verenden!

PACECCO.
So, jetzt sind wir in der oberen Etage. Wir müssen uns beeilen und Gunther finden.

AMIN.
Ich sehe ihn nicht! Wo steckt er nur?
Ruft.
Gunther! Gunther, komm zu Papa! Alles wird gut!

PAULE.
Ich sehe ihn ebenfalls nicht! Wie kann ein zwei Meter langes Raubtier einfach so verschwinden? Irgendjemand muss ihn doch bemerkt haben!

PACECCO.
Vielleicht hat er Hunger gekriegt und sitzt im Eiscafé!

AMIN.
Donnerlittchen! Natürlich! Jetzt weiß ich, wo er ist!

PACECCO.
Wo denn?

AMIN.
Ganz in der Nähe! So, hört gut zu, ihr beiden! Ich werde jetzt zu Gunther gehen – alleine! Ihr bleibt hier und lenkt die Aufmerksamkeit auf euch. Da ihr sowieso geisteskrank seid, dürfte euch das nicht schwerfallen. Seht zu, dass mir niemand folgt, sonst setzt es was!
Amin tritt ab.

PAULE.
Vater rennt fort! Und die Polizisten kommen immer näher! Vielleicht werden sie uns sogar befragen! Was sollen wir jetzt tun, Pacecco?

PACECCO.
Schnell, mal mir mit Kuli einen Schnurrbart an! Und nenn mich

nicht mehr Pacecco, ich heiße ab jetzt Iwan und du bist Alexej!
Und wir wissen von nichts!

PAULE.
Alexej?

4. Szene

Unser weiser Amin hat wie immer den richtigen Riecher. Zielstrebig folgt er den Schildern und schon bald biegt er in einen längeren Gang ein. Dann öffnet er die Tür der öffentlichen Toilette und knipst das Licht an. Dort liegt der Tiger auf dem Fußboden und knabbert an einer Zeitung. Amin setzt sich zu ihm.

AMIN.
Hey, Gunther. Ich wusste, dass du hier bist. Wenn ein Mann vor der Welt da draußen seine Ruhe haben will – wo findet man ihn dann? Genau, auf dem Klo. Ich sehe, du hast hier auch 'ne Zeitung gefunden. Also ich lese immer den Sportteil wegen der Fußballergebnisse. Davon kann man einfach so herrlich wütend werden. Und natürlich finde ich auch die Comicstrips klasse. Wenn diesem Charlie Brown die Klamotten beim Baseballspiel wegfliegen oder Calvin mit Hobbes Calvinball spielt und sie sich die Regeln während des Spiels ausdenken – ja, das find ich klasse! Die Nachrichten selbst interessieren mich 'nen Scheiß. Und der Politikteil erst! Merke dir, Gunther: Traue niemals einem Politiker! Diese hinterhältigen Anzugträger würden für 'ne gottverdammte Stimme ihre eigene Großmutter verkaufen!
Seufzt.
Na ja, nun gut. Folgendes: Ich bin hier, um dich hinauszubegleiten. Da draußen stehen nämlich einige Leute, die dir, wenn du wieder auf eigene Faust fortlaufen willst, etwas antun werden. Und das kann ich nicht zulassen. Weißt du, ich hätte ich dir gern ein schönes Zuhause geboten. Doch die Gesetze sprechen gegen uns, sodass wir leider nicht zusammenbleiben können. Dabei hättest du vielleicht irgendwann sogar Paule oder Pacecco fressen dürfen, wer weiß?

Der Tiger schnurrt.

AMIN.
Scheiße, ich bin nicht gut in diesem sentimentalen Kram. Aber du weißt: Ich hab dich echt lieb gewonnen, selbst wenn unsere gemeinsame Zeit nur von kurzer Dauer gewesen ist. Schätze, wir haben uns wohl beide irgendwie gebraucht. Also, ich werde dich nicht vergessen und dich immer besuchen kommen, wenn der Zirkus in die Stadt kommt, okay? Versprochen.
Steht auf.
So, und wenn wir da jetzt rausgehen, bleib bitte schön in meiner Nähe, ja? Keiner wird dich anrühren, bevor ich es erlaube. Die sind die Schweine!
Na gut. Ich wünsche dir von Herzen alles Gute, mein Kleiner.

Der Tiger nähert sich Amin und lässt seinen Kopf sinken, worauf ihn Amin sanft hinter den Ohren krault. Nach einer Weile öffnet Amin die Tür zur Toilette. Der Tiger folgt ihm. Draußen hat sich inzwischen eine beträchtliche Anzahl an Schaulustigen eingefunden, während die Polizisten den Bereich, der zu den öffentlichen Toiletten führt, umfassend abgesperrt haben.

PAULE.
Ach herrjemine! So einen Menschenauflauf habe ich das letzte Mal gesehen, als Vater im Vollrausch den letzten Auftritt der Beatles imitiert hat und sich nach seiner sehr speziellen Interpretation von "Yellow Submarine" heftig vom Dach einer lokalen Musikfiliale erbrach. Sag, vermagst du hinter diesem Tumult etwas zu erkennen, Pacecco?

PACECCO.
Moment. Ja, Amin kommt jetzt raus! Der Tiger ist bei ihm!

PAULE.
Ein Glück! Vater hat es geschafft!

PACECCO.
Ja, Amin scheint ihn gezähmt zu haben. Gunther ist wieder ganz ruhig. Ein paar Männer kommen jetzt und nehmen den Tiger in Gewahrsam. Amin hilft ihnen dabei, den Tiger richtig anzufassen.
Streckt den Kopf hin und her, um besser sehen zu können.
Nun kniet Amin nieder und redet noch einmal mit Gunther,

und drückt ihn ganz fest.

PAULE.
Oh weh, muss das ein herzzerreißender Abschied sein! Wenn ich nur etwas sehen könnte, würden mir garantiert ein paar glitzernde Tränen über die Wangen laufen!

PACECCO.
Hör mir bloß auf, du Bettnässer. Der Tiger wird nun in einen Transporter geladen. Die Leute vom Zirkus sind auch dabei. Nun gehen zwei Polizisten zu Amin.

AMIN.
Schlägt wild um sich.
Scheiße! Lasst mich los, ihr verdammten Neofaschisten!

PAULE.
Was ist das denn für ein Gebrüll, Pacecco?

PACECCO.
Jetzt haben sie Amin Handschellen angelegt.

PAULE.
Ojemine! Vater wird schon wieder verhaftet? Na ja, bei seiner langen Liste an Vergehen müsste er diese Prozedur ja mittlerweile gewöhnt sein.

PACECCO.
Ich rufe ihn mal und versuche mehr herauszufinden.
Ruft.
Ey, Amin! Amin, alles klar? Wo bringt die Polizei dich diesmal hin?

AMIN.
Scheiße! Diese stinkenden Neofaschisten wollen mich mit auf die Wache nehmen, anscheinend haben sie wieder Sehnsucht nach ihrem guten alten Amin! Aber ich erzähle denen nix, außer das, was ich immer sage, tagaus, tagein: Ich schwöre, auch wenn die Welt zusammenfällt – der Paule war's!

PAULE.
Na hör mal!

PACECCO.
Amin, wie lang wirst du dort sein? Meinst du, sie lassen dich diesmal schnell wieder laufen?

AMIN.
Sehe ich aus wie ein verkappter Hellseher? Aber solange ich fort bin, gibt's für euch einiges im Haus zu tun! Zum Beispiel Bier einkaufen! Am besten, ihr Flachpfeifen rennt heute noch in den Supermarkt und kauft einfach mal 10 Kästen auf Vorrat. Und Unmengen an Koks! Ruft Zerda an! Sagt ihm, er soll 'ne Schubkarre von dem Zeug direkt zu mir nach Hause liefern! Das alles müsste für einen gemütlichen Fernsehabend reichen, wenn ich wieder da bin!
Amin wird abgeführt.

PACECCO.
Weg ist er.

PAULE.
Dann sollten wir uns nun auch schleunigst aus dem Staub machen, ehe sie uns womöglich noch als Vaters Komplizen identifizieren und mitnehmen!

PACECCO.
Keine Panik. Du weißt doch: Iwan und Alexej wissen von nichts.

PAULE.
Oh ja, ich vergaß! Es war wirklich großartig, wie du die Polizisten mit deinem russischen Wortschatz ausgetrickst hast, sodass sie uns sofort in Ruhe ließen! Ich habe ja nicht ahnen können, was für ein hohes Maß an Intelligenz und Raffinesse in dir steckt!

PACECCO.
Das kommt daher, weil ich so ein bescheidener Mensch bin.

PAULE.

Darf ich dich noch fragen, was genau du zu ihnen gesagt hast? Du hast ja bisweilen wild gestikuliert und mit dem Finger auf mich gedeutet.

PACECCO.
Das will ich dir sagen, ich rief den Polizisten genau zwei Wörter zu, an die ich mich noch aus dem Russischunterricht erinnern konnte.

PAULE.
Was waren das denn für Wörter?

PACECCO.
"Bruder" und "Krätze"!

Ende

Folge 5 – Verschobene Weihnachten (Teil 1)

1. Szene

Es ist Weihnachten in der Tulpenstraße. Aufgeweckte Kinder ziehen voller Freude ihre Schlitten durch die schneebedeckten Straßen und geben ihr Bestes, beim Rodeln an steilen Berghängen nicht ihre kleinen Beinchen zu verdrehen. Auch bei unserer Familie Manfred wartet man schon sehnsüchtig auf das heilige Fest, als Pacecco und Paule nach einem erfolgreichen Tag zurück in die Wohnung zu ihrem Vater Amin kommen.

PACECCO.
So, da sind wir wieder.

PAULE.
Fröhliche Weihnachten, Vater!

AMIN.
Wacht verschreckt auf.
Was ist los?
Schreit.
Kriiiieeeeg! Alle Mann sofort runter in den Bunker!

PACECCO.
Bunker?

PAULE.
Kichert.
Unser lieber Herr Vater ist noch völlig verschlafen, Pacecco. Wir haben ihn wohl aus seinen wunderbaren Träumen gerissen.

AMIN.
Also kein Krieg? Donnerlittchen, meine Augen brennen wie Feuer!

PACECCO.
Na, Amin, hast du endlich deinen Rausch ausgeschlafen?

AMIN.
Rausch? Von wegen, ich hab bloß meditiert, alles klar? Stundenlang lag ich hier und habe über die wirklich wichtigen Fragen des Lebens nachgedacht!

PACECCO.
Die wichtigen Fragen des Lebens haben bei dir doch alle mit Bier zu tun.

AMIN.
Bier ist nun einmal der beste Freund des Menschen, okay? Scheiße, wo seid ihr überhaupt gewesen? Ich dachte, ihr wärt tot!

PACECCO.
Wir waren doch auf der Messe.

AMIN.
Was für 'ne Messe denn? Sprich mal Klartext, Mann!

PAULE.
Auf der alljährlichen Kirchenmesse, um zu Ehren unseres Herrgotts Lieder zu singen und den Armen zu gedenken.

AMIN.
Kirchenmesse? Die Kirche ist doch korrupt wie nix! Da zahlt man einen Haufen Kirchensteuer und Kollekte, nur um so einem alten, pädophilen Pfarrer seinen Lebensabend in seinem Luxusdomizil zu finanzieren!

PAULE.
Aber die Kollekte wird an Weihnachten von der Kirche ausschließlich für karitative Zwecke genutzt, um Geschenke an Obdachlose und Bedürftige zu verteilen.

AMIN.
Bullshit! Alles nur Tarnung! Schau dir nur mal den riesigen Vatikanstaat an, mit all diesen protzigen Reichtümern, Wand- und Deckengemälden! Da siehst du, wo all der fette Zaster in Wirklichkeit hinfließt!

PACECCO.
Da hat Amin nicht unrecht. Eigentlich braucht man keine Kirche, um an die guten Taten von Jesus zu denken.

AMIN.
Ich sage euch, wenn dieser Jesusknabe wüsste, was in seinem Namen auf der Welt passiert, dann würde er sich nur noch übergeben!

PAULE.
Bitte nicht so laut, Vater. Es ist doch Weihnachten – eine Zeit des Friedens und der Harmonie.

AMIN.
Was sagst du da, Weihnachten? Ist das etwa heute? Das war doch erst neulich!

PACECCO.
Vor genau einem Jahr.

AMIN.
Sag ich doch! Kinder, wie die Zeit vergeht! Wie in diesem Film mit den zwei bescheuerten Burschen mit ihrer Telefonzellen-Zeitmaschine!

PAULE.
Vater, ich möchte ja nicht drängen, aber da es schon auf den Abend zugeht, frage ich mich, wann du gedenkst, unser reichhaltiges Weihnachtsmahl zuzubereiten?

AMIN.
Was sagst du da? Weihnachtsmahl?

PACECCO.
Ja, Amin, ich erinnere mich noch gut: Es war ein lauer Sommerabend, als du uns versichert hast, dass du uns dieses Jahr zu Weihnachten ein Festessen kochen willst – mit allen Schikanen.

AMIN.
Pah! Da war ich doch betrunken und vollkommen von der

Rolle! Habt ihr beiden Idioten denn noch immer nicht kapiert, dass ihr nie auf das Geschwätz eines Betrunkenen hören sollt?

PACECCO.
Also gibt's dieses Jahr zu Weihnachten wieder nichts Leckeres zu essen?

AMIN.
Ich bin doch nicht geisteskrank und schwitze mir zwei Stunden an heißen Herdplatten in der Küche einen ab, nur um euch später am Tisch dabei zu beobachten, wie ihr binnen fünf Minuten alles verschlingt! Außerdem ist Weihnachten doch nur was für Drunkies, Nullköpfe und Aussteiger! Diese künstlich erzeugte Harmonie widert mich an!

PAULE.
Und was bietest du uns stattdessen zu essen, Vater?

AMIN.
Ich euch bieten? Mein lieber Mann, soll ich dir mal zeigen, wie ein Anker funktioniert? Aber wenn ihr so gierig seid: In der Vorratskammer liegen noch einige Büchsen Thunfisch herum. Die könnt ihr meinetwegen nach Herzenslust schlemmen!

PAULE.
Sprichst du etwa von dem restlichen Vorrat an verbeulten und verrosteten Büchsen, den Großvater noch aus Kriegszeiten heimgebracht hat? Seit Jahren schon drehst du uns immer wieder diesen kläglichen Fraß an!

AMIN.
Was sagst du da? Kläglicher Fraß?

PACECCO.
Ich kann diesen stinkenden Thunfisch nicht mehr ertragen! Den gibt es jedes Jahr zu meiner Geburtstagsfeier!

AMIN.
So was von dekadent! Beschwert euch noch einmal über den guten Thunfisch und ihr könnt nach draußen gehen und euer Weihnachtsessen vom Bürgersteig zusammenkratzen!

Es klingelt an der Tür.

PAULE.
Horch, ein Besucher von der Außenwelt!

AMIN.
Wer ist denn nun schon wieder an der Tür? Verdammt nochmal, es ist Weihnachten, die Zeit der Ruhe und der Harmonie!

PAULE.
Vielleicht ist es der Weihnachtsmann, der uns mit seinem Rentierschlitten aus diesem trostlosen Gefängnis errettet! Ich werde ihm rasch die Tür öffnen!
Ab.

PACECCO.
Der Weihnachtsmann klopft nicht an der Tür, der kommt durch den Kamin. Aber auch nur, wenn man ihm vorher Milch und Kekse hinstellt.

AMIN.
Milch und Kekse? Das könnte dem alten, bärtigen Cola-Fettsack so passen, sich hier genüsslich durchfressen zu wollen! Dem würde ich eher 'ne deftige Schrotladung verpassen, als Dank für all die karierten Socken, die ich als Kind bekommen hab!

PACECCO.
Ach deswegen läufst du den ganzen Tag barfuß durch die Gegend.

AMIN.
Na und? Ich mag's halt gerne luftig zwischen meinen Zehen! Ist das ein Verbrechen, du Lump?

PACECCO.
Bei deinen Käsefüßen schon! Das stinkt wie in der Müllverbrennungsanlage!

PAULE.
Tritt auf.
So, da bin ich wieder.

PACECCO.
Wer war denn an der Tür?

PAULE.
Das waren unsere liebreizenden Nachbarn, die extra vorbeigekommen sind, um uns ein wunderschönes Weihnachtsfest zu wünschen. Ist das nicht süß?

AMIN.
Ja. Und wenn die noch einmal abends so laut feiern wie letzte Woche, schnapp ich mir meinen Baseballschläger und zeige denen mal, wie süß ich das finde!

PAULE.
Letzte Woche? Aber da hat doch ihr Hochzeitstag stattgefunden!

AMIN.
Na und? Bei dem Höllenlärm konnte doch kein Schwein schlafen!

PACECCO.
Ich habe geschlafen wie ein Baby.

AMIN.
Ich nicht! Mein Schlaf ist mir heilig, denn ich muss morgens immer früh raus!

PACECCO.
Musst du nicht.

AMIN.
Was? Wer steht denn immer beim ersten Hahnenschrei auf und bereitet ein wunderschönes Frühstück für die ganze Familie vor?

PAULE.
Das bin ich!

AMIN.
Du? Nicht zu fassen, dass ich solche Egoisten großgezogen habe!

PAULE.
Ich habe noch eine wunderbare Neuigkeit: Weil ich ihnen sagte, dass unser Weihnachtsfest wohl dieses Jahr abermals ins Wasser zu fallen droht, haben die Nachbarn Pacecco und mir angeboten, zu ihnen rüber zu kommen, um gemeinsam mit ihnen zu feiern.

PACECCO.
Wirklich?

AMIN.
Und was ist mit mir, hä? Was springt für Amin raus?

PAULE.
Na ja, Vater. Sie haben mir deutlich gemacht, dass wir "den bärtigen Brüllaffen" doch bitte daheim lassen sollten.

AMIN.
Bärtiger Brüllaffe? Ja, ist denn das zu fassen? Was erlauben sich diese buckligen Hodenkobolde eigentlich, hier dreist Sturm zu klingeln und die Familie auseinanderreißen zu wollen?

PACECCO.
Was denn für eine Familie?

AMIN.
Na, die Manfreds, du Doppeldepp! Wir halten doch zusammen wie Blech und Brezel! Und das zeige ich euch, indem ich das beste Weihnachtsessen kredenze, das die Welt je gesehen hat! Viel besser als der widerwärtige Fraß von nebenan!

PAULE.
Das ist ja wundervoll, Vater!

PACECCO.
Also doch ein feines Fresschen für den guten Pacecco?

AMIN.
Na klar, die Manfreds tischen jetzt groß auf! Ich werde euch beweisen, was für ein Virtuose ich als Koch bin! Ich werde panieren und braten und salzen – und das alles mit den besten Zutaten, die man für Geld kaufen kann!

PAULE.
Apropos Zutaten – womit möchtest du all diese köstlichen Speisen zubereiten? Unsere Vorratskammer beinhaltet nichts als gähnende Leere und die Supermärkte sind seit drei Stunden geschlossen.

AMIN.
Geschlossen? Es ist doch noch früh am Morgen!

PACECCO.
Es ist jetzt genau 17 Uhr.

AMIN.
Sag ich doch! Aber keine Panik. Ich kenne mich in der Stadt aus und weiß genau, wie wir an die wertvollen Zutaten herankommen. Verlasst euch auf mich.

PACECCO.
Aber lass uns bloß nicht mehr im Stadtpark Schneehasen jagen gehen. Ich leide heute noch unter Albträumen von diesem Horrortrip.

AMIN.
Nein, nein, diese Zeiten sind vorbei. Es ist, wie so oft, nur eine Frage des Geldes. Also Jungs, leert eure Brieftaschen aus!

PAULE.
Wie bitte, Vater?

PACECCO.
Das ist mal wieder typisch: Wenn uns Amin einlädt, müssen wir zahlen!

2. Szene

Da Pacecco und Paule so zwei wohlerzogene Söhne sind, offenbaren sie bereitwillig ihre gesamte Barschaft. Vater Amin ist sichtlich gerührt von dieser selbstlosen Geste, konnte er doch nicht ahnen, wie wohlhabend die Familie Manfred in Wirklichkeit ist.

AMIN.
Ich fasse es nicht! 22 Euro? Alles, was ihr Nieten in Bargeld besitzt, sind läppische 22 Euro? Und davon soll ich nun ein Drei-Gänge-Menü zaubern? Mensch, ihr stellt einen Meisterkoch wie mich ganz schön auf die Probe!

PACECCO.
Mehr ist aber nicht drin!

AMIN.
Du arbeitest doch den ganzen Tag in der verfluchten Kohlemine, Pacecco! Wo sind all deine Moneten abgeblieben?

PACECCO.
Die habe ich letzte Woche bei einer Pferdewette verloren. Das Pferd "Geölter Blitz" hat mich völlig ruiniert!

AMIN.
"Geölter Blitz"? Das kommt davon, wenn man nicht auf seinen Vater hört! Ich sagte dir doch, dass du alles auf "Torpedotrampler" wetten sollst! Der liebt weichen Boden!

PACECCO.
Bitte? Der "Torpedotrampler" ging sogar als Letzter durchs Ziel!

AMIN.
Was? Skandal! Ich sage dir, diese Jockeys dopen die Pferde! Aber wo ich gerade von Pferden spreche: Wo sind eigentlich deine Piepen abgeblieben, Paule? Hast du wieder alles beim Autoscooter verschleudert oder was ist los?

PAULE.
Wieso? Ich bin noch nie Autoscooter gefahren! Ich habe euch mein gesamtes Taschengeld der letzten sechs Jahre gegeben, Vater. Mehr war nie in meinem Besitz.

AMIN.
Höre ich da eine ätzende Kritik heraus? Sei froh, dass du überhaupt Taschengeld von mir bekommst, du faule Trine!

PAULE.
Wieso von dir? Es war Pacecco, der mir freundlicherweise ab und zu Geld für mein staubiges Sparschwein überlassen hat.

AMIN.
Was? Pacecco, du mieser Geizhals! Du solltest dich schämen, dem Jungen so wenig Geld zu geben!

PACECCO.
Wenigstens können wir damit einen kleinen Beitrag zum Weihnachtsessen leisten. Du hast ja gar nichts dazugegeben.

AMIN.
Ich bin ja auch ein alter Sparfuchs und gebe nur wenig aus! Nur weil ihr das ganze Geld lachend in der Luft verpulvert, muss ich jetzt ganz tief in die Trickkiste greifen! Aber ich habe da schon eine Idee. Also kommt jetzt, fahren wir endlich los!

PACECCO.
Willst du wirklich noch da raus? Es schneit schon den ganzen Tag über.

AMIN.
Pah! Das bisschen Schnee wird uns nicht aufhalten! Wir sind in der Blüte unseres Lebens und brennen uns den Weg einfach frei!

Und so steigen Vater Amin, Pacecco und Paule in ihren neuwertigen Wagen und fahren neuen, unbekannten Abenteuern entgegen.

PACECCO.
Sag mal, Amin, wo fahren wir überhaupt hin? Niemand außer

uns ist in dieser verdammten Kälte unterwegs.

AMIN.
Das wirst du schon sehen, wenn wir da sind. Ihr könnt euch glücklich schätzen, so einen klugen Daddy wie mich zu haben. Andere Kinder haben weitaus dümmere Väter.

PAULE.
Andere Kinder sitzen wahrscheinlich gerade daheim am warmen Kamin, singen zusammen am reich geschmückten Weihnachtsbaum oder schlemmen genüsslich einen knusprigen Weihnachtsbraten.

AMIN.
Bullshit! Dein Bild von Weihnachten ist durch das elende Fernsehen völlig verzerrt! In Wirklichkeit schlagen sich die meisten Familien über Weihnachten die Köpfe ein! Da gibt es miese Geschenke und noch miesere Stimmungen! Hört auf meine Worte: Nicht alle Familien feiern so friedfertig wie wir.

PACECCO.
Friedfertig? Wir beleidigen uns von morgens bis abends.

AMIN.
Das ist doch alles nur Show und Entertainment, du Hausschuhgesicht! In Wirklichkeit wohnt die verdammte Liebe in unseren Herzen! Und nun aufgepasst, wir sind an unserem Ziel angelangt.

PAULE.
Eine Tankstelle?

AMIN.
Nicht irgendeine Tankstelle, sondern die größte Tankstelle weit und breit! Sieh nur, wie majestätisch sie dasteht und die Finsternis erleuchtet! Und ihr werdet sehen, bei dem reichen Sortiment, was dort angeboten wird, werden wir garantiert fündig. Das wird das beste Weihnachtsfest unseres Lebens!

PACECCO.
Das bezweifle ich doch stark.

PAULE.
Aber Vater, wie sollen wir denn für 22 Euro in einer Tankstelle ein festliches Weihnachtsmahl zusammenstellen? Bei den Wucherpreisen für Lebensmittel ist das ein Ding der Unmöglichkeit!

AMIN.
Unmöglich ist immer alles für dich, du pessimistischer Pansenzähler! Sagt selbst: Habe ich mich je im Leben geirrt? Habe ich euch jemals die Wickelkommode herunterfallen lassen?

PACECCO.
Ähm …

AMIN.
Genau! Und wenn ich sage, dass das ein unvergessliches Weihnachtsfest wird, dann meine ich das auch!

PACECCO.
Ich versuche jetzt schon krampfhaft, alles zu vergessen.

AMIN.
Kommt jetzt! Raus aus dem Auto und rein in die warme Tankstelle! Da kann ein Mann noch in Ruhe seine Zeit verbringen, wenn alles andere schon längst den Bach runtergegangen ist!

3. Szene

Als sich die automatischen Schiebetüren der Tankstelle öffnen und unsere drei Freunde den hell beleuchteten Ladenbereich betreten, zeigt sich besonders Vater Amin angesichts der Vielzahl von Produktpaletten sichtlich bewegt.

AMIN.
Kinder, da wären wir: die gute alte Heimat!

PAULE.
Heimat, Vater? Wie meinst du das?

AMIN.
Ach, das wisst ihr nicht? Ich habe meine halbe Kindheit in Tankstellen wie dieser verbracht. Wo andere Kinder im Wald gespielt haben und von Zecken und Blattläusen aufgefressen wurden, saß ich in aller Ruhe draußen vor der Tankstelle und habe salziges Knabberzeug gegessen oder leckeres Eis geschleckt.

PACECCO.
Wie lange geht die Geschichte noch?

AMIN.
Als ich dann älter wurde, bin ich noch ab und zu mit dem Moped zur Tankstelle gefahren, um meinen Vorrat an kühlem Bier aufzufrischen.

PACECCO.
Ab und zu? Du bist bestimmt jeden Tag dort gewesen.

AMIN.
Tjaja, Kinder. Das waren noch Zeiten, als Benzin bezahlbar und Rauchen neben der Zapfsäule erlaubt war. Nur damals hatten wir natürlich nicht so viel Auswahl wie heute. Mittlerweile kann man ja an Tankstellen fast alles kaufen. Und genau deswegen sind wir hier!

PACECCO.
Mir graut's bei dem Gedanken, dass ich meinen Kindern später auch solche witzlosen Geschichten erzählen könnte.

AMIN.
Wenn du weiterhin diesen geistigen Dünnschiss absonderst, werde ich mit einer gezielten Kastration dafür sorgen, dass du gar keine Kinder bekommen kannst!

PAULE.
Bitte beruhigt euch! Lasst uns nun schauen, in welche Mahlzeiten wir die 22 Euro am klügsten anlegen, ja?

PACECCO.
Wie wär's mit leckeren Hamburgern? Die kann man sich hier in der Mikrowelle warm machen.

PAULE.
Lieber nicht. Hamburger aus der Mikrowelle entsprechen meiner Meinung nach nicht dem Geist der Weihnacht.

AMIN.
Ich hol mir erst mal 'nen Kaffee am Automaten.

PAULE.
Aber Vater!

AMIN.
Äfft Paule nach.
"Aber Vater! Aber Vater!" Was denn nun schon wieder?

PAULE.
So ein "Kaffee", wie du ihn nennst, kostet hier 2,50 Euro! Dieses teure Getränk wird uns sofort ein großes Loch in unser ohnehin schmales Budget reißen! Darüber hinaus ...
Paule stockt im Satz. Amin wirft Münzen in den Kaffeeautomaten, worauf ein kleiner Becher mit dampfend heißem Kaffee gefüllt wird.

AMIN.
Mensch, das geht ja flott!

PAULE.
... wird der Kaffee in dem kleinsten Becher zubereitet, den ich je gesehen habe!

AMIN.
Ihr wolltet dieses Weihnachtsfest unbedingt feiern, schon vergessen? Also brauche ich jetzt dringend einen Kaffee, um meine Kräfte aufzuladen und meinen Geist wachzuhalten!

PACECCO.
Wenn das so weitergeht, landen wir am Ende doch wieder bei Thunfisch!

PAULE.
Grundgütiger! Selbst bei diesem ohnehin schon kleinen Becher beträgt der Anteil des frisch aufgebrühten Kaffees höchstens 60 Prozent! Das ist doch Betrug am Kunden! Vielleicht sogar an der gesamten Menschheit!

AMIN.
Der Rest des Bechers wird ja auch mit Kondensmilch aufgegossen, das weiß doch jeder! Ich zeig dir mal, wie Erwachsene das machen!
Gießt seinen Kaffee mit einer Kanne Kondensmilch voll.

PACECCO.
Igitt! Bei so viel Kondensmilch müsste ich brechen!

AMIN.
Du bist ja auch ein Schwächling! Schau mich an: Ich habe einen Magen aus Gusseisen, da kannst du alles reinschmeißen: Glühende Chilischoten, heißes Fett, ein Fass sahnige Buttermilch, ätzende Salpetersäure – ich hau das weg wie nix!

Nachdem Amin für einen kurzen Moment an seinem Kaffee genippt hat, lässt er den Becher samt Inhalt herunterfallen.

AMIN.
Scheiße, ist der heiß!

PACECCO.
Porca miseria, der gute Kaffee!

PAULE.
Himmel und Hölle, Vater! Du hast den Kaffee direkt auf meine blütenweißen Schuhe geschüttet! Sie sind nun vollkommen ruiniert! Schau nur, was du …
Stockt erneut im Satz. Erneut wirft Amin Geld in den Kaffeeautomaten, woraufhin ein neuer Becher mit heißem Kaffee aufgebrüht wird.

PAULE.
Vater, das kann jetzt nicht dein Ernst sein!

PACECCO.
Du bist ein Verschwender, Amin! Du wirst noch unser ganzes Geld für Kaffee verschleudern!

AMIN.
Keine Sorge, ich werde mich diesmal nicht so leicht ablenken lassen! Und Schuhe bekommt man kostenlos in der Kleiderkiste für die Obdachlosen, okay? Wenn man es nicht so genau mit der Schuhgröße nimmt, findet man dort sicher ein paar tolle Treter!

PAULE.
Seufzt resigniert.
Na schön. Es wird langsam spät, darum lasst uns jetzt bitte zügig einkaufen.

AMIN.
Lass *du* mich erst mal in Ruhe 'nen Plan davon kriegen, was es hier alles gibt.
Schaut sich im Laden um.
Menschenskind, die haben sogar bunte Sonnenbrillen! Und Blumensträuße!

PAULE.
Wollten wir unseren Fokus nicht ausschließlich auf Nahrungsmittel lenken?

PACECCO.
Juhu! Ich fasse es nicht! Die neue Ausgabe des Tittenmagazins ist endlich da!

AMIN.
Wo?

PACECCO.
Da! Bei dem Zeitschriftenstand! Es ist die neuste Ausgabe mit einem Exklusivinterview der berühmten Pornodarstellerin Daisy D. Doppeldecker! Das muss ich unbedingt haben!

PAULE.
Halte ein, Pacecco, das würde uns weitere 3 Euro kosten!

AMIN.
Und wenn schon! Sind wir hier bei armen Leuten? Wenn mein Junge seine Titten will, dann kriegt er die auch!

PACECCO.
Ja! Ja! Euer Pacecco muss diese Titten besitzen!

PAULE.
Dann ein Vorschlag zur Güte, lieber Pacecco: Wie wäre es denn, wenn du das Magazin geschwind hier im Laden lesen könntest, während Vater und ich uns derweil noch ein wenig umschauen?

PACECCO.
Nee, das geht nicht! Ich muss dafür ungestört sein, sozusagen an einem ruhigen Ort, wo ich in Ruhe studieren kann.

AMIN.
Spar dir die Erklärung, Pacecco. Der Paule kapiert das eh nicht. Der beschäftigt sich lieber damit, bekloppte Gedichte zu schreiben und bunte Blümchenaufkleber für sein Stickeralbum zu sammeln.

PAULE.
Wenigstens beherrsche ich die mathematischen Künste der Subtraktion und Addition ...

AMIN.
Was für'n Addi?

PAULE.
... und ich muss mit Schrecken feststellen, dass wir schon sehr viel Geld für Dinge eingeplant haben, die unser schönes Weihnachtsfest in keinster Weise bereichern werden!

PACECCO.
Aber erleichtern!

PAULE.
Wie dem auch sei, uns bleiben noch knapp 14 Euro, wenn wir

das pornografische Druck-Erzeugnis und die beiden sündhaft teuren Automatenkaffees abrechnen.

AMIN.
Hat sich was mit 14 Euro, du mathematisches Genie! Du hast vergessen, dass wir noch tanken müssen!

PAULE.
Wie bitte, Vater? Tanken? Wir müssen noch tanken?

AMIN.
Ja, glaubst du denn ein Auto fährt mit Luft und Liebe? Unser Tank ist fast leer wegen der langen Autofahrt hier her. Wir müssen mindestens für 10 Euro tanken, sonst kommen wir nicht mehr nach Hause.

PAULE.
Du lieber Himmel! Willst du damit etwa andeuten, dass uns noch knapp 4 Euro für das ganze Weihnachtsmahl bleiben?

AMIN.
Grob berechnet, also wenn man Pi mal Daumen nimmt und 1 im Sinn behält – ja, dann müsste das so hinkommen.

PACECCO.
Zieh bitte noch 50 Cent ab. Soviel kostet nämlich hier der Gang auf die Toilette. Ich muss leider ganz dringend.

AMIN.
50 Cent? Du wirst uns noch ruinieren, du Verschwender! Kannst du nicht raus in den Wald gehen und an einen Baum pinkeln? Ein Hund kann das doch auch, warum du nicht?

PACECCO.
Erstens muss ich groß. Und zweitens ist es draußen viel zu kalt. Da friert sich der arme Pacecco ja den Lümmel ab! Also bis gleich.
Tritt ab.

AMIN.
Diese Jugend von heute hält nichts mehr aus! Wofür gibt's

Blätter von Mutter Natur, um sich kostenlos den Hintern abzuwischen?

PAULE.
Ach du liebes bisschen. Das ist der schlimmste Heiligabend von allen.

AMIN.
Wieso? Guck uns doch mal an! Wir leben doch noch! Denk an die ganzen armen Schweine auf den Friedhöfen dieser Welt! Die haben nun nix mehr zu lachen! Aber wir lassen uns die gute Laune nicht verderben, klar? Machs wie der alte Amin und lach dem Tag ins Gesicht! HA HA HA HA!

PAULE.
Bitte nimm es mir nicht übel, aber mir ist gerade eher nach einer stillen Träne zumute.

AMIN.
Ach Gottchen! Ich sag dir mal was: Da Pacecco sein Tittenmagazin kaufen und sogar auf die Toilette gehen darf und ich meinen Kaffee bekommen habe, darfst du dir jetzt auch ein Geschenk aussuchen, okay?

PAULE.
Zu großzügig, Vater. Für ganze 3,50 Euro kann ich möglicherweise noch eine Packung Kartoffelchips erwerben.

AMIN.
Entweder das oder wir vergessen den elenden Weihnachtsstuss und kaufen uns eine gute Flasche Portwein für das restliche Geld! Schau, da drüben stehen die ganzen Flaschen! Da steht doch unser Name drauf! Damit können wir richtig einen draufmachen!

PAULE.
Warte, nicht so hastig, Vater! Gleich passiert noch ein Missgeschick!

Amin stößt eine Flasche Wein aus dem Regal um, die krachend auf dem Fußboden zerschellt.

AMIN.
Verdammte Scheiße! Was muss dieser Gang auch so eng sein? Ich bin doch kein Liliputaner, sondern ein ausgewachsener Kraftmeier, der seinem natürlichen Bewegungsdrang folgt!

PAULE.
Oje, da kommt auch schon der Tankwart.

Tankwart tritt auf.

TANKWART.
Guten Abend, die Herren. Was ist denn hier los?

AMIN.
Guten Abend, Sir. Und ein gesegnetes Fest wünsche ich Ihnen. Unglücklicherweise ist meinem idiotischen Sohn hier ein kleines Malheur passiert, sodass diese Flasche auf den Boden gefallen ist.

PAULE.
Wie bitte, Vater? Ich soll das gewesen sein?

AMIN.
Doch da Weihnachten ist, eine Zeit des Friedens und der Zwischenmenschlichkeit, können Sie über diese dumme Aktion meines Sohnes sicher hinwegsehen, hab ich nicht recht?

PAULE.
Ich habe gar nichts getan!

AMIN.
Ruhe jetzt, du Vandale! Hast du noch nicht genug Schaden angerichtet?

TANKWART.
Keine Sorge, ich hole schnell ein Kehrblech aus dem Lager und werde die Scherben dann auffegen.

AMIN.
Seien Sie gesegnet, Freund.

TANKWART.
Den Schaden müssen Sie aber trotzdem bezahlen.

AMIN.
Brüllt.
Was? Verflucht sollst du sein! Da wirft man dir und diesen reichen Scheichs, die irgendwo in einem goldenen Palast in Abu Dschinga leben, jedes Jahr Tausende von Euros an Benzingeld in den Rachen und dann wird einem an Weihnachten noch nicht einmal eine kaputte Flasche erstattet!

PAULE.
Oje, die Flasche hat 3 Euro gekostet! Damit bleiben mir gerade mal 50 Cent für ein schönes Geschenk! Davon kann ich mir nicht einmal einen Schokoriegel leisten!

PACECCO.
Tritt auf.
Was ist denn hier passiert? Hat man den Elefantenmenschen wieder aus seinem Käfig gelassen?

AMIN.
Elefantenscheiße! Der Paule war's!

PACECCO.
Wie immer also.

AMIN.
Sag mal, Pacecco, gibt's hier auf dem Klo zufällig auch Duschkabinen?

PACECCO.
Ja, die sind direkt nebenan. Wieso?

PAULE.
Sag jetzt nicht, dass du eine Dusche nehmen willst, Vater! Das wird unser letztes Geld vernichten! Was wird dann aus dem Geschenk, das ich mir aussuchen darf?

AMIN.
Sei mal nicht so egoistisch! Schau mich an, ich bin klatschnass!

PACECCO.
Wo denn? Ich sehe nur ein paar vereinzelte Tropfen auf deiner Hose.

AMIN.
Auf alle Fälle kann ich so nie und nimmer in die Kälte raus, da hole ich mir ja sonst den Tod! Nein, da hilft nur eine heiße Dusche, die ich jetzt umgehend in Anspruch nehmen werde!

PACECCO.
Für 50 Cent?

AMIN.
Ganz genau, selbst wenn ich für die 50 Cent nur 20 Sekunden Wasser bekomme! Ihr könnt von Glück reden, dass ich ein so anspruchsloser Mensch bin!
Tritt ab.

PAULE.
Kneif mich bitte, Pacecco, sodass ich schnellstens aus diesem furchtbaren Albtraum aufwache!

PACECCO.
Schüttelt den Kopf.
Das ist kein Albtraum. Das ist Amin.

4. Szene

Nachdem sich Vater Amin gründlich abgeduscht und das Auto anschließend mit frischem Benzin betankt hat, macht sich unsere Familie Manfred wieder auf die Heimreise. Die idealen Wetterbedingungen und die festliche Stimmung innerhalb der Familie versprechen dabei eine geruhsame Fahrt.

AMIN.
Der Wagen ist gut betankt, Pacecco hat ein neues Hochglanz-Tittenmagazin und ich fühle mich dank einer heißen Dusche

wieder so frisch wie der junge Morgen an einem milden Frühlingstag! Wenn das kein erfolgreicher Weihnachtseinkauf war!

PAULE.
Abgesehen davon, dass wir überhaupt keine Lebensmittel erworben haben und damit der Zweck unserer langen Fahrt zur Tankstelle vollkommen auf den Kopf gestellt wurde, seid ihr beide nicht leer ausgegangen, da stimme ich dir zu.

AMIN.
Jetzt fang bloß nicht an zu flennen, du Mädchen! Weihnachten kommt doch nächstes Jahr wieder. Ein bisschen Schlaf und dreimal kurz gezwinkert und schon stehen die nächsten Bettler zur Weihnachtszeit vor der Tür.

PAULE.
Ob es bereits zu spät ist, die Einladung unserer Nachbarn in tiefer Demut und Dankbarkeit anzunehmen? Was meinst du, Pacecco?

PACECCO.
Ich weiß nicht. Es ist inzwischen schon 22 Uhr durch. Und bei dem Schneesturm, der draußen tobt, wäre ich bereits froh, wenn wir es überhaupt lebend bis nach Hause schaffen.

AMIN.
Pah, das nennst du einen Schneesturm? Das ist nichts weiter als ein laues Lüftchen! Da hättest du mal beim sogenannten Hungerwinter anno '46 dabei sein sollen. Da war es so kalt, dass dir der Strahl noch während des Pinkelns eingefroren ist. Wenn du aus dem Fenster geschaut hast, sind gefrorene Tauben vom Himmel gefallen und auf dem Boden in tausend Teile zersprungen!

PAULE.
Woher willst du das so genau wissen, Vater? Im Jahr 1946 warst du noch nicht einmal geboren.

AMIN.
Na und? Da kannst du mal sehen, dass es dieser Welt bis zum

Zeitpunkt meiner Geburt sehr viel schlechter ging!

PACECCO.
Trotzdem mache ich mir Sorgen. Wir sind scheinbar die Einzigen, die bei dem Wetter auf dieser verlassenen Landstraße unterwegs sind. Um uns herum ist alles schwarz. Und der Schnee weht inzwischen so stark, dass wir fast nichts mehr sehen können.

AMIN.
Was redest du denn da? Ich kann alles sehen! Ich habe Augen wie ein Adliger!

PAULE.
Vorsicht, Vater! Direkt vor uns, eine Picea abies!

AMIN.
Eine was?

PAULE.
Eine Fichte!

Bevor die Manfreds fast mit einem Baum kollidieren, schafft es Amin in letzter Sekunde das Lenkrad herumzureißen, sodass der Wagen zurück auf die Straße geschleudert wird.

AMIN.
Hab ich gesehen, hab ich gesehen! Alles in Ordnung!

PAULE.
Mein armes, schwaches Herz, bitte schlage fort!

PACECCO.
Ich wusste es: Wir werden hier alle draufgehen!

AMIN.
Was soll die ganze Aufregung? Ich habe uns doch wieder sicher auf Kurs gebracht, oder etwa nicht?

PAULE.
Dein "sicherer Kurs" wird uns noch alle für einen Obolus

hinab in den Hades stürzen!

PACECCO.
Hoffentlich macht das Auto jetzt nicht schlapp.

AMIN.
Pah, mein guter Oldtimer hat mich noch nie im Stich gelassen! Der läuft tadellos wie eh und je, schließlich war er erst vor sieben Jahren beim TÜV! Also macht euch keine Gedanken. Kommt, wir singen ein Lied!
Fängt damit an, laut und schief zu singen.

PAULE.
Großer Gott, warum musst du uns so quälen? Ich ertrage diese Folter nicht länger!

Mitten in Amins Gesang erklingt plötzlich ein metallisches Geräusch, das nichts Gutes erahnen lässt.

PACECCO.
Was ist das für ein Geräusch?

AMIN.
Bestimmt nur eine Ente, die von einem Rasenmäher überfahren wurde!

PACECCO.
Von wegen Ente, wir werden immer langsamer.

AMIN.
Was? Dabei trete ich das Gaspedal voll durch! Was zum Geier ist hier los?

PACECCO.
Sag du es mir. Du bist doch immer der Experte.

AMIN.
Sehe ich etwa aus wie ein gottverdammter Mechaniker?

PACECCO.
Nein. Aber du siehst auch nicht aus wie ein Meisterkoch. Und

trotzdem hast du heute Nachmittag behauptet, einer zu sein.

AMIN.
Da hört ja alles auf! Pass nur auf, ich schick dich gleich raus, dann kannst du allein nach Hause laufen!

Amin versucht, so weit wie möglich an den rechten Straßenrand zu fahren, bevor das Auto der Manfreds schließlich völlig zum Stillstand kommt.

PACECCO.
Na großartig. Jetzt ist der Wagen endgültig abgesoffen.

AMIN.
Verdammt noch mal, es rührt sich gar nicht mehr! Wenn ich den Zündschlüssel herumdrehe, kommt kein Ton! Das ist höhere Gewalt!

PAULE.
Himmel! Jetzt stehen wir mutterseelenallein auf einer verlassenen Landstraße in tiefschwarzer Nacht! Zwischen uns und der nächsten Ortschaft liegen mindestens 8 km und da draußen tobt ein solch heftiger Schneesturm, dass wir in freier Wildbahn binnen kürzester Zeit erfrieren würden! Wir sind verloren!

PACECCO.
Wenn wir nur ein Mobiltelefon besitzen würden, dann bräuchten wir jetzt bloß eine Nummer wählen, um Hilfe zu holen. Aber nein, bei uns zu Hause wurden Mobiltelefone ja strikt verboten.

AMIN.
Ich kann diese neumodischen Teile mit diesen nervigen Klingeltönen von betrunkenen Bibern oder kastrierten Häschen nun mal nicht leiden, okay? Denkt an meine Worte: Diese dauerhafte Erreichbarkeit wird die Menschheit noch in den Abgrund stürzen! Ich will nicht ständig angeklingelt werden!

PACECCO.
Dich würde sowieso niemand anrufen! Wir leben wie die

Neandertaler!

PAULE.
Oh, was gäbe ich jetzt für das warme Bärenfell eines rüden Neandertalers! Entweder wir werden draußen im Freien von Schneemassen verschüttet oder wir werden hier im Wagen jämmerlich erfrieren! Was sollen wir bloß tun?

PACECCO.
Das ist eine gute Frage, die ich direkt an unseren Experten weitergebe: Also, was ist dir lieber, Amin?

AMIN.
Verdammt noch mal, hetz mich nicht so! Ich überlege noch!

Fortsetzung folgt

Folge 6 – Verschobene Weihnachten (Teil 2)

1. Szene

In der letzten Folge hat unsere Familie Manfred am Abend des 24. Dezembers einen kleinen Ausflug zu einer Tankstelle unternommen, um sich die Zutaten für ein unvergessliches Weihnachtsessen zu besorgen. Später bei der Heimfahrt machten die Manfreds dann noch einmal auf einer Landstraße Halt, um die sternenklare Nacht in vollen Zügen zu genießen.

AMIN.
Brüllt.
Aufgepasst, Pacecco! Ich versuch jetzt noch mal, den Motor anzulassen!

PAULE.
Die Kälte in diesem Auto wird zunehmend stärker! So werde ich also dahinscheiden: Eingefroren und dem Wahnsinn nahe, am Rande einer dunklen Landstraße, in der Blüte meines noch so jungen Lebens! Was für eine tragische Vergeudung von Kraft und Saft!

PACECCO.
Von draußen.
Verfluchter Mist, es kommt kein Saft! Es regt sich einfach nichts! Es ist zum Verzweifeln!

AMIN.
Menschenskind! Warum seid ihr nur so nutzlos? Seit zwei Stunden sitzen wir schon hier in der Kälte und der Motor ist immer noch so mausetot wie diese blonde Filmdiva mit dem luftigen Rock!

PACECCO.
So, ich komme jetzt wieder rein.
Öffnet die Wagentür.

AMIN.
Verdammt, was soll das, Pacecco? Du lässt kalte Luft rein!

PACECCO.
Es hat ja doch keinen Sinn, bei dem Wetter weiterhin am Motor rumzufummeln. Ich spüre vor lauter Kälte meine Beine nicht mehr!

AMIN.
Nun stell dich mal nicht so an, du warst erst 30 Minuten da draußen! Und da willst du schon aufgeben? Im Augenblick des Triumphs?

PACECCO.
Von wegen Triumph! Ich weiß gar nicht, was ich da überhaupt mache! Ich habe keine Ahnung von Motoren! Außerdem warst du noch gar nicht draußen!

AMIN.
Ich hab ja auch alle Hände voll zu tun, den Zündschlüssel rumzudrehen, gleichzeitig die Kupplung zu treten, und darauf zu warten, dass du das hinkriegst!

PACECCO.
Da kannst du lange warten. Ich muss mich jetzt dringend hier aufwärmen.

PAULE.
Aber es gibt keine Wärme mehr! Hier im Auto ist es inzwischen fast so eisig wie in der Außenwelt!

AMIN.
Na dann wird dich ein bisschen Bewegung sicher aufwärmen, Paule! Los, ab nach draußen unter die Motorhaube! Ich weiß, dass irgendwo tief in dir ein kleiner Mechaniker steckt.

PAULE.
Ojemine, ich armes Würstchen!

PACECCO.
Es hat keinen Sinn mehr, Amin. Die Reifen sind inzwischen

fast zur Hälfte unter Schnee begraben. Wir müssen uns dringend überlegen, wie es nun weitergehen soll. Sonst sehe ich schwarz für uns!

PAULE.
Oh weh, dies wird unser schwarzes, eisiges Grab sein! Vernichtet durch das arglistige Schauspiel einer amoralischen Natur! Nachkommende Generationen werden uns nur noch auftauen können!

AMIN.
Das könnte der verdammten Natur so passen! Aber ich sage euch, ich lasse mich nicht einfrieren, so wie diesen Schurken aus dem Weltraumkrieg! Ihr kennt mich, ich habe immer einen Plan B parat! B wie Backtörtchen!

PACECCO.
Und wie sieht dein Plan aus?

AMIN.
Das würdest du Dumpfdödel gerne wissen, was? Also, erst mal kümmern wir uns um das Wesentliche und fragen uns, wie wir in dieser Schweinekälte am besten überleben.

PAULE.
Ja, wie denn nur? Verrat uns endlich das Geheimnis!

AMIN.
Passt auf: Wir machen das wie die alten Goldgräber am Yukon, die zur Zeit des großen Goldrauschs ihre Mäntel mit alten Zeitungen ausgestopft haben, um sich schön warmzuhalten.

PACECCO.
Na prima. Und wo willst du in unserer Lage alte Zeitungen herbekommen?

AMIN.
Scheiß auf die Zeitungen, zur Not tut's auch dein Tittenmagazin. Die dicken Hochglanzseiten dort drin sind ideal für uns. Also her damit, Pacecco!

PACECCO.
Was? Auf keinen Fall! Das Tittenmagazin ist das Einzige, was mir noch geblieben ist! Was ist, wenn wir doch noch sterben? Kurz bevor sich meine Augen für immer schließen, will ich ein letztes Mal blanke Brüste sehen!

AMIN.
Was beschwerst du dich? Du kriegst ja auch ein paar Seiten ab, die du dir sogar selbst aussuchen darfst!

PACECCO.
Dann nehme ich mir das XXL-Poster von Bettina Booby-Boob in der Mitte! Und das Cover mit der Lackleder-Lola muss ich natürlich auch haben!

AMIN.
Das könnte dir so passen, die Lackleder-Lola gehört mir, du kannst die guten Seiten nicht alle abstauben!

PAULE.
Und was ist mit mir? Ich hätte gern auch ein paar Seiten, wenn es recht ist!

AMIN.
Ach, du wieder! Immer nur du, du, du! Als ob du nicht schon genug Unheil angerichtet hättest!

PACECCO.
Ich gebe dir nichts ab, Paule! Ich werde diese Titten verteidigen!

AMIN.
Du kannst dir ein paar Seiten mit nutzloser Autowerbung in den Mantel packen!

PAULE.
Es ist doch vollkommen irrelevant, womit diese Seiten bedruckt sind. Darüber hinaus stammen diese Damen sowieso alle aus Silikonhausen!

AMIN.
Das kann nur jemand behaupten, der bösartig ist!
Eifrig stopfen sich die Manfreds Hochglanzpapier in die Jacken.

PACECCO.
So, ich bin ausgestopft wie ein Vogel. Und wie geht es jetzt weiter?

AMIN.
Das werde ich euch sagen. Ihr habt Glück, dass ich als Kind mal eine Nacht lang im Garten eurer Großeltern gezeltet habe. Seitdem bin ich ein wahrer Survival-Experte!

PACECCO.
Und was bedeutet das?

AMIN.
Hört auf meinen Plan: Wir lassen den Oldtimer hier stehen und gehen einfach die Straße entlang. Und wenn ein Auto vorbeikommt, werden wir ganz einfach per Anhalter mitfahren! Genial, oder?

PACECCO.
Aber hier kommt doch kein Schwein vorbei! Es ist Weihnachten und wir sehen aus wie die Schneemonster vom Himalaja!

AMIN.
Du vergisst meinen unvergleichlichen Charme!

PACECCO.
Stimmt, den hatte ich wirklich vergessen.

AMIN.
Also gehen wir das Ganze einmal durch. Was macht ihr, wenn ein Auto vorbeikommt und ihr es zum Anhalten bringen wollt?

PAULE.
Nun, ich würde ganz nah an den Straßenrand herantreten und in wilder Manier mit den Armen winken!

AMIN.
Winken? Pah, der würde dich ja glatt überfahren! Nein, ich verrate euch jetzt das Geheimnis: Es kommt in erster Linie auf die Art und Weise an, wie man den Daumen ausstreckt, okay? Lässig muss es sein. Das zeugt von Eleganz und Unabhängigkeit!

PAULE.
Eleganz? Aber wir sind doch verzweifelt!

AMIN.
Verzweiflung hin oder her – in dieser Welt darfst du kein Mitleid erwarten! Wenn man sieht, dass du verzweifelt bist, wird man dich bei erstbester Gelegenheit die Toilette runterspülen, kapiert?

PACECCO.
Ich glaube, wir haben es kapiert. Einfach den Daumen ausstrecken.

PAULE.
Ja, das hört sich überaus simpel an.

AMIN.
Bullshit! Wenn's so einfach wäre, könnte ja jede Bahnhofstante per Anhalter fahren! Aber ihr habt das Wichtigste vergessen!

PACECCO.
Und das wäre?

AMIN.
Das Lächeln.

PAULE.
Das Lächeln, Vater?

AMIN.
Na klar! Oder glaubt ihr, die Leute halten bei so Typen an, die 'ne mies gelaunte Fresse ziehen?

PACECCO.
Das machst du doch sonst auch den ganzen Tag.

AMIN.
Nicht den *ganzen* Tag!

PACECCO.
Stimmt. Außer, wenn man dir ein Bier in die Hand drückt. Dann lächelst du wie ein kleines Kind in der Bonbonfabrik.

AMIN.
Dann kommt, lasst uns endlich losmarschieren! Es wird nicht mehr lange dauern, und jemand wird uns aus dieser verdammten Scheiße rausholen!

2. Szene

Während die Manfreds also geduldig auf jemanden warten, der sie an einer kleinen Spritztour in seinem Wagen teilnehmen lässt, unternehmen unsere Freunde schon mal am Rande der Landstraße einen kleinen Spaziergang. Der ist ja bekanntlich gesund und belebt den Geist.

PACECCO.
Ich habe solchen Hunger.

AMIN.
Was? Das bildest du dir doch nur ein, du Träumer!

PACECCO.
Hallo? Ich bilde mir nichts ein, ich habe wirklich Hunger!

PAULE.
Ich auch! Und noch dazu habe ich in dieser teuflischen Dunkelheit solch schreckliche Angst!

AMIN.
Pah! Du kannst nicht gleichzeitig Hunger und Angst haben, okay? Such dir gefälligst was aus!

PAULE.
Das kann ich nicht, denn ich fühle beides so mächtig in meiner Brust lodern!

PACECCO.
Also, wenn ich mir was aussuchen dürfte, dann lägen wir jetzt bei sonnigem Wetter am Sandstrand von Acapulco und würden einen fruchtigen Cocktail schlürfen.

AMIN.
Menschenskind, warum muss ich ausgerechnet mit euch Buttermilchschlürfern unterwegs sein? Da wollte ich euch einmal ein schönes Weihnachtsmahl zubereiten und das habe ich nun davon.

PAULE.
Meine Kräfte schwinden! Wir wandern jetzt schon seit Ewigkeiten diesen Fahrweg entlang!

AMIN.
Vorwärts, du Niete! Wer stillsteht, der stirbt!

PAULE.
Aber selbst meine Blasen kriegen Blasen!

PACECCO.
Der Schneesturm wird immer stärker! Und es kommt ja doch kein Auto vorbei, das uns mitnimmt. Es ist wieder einmal zum Verzweifeln!

AMIN.
Wer verzweifeln kann, kann auch laufen! Also, weiter geht's! Irgendwann wird schon jemand kommen, okay?

PACECCO.
Ja, wenn wir tot sind.

PAULE.
Augenblick mal! Was ist das nur?

PACECCO.
Was ist was?

PAULE.
Ich erblicke da vorne auf dem Hügel einen großen Schatten!

AMIN.
Was ist da? Ein Schatten?

PACECCO.
Vielleicht ein Schneemonster!

PAULE.
Nein, nein! Es ist ein großes Haus!

AMIN.
Das ist kein Haus. Das ist eine Raumstation!

PACECCO.
Zu klein für eine Raumstation! Nein, jetzt erkenne ich es. Das ist ein Stall! Wir sind gerettet!

AMIN.
Tatsächlich! Ein Stall! Mitten in der Pampa!

PAULE.
Wie der Stall von Bethlehem! Und wir sind die drei Weisen aus dem Morgenland!

AMIN.
Verdammt, nie hat man 'ne Zwangsjacke parat, wenn man sie dringend braucht.

PAULE.
Ob wir in jenem Stall nicht für eine Weile Rast machen und warten könnten, bis es aufgehört hat zu schneien?

AMIN.
Zu faul zum Laufen diese Jugend! Mit euch hätten wir anno '43 die Schlacht von Stalingrad niemals gewonnen!

PAULE.
Aber es waren doch die russischen Soldaten, die die Schlacht gewonnen haben, Vater.

AMIN.
Na siehst du! Und warum? Weil sie Wodka hatten!

PACECCO.
Rüttelt prüfend am Scheunentor.
Der Stall ist nicht verschlossen. Wir können rein.

PAULE.
Sieht sich im Stall um.
Alles verlassen und verwaist. Die Tiere scheinen längst der Kälte wegen evakuiert worden zu sein.

AMIN.
So ein verdammtes Pech! Ich hätte das nächstbeste Schwein mit bloßen Händen erwürgt!

PACECCO.
Warum liegt hier überall Stroh?

PAULE.
Welch Glück im Unglück! Mit dem Stroh können wir uns wärmen!

PACECCO.
Ich hasse Stroh! Das kratzt und stinkt wie Hexe!

Ein schauerliches Geräusch ist zu hören.

PAULE.
Oh Gott, hört ihr das auch? Das klingt wie ein Eisbär!

PACECCO.
Das ist nur mein Magen – der knurrt wie eine Bestie. Ich komme noch um vor Hunger.

PAULE.
Ich glaube nicht, dass wir hier etwas Nahrhaftes finden werden.

Die Futtertränke der Tiere ist jedenfalls leer.

AMIN.
Moment! Bleibt, wo ihr seid! Ich bin gleich wieder da.
Amin tritt ab.

PAULE.
Wo Vater wohl hingeht?

PACECCO.
Vielleicht will er gefrorene Eichhörnchen von den Bäumen schütteln.

PAULE.
Sag, möchtest du eine Ladung Stroh, um dich einzudecken, Pacecco?

PACECCO.
Nix da, bleib mir bloß weg damit! Da sind bestimmt Läuse drin.

PAULE.
Wir können uns das Stroh als Wärmeisolator auch in den Mantel packen.

PACECCO.
Mein Mantel ist schon voller Titten! Da passt nix mehr rein!

Amin tritt auf.

AMIN.
So, da bin ich wieder. Hier, da staunt ihr, die habe ich nebenan im Beet entdeckt.
Schmeißt seinen Söhnen ein Bündel Karotten vor die Füße.

PACECCO.
Was ist das?

AMIN.
Na, wonach sieht's denn aus, du Frittenbäcker? Das sind Karotten! Die können wir essen!

PAULE.
Aber doch nicht roh, Vater!

AMIN.
Verdammter Katzenfisch, ich dachte, ihr wärt hungrig!

PACECCO.
Aber die sind doch steinhart, kalt und dreckig!

AMIN.
Ach ja, ich habe vergessen, dass ich mit zwei feinen Damen unterwegs bin. Soll ich sie euch vorher noch abwaschen und schälen, ihr Diven?

PACECCO.
Was gäbe ich jetzt für eine heiße Tasse Kaffee und ein leckeres Hörnchen mit Butter und Marmelade.

AMIN.
Friss eine Karotte, was anderes gibt es nicht!

PAULE.
Nun gut, ich werde es wagen, eine Karotte zu kosten. Mein Hungergefühl ist einfach zu stark.

AMIN.
Das ist der richtige Geist! Mit dieser Einstellung hätten wir längst als Vater und Sohn über die Galaxis herrschen können!

PACECCO.
Ihr seid doch beide vollkommen irre.

Ein Knackgeräusch ist zu hören.

PAULE.
Schreit.
Aua!

PACECCO.
Was ist jetzt wieder?

PAULE.
Ich glaube, ich habe mir soeben an der harten Karotte einen Schneidezahn abgebrochen!

AMIN.
Was hast du? Lass mal sehen!

PAULE.
Was für eine Katastrophe! Ich werde nie wieder essen können!

AMIN.
Nun halt doch mal still jetzt, du Zappelpeter!

PACECCO.
Ja, ich sehe es. Da ist tatsächlich ein kleines Stück abgebrochen. Da, es steckt noch in der Karotte.

PAULE.
Und keine sterile Dentalstation weit und breit! Haltet mich! Ich bin einer Ohnmacht nahe!

AMIN.
Ach, mach doch kein Drama draus, du feige Primel! Das kann man mit Sekundenkleber wieder anpappen. Das geht ganz fix!

PACECCO.
Bist du jetzt auch noch Zahnarzt, Amin?

AMIN.
Manchmal muss ein Mann die Dinge eben selbst regeln! Wie bei diesem Film mit dem Gestrandeten, der sich mit einem Schlittschuh einen kaputten Zahn raushaut!

PAULE.
Nun habe ich auch noch mein Lächeln verloren! Sag selbst, Pacecco, wie sehe ich aus?

PACECCO.
Du siehst aus wie ein Asozialer!

AMIN.
Bullshit! Prächtig sieht er aus! Wie jemand, der endlich mal was erlebt hat! Was für ein Abenteuer! Hurra!

PACECCO.
Hey, seid mal gerade ruhig. Hört ihr das auch?

AMIN.
Was denn?

PAULE.
Ja, ich kann es hören! Das ist das Geräusch eines fahrenden Automobils! Wir sind gerettet!

AMIN.
Schnell, raus aus dem Stall! Wir laufen zurück zur Straße!

PAULE.
Moment, nicht so hastig! Ich muss erst die Karotte mit meinem Stück Zahn sicher in meiner Hosentasche verstauen!

Wie von der Tarantel gestochen hastet die Familie Manfred aus dem Stall und rennt über ein weitläufiges Feld zurück an den Rand der Landstraße. Dann bringen sie sich für den herankommenden Wagen in Stellung.

AMIN.
So, jetzt passt mal gut auf, wie wir Profis das machen!

PACECCO.
Amin, bitte ruiniere uns das nicht!

AMIN.
Schnauze jetzt! Achtet auf meinen Daumen!

PAULE.
Ich achte!

PACECCO.
Ich nehme mich in Acht!

AMIN.
So, ich strecke jetzt den Daumen raus. Ganz lässig. Dann bewege ich meine Gesichtsmuskeln und forme ein solch charmantes Lächeln ...

Das Auto rast vorbei.

AMIN.
Schreit dem Auto hinterher.
He, du Penner! Was soll das? Halte gefälligst an, wenn ich dich so charmant anlächle!

PACECCO.
Verdammt, Amin, das war vielleicht unsere letzte Hoffnung! Du hast gesagt, es würde klappen!

AMIN.
Ach was, dieser Blindgänger hat mich bestimmt nicht gesehen! Ich bin ja auch kein Glühwürmchen, das im Dunkeln leuchtet!

PAULE.
Vielleicht hätten wir ihm doch lieber zuwinken sollen?

AMIN.
Hör mir mal auf mit deinem Winken! Das nächste Mal wird der Daumen sicher erfolgreich sein.

PACECCO.
Kein Daumen mehr!

PAULE.
Ach du meine Güte!

PACECCO.
Was ist denn?

PAULE.
Ein Haar hat sich in meiner Zahnlücke verfangen und steckt nun zwischen den vorderen Zähnen.

PACECCO.
Pfui Deibel!

PAULE.
Ob jemand von euch einen Zahnstocher bei sich trägt?

AMIN.
Einen Zahnstocher? Aber klar doch. Soll ich dir auch noch eine Serviette reichen, damit du dir danach den Sabber vom Mund abwischen kannst?

PAULE.
Das wäre sehr liebenswürdig, Vater.

AMIN.
Und wie wäre es, wenn ich dir anschließend jeden Zahn einzeln ausschlage? Wie würde dir das gefallen, hä?

PAULE.
Wenn das so ist, lasse ich das Haar lieber drin.

AMIN.
Schlucks einfach runter und sieh es als dein Abendessen an, klar? Haare enthalten wertvolle Proteine.

PACECCO.
Ich glaube es nicht! Da hinten kommt noch ein Wagen! Jetzt gilt's!

PAULE.
Jetzt gilt's!

AMIN.
Jetzt gilt's, ihr Nullen!

PAULE.
Er ist noch ein gutes Stück entfernt! Lasst uns rasch beratschlagen! Wie wollen wir ihn diesmal zum Anhalten bewegen?

AMIN.
Na, wir schmeißen dich quer auf die Straße! Wenn er anhält, wissen wir, dass der Fahrer ein Herz für Tiere hat!

PAULE.
Gäbe es keine Möglichkeit, die mit weniger Risiko und Schmerz verbunden ist?

AMIN.
Jetzt weiß ich was! Natürlich!

PACECCO.
Was denn?

AMIN.
Schnell! Zieh deine Hose hoch, Paule, damit man deine Beine sieht!

PAULE.
Aber warum?

AMIN.
Bei deiner weiblichen Statur halten sie dich vielleicht für eine verirrte Prostituierte und halten an! Du hast dir doch hoffentlich die Beine rasiert?

PAULE.
Nicht doch! An den Beinen lasse ich meine Behaarung wachsen und gedeihen!

AMIN.
Was? Dein Mangel an Hygiene wird uns noch alle ins Grab bringen, du widerlicher Affenmensch!

PACECCO.
Da! Der Wagen wird langsamer! Er hält tatsächlich an, auch ohne rasierte Beine!

AMIN.
Da hast du ja noch mal Glück gehabt, Paule. So, alles hört auf mein Kommando! Überlasst mir das Reden, klar? Vielleicht

fährt man uns bei meinem Charme direkt vor die Haustür!

Fahrer tritt auf.

FAHRER.
He, Ihr da!

PAULE.
Ja, wir sind wir! Guter Mann, sind Sie der Ehrwürdige des Gipfels?

AMIN.
Zu Paule.
Wirst du wohl still sein! Du wirst uns noch alle blamieren!
Zum Fahrer.
Ja, einen wunderschönen guten Tag, Sir! Wir hatten leider eine kleine Panne mit unserem Oldtimer und hoffen, dass Sie uns mit Ihrem tüchtigen Transporter ein gutes Stück mit in die Stadt nehmen können.

FAHRER.
Wenn es Ihnen nichts ausmacht, dass nur einer auf den Beifahrersitz kann, während die anderen hinten auf der Ladefläche bei meinen Schafen ausharren müssen, dann kann ich Sie gerne mitnehmen.

PACECCO.
Auf die Ladefläche bei den Schafen?

PAULE.
Bei diesen tödlichen Temperaturen?

AMIN.
Das macht uns gar nichts aus! Stimmt's, Jungs?

PACECCO.
Ähm ...

AMIN.
Genau! Wir nehmen Ihr Angebot dankbar an. Das ist sehr liebenswürdig von Ihnen!

PAULE.
Es stellt sich bloß eine Frage: Wem von uns steht nun das Privileg zu, auf dem Beifahrersitz Platz zu nehmen?

3. Szene

Wir kennen unsere Manfreds – auch bei schwierigen Entscheidungen möchte jeder nur das Beste für den anderen. Und so kommt es, dass man sich auch diesmal sehr schnell einig werden kann.

PACECCO.
Das ist wieder typisch, dass wir bei den Schafen hocken müssen und sich Amin gemütlich auf dem Beifahrersitz ausstrecken darf!

PAULE.
Während uns auf der offenen Ladefläche bei 80 km/h ein gar arktischer Wind um die Ohren saust! Es ist so furchtbar kalt, dass ich gar spüren kann, wie meine Nasenschleimhäute erstarren!

PACECCO.
An den Wind habe ich mich langsam gewöhnt, aber dieser Gestank nach kaltem Schaf macht mich fertig.

PAULE.
Wir sind wahrhaftig zum Leiden geboren. Selbst die Schafe sind wärmer angezogen als wir!

PACECCO.
Immer sind wir die Dummen. Amin hat bestimmt auch eine Sitzheizung. Der hat doch immer Glück!

PAULE.
Wie lange wir schon in diesem inhumanen Zustand unterwegs sind? Es kommt mir so vor, als gelangen wir nie an unser Ziel!

PACECCO.
Ein paar Kilometer sind es bestimmt noch.

PAULE.
Oh weh! Ich weiß nicht, wie lange ich diese Tortur noch durchstehen kann. Sicherlich bin ich inzwischen überall am Körper blau angelaufen!

PACECCO.
Ich sage dir Bescheid, wenn dir ein Finger abfällt.

PAULE.
Zu liebenswürdig, Pacecco.

PACECCO.
Sieh nur, da vorne ist ein Rastplatz!

Der Transporter mit den Manfreds wird langsamer und kommt schließlich zum Stehen.

PAULE.
Endlich unterbrechen wir diese Höllenfahrt! Sieh nur, Vater steigt aus! Und der Fahrer auch!

PACECCO.
Hey, Amin! Wo will der Fahrer denn hin?

AMIN.
Der sucht nur 'nen Baum zum Pinkeln.

PACECCO.
Dann warten wir also jetzt kurz und fahren dann weiter?

AMIN.
Pah! Die Manfreds warten – dir ist wohl das Gehirn eingefroren!

PAULE.
Was hast du denn vor, Vater?

AMIN.
Na, ich setz mich jetzt hinters Steuer und dann düsen wir davon! Zum Glück steckt der Schlüssel noch. Solch ein

treudoofes Vertrauen müssen wir ausnutzen!

PAULE.
Wie bitte? Du willst den Transporter stehlen?

AMIN.
Stehlen? So ein böses Wort! Ich will ihn nur ausleihen, kapiert? Es entspricht doch dem wahren Geist der Weihnacht, dass jeder dem anderen hilft. Und heute sind wir eben diejenigen, die etwas Hilfe brauchen, okay?

PAULE.
Aber was wird dann aus unserem Retter in der Not?

AMIN.
Retter in der Not? Pah, dass ich nicht lache! Tragen wir etwa ein Schild um den Hals, wo "OSS" draufsteht?

PAULE.
Du meinst "SOS"?

AMIN.
Ich denke, was ich meine, okay? Ich komm mit diesem Typen einfach nicht mehr klar.

PAULE.
Wieso nicht?

AMIN.
Weil er die ganze Zeit verdammte Weihnachtslieder singt!

PAULE.
Aber das ist doch niedlich!

AMIN.
Niedlich? Der singt in den schrägsten Tönen, die man sich vorstellen kann! Das hört sich an wie bei einer halb totgeschlagenen Katze! Ich halte das einfach nicht mehr aus, okay? Also übernehmen wir ab sofort das Kommando!

PAULE.
Aber das ist nicht recht!

AMIN.
Ach, ist es dir lieber, dass wir hier draufgehen, oder was? Manchmal muss man sich die Dinge einfach nehmen, getreu dem Motto dieser kommunistischen Wanderprediger aus dem Fernsehen!

PAULE.
Solch ein Verhalten ist dreist und unerhört! Was sagst du dazu, Pacecco?

PACECCO.
Selbst, wenn sie uns dafür in Ketten legen – ich bin am Ende meiner Kräfte und will nur noch weg. Je schneller, desto besser.

AMIN.
Dann los jetzt, rein in den Wagen, bevor dieser Vogel wieder zurückkommt!

PACECCO.
Oh, oh!

AMIN.
Was?

PACECCO.
Ich glaube, da kommt er schon.

AMIN.
Was? Und ich sagte ihm noch, dass er sich beim Pinkeln gefälligst Zeit lassen soll!

Amin steigt schnell an der Fahrerseite ein und lässt den Motor an.

FAHRER.
He! Was tun Sie da?

PAULE.
Es tut mir ja so schrecklich leid! Ich versuchte es ihnen

auszureden, doch sie wollten nicht auf mich hören!

AMIN.
Wirst du wohl still sein! Pacecco, pack dir diesen Verräter und spring rein in den Wagen! Mach schnell!

PACECCO.
Ist gut!
Hält Paule fest und zerrt ihn zum Wagen.

PAULE.
Aua! Nicht so grob, Pacecco!

PACECCO.
Vorsicht, Amin! Der Fahrer kommt und will dich aus dem Wagen ziehen!

FAHRER.
Kommen Sie sofort da raus!

AMIN.
Keine Befehle mehr, klar? Dir werde ich zeigen, was ich von deinem schiefen Gekrächze halte!
Knüppelt den Fahrer nieder.
Mit den besten Grüßen vom Nikolaus!

PACECCO.
Was für ein Schlag! Mit einem Treffer geht er zu Boden!

PAULE.
Himmel! Es tut mir ja so furchtbar leid für Sie!

AMIN.
Der hört dich nicht mehr! Quetscht euch auf den Beifahrersitz, denn jetzt geht's los!

Während sich Pacecco und Paule vorne auf den Beifahrersitz zwängen, lässt Amin den Motor kurz aufheulen und braust dann mit einem Affenzahn davon.

PAULE.
Vater, sieh nur: Der Benzintank ist fast leer! Mit diesem kläglichen Rest schaffen wir es nie bis nach Hause!

AMIN.
Du wieder. Immer hast du solche Schauergeschichten auf Lager!

PACECCO.
Lasst uns wenigstens so lange fahren, bis das Benzin alle ist.

AMIN.
Keine Bange. Wir sind schon ein ganzes Stück weit gekommen. Inzwischen bin ich mit der Gegend vertraut und kenne eine gute Abkürzung.

PACECCO.
Oh Gott!

PAULE.
Und wo führt diese Abkürzung hin?

AMIN.
Das wirst du noch früh genug herausfinden. Ihr werdet Augen machen!

4. Szene

Eins ist so sicher wie das Amen in der Kirche: Auf Vater Amin ist immer Verlass. Mit unglaublicher Souveränität lenkt er den Transporter über die dunklen Straßen der Nacht und bringt sich und seine Söhne schließlich doch noch sicher ans Ziel.

AMIN.
So, da wären wir. Das ging doch recht flott.

PAULE.
Täuschen mich meine trüben Äuglein? Ist das da vorne wahrhaftig das neonfarbene Schild eines Hotels?

PACECCO.
Ein Hotel! Amin, das ist ja klasse!

AMIN.
Danke, ich finde mich auch super! Das Hotel ist zwar nicht das Beste vom Besten, aber für ein paar gemütliche Weihnachtsfeiertage dürfte es reichen.

PAULE.
Aber wie um alles in der Welt sollen wir das bezahlen, Vater? Oder hast du vergessen, dass wir so blank sind wie eine frisch polierte Glatze?

AMIN.
Ich vergesse nie! Aber lass das mit der Bezahlung mal meine Sorge sein. Ich kümmere mich schon um alles, wie immer.

PACECCO.
Wenn ich gleich auf einem weichen Bett liegen und meine wunden Beine ausstrecken kann, vergebe ich dir sogar, dass du mein Vater bist, Amin.

AMIN.
Dann lasst uns endlich aus dieser verdammten Kälte raus und im Hotel einchecken. Zum Glück hat die Rezeption 24 Stunden geöffnet!

Nachdem man also den Transporter geparkt und das Hotel betreten hat, klingelt Vater Amin mit einem Glöckchen an der Hotelrezeption einen Mitarbeiter herbei.

AMIN.
Ich grüße Sie! Wir sind die Manfreds und würden gern zwei Zimmer haben; für mich das eine und für meine beiden Söhne hier das andere.

REZEPTIONIST.
Tut mir leid, aber wir sind fast komplett ausgebucht. Aber Sie haben Glück: Ein Zimmer ist gestern Abend noch frei geworden.

AMIN.
Nur ein Zimmer?

PACECCO.
Das reicht doch! Ja, wir nehmen das gern!

PAULE.
Ja, Vater! Bitte lass uns dieses Zimmer reservieren!

AMIN.
Nun, guter Mann, überprüfen Sie das bitte noch einmal, ja?

PACECCO.
Zischt Amin an.
Porca vacca! Amin, das darf doch nicht wahr sein! Ich will dieses Zimmer! Es ist mir auch egal, ob ich auf dem Boden schlafen muss!

AMIN.
Wirst du wohl still sein, du Ziege! Ich bin mir sicher, dass sie auch zwei Zimmer freihaben, okay?

REZEPTIONIST.
Hören Sie, da gibt es nicht viel zu überprüfen. Ich garantiere Ihnen, dass nur noch dieses eine Zimmer zur Verfügung steht.

AMIN.
Hey, du! Erzähl mir nicht so 'n Scheiß! Weißt du, du kannst meine idiotischen Söhne übers Ohr hauen, aber mich nicht, klar? Ihr habt doch sicher noch ein paar Geheimzimmer für die besser Betuchten versteckt!

PAULE.
Gütiger Gott! Ich wusste, es würde wieder so enden!

REZEPTIONIST.
Rollt mit den Augen.
Tut mir leid, Sir, aber wir haben keine Geheimzimmer.

AMIN.
Untersteh dich, mit den Augen zu rollen und mir so dreist ins

Gesicht zu lügen! Kannst du dir überhaupt vorstellen, was wir die Nacht durchstehen mussten, hä? Unsere Füße bluten vom Laufen! Wir haben seit gestern nichts mehr gegessen! Pacecco musste sein Tittenmagazin zerfleddern! Und der Paule hier hat sich einen Zahn abgebrochen und sieht aus wie ein Asozialer!

PAULE.
Ich muss doch sehr bitten!

AMIN.
Wir haben die Nacht unsere Körper bis zum Limit geschunden, aber unseren Geist konntet ihr nicht brechen, das sag ich dir!

REZEPTIONIST.
Warum mir?

PAULE.
Aber dieser freundliche junge Mann hatte mit unserem Unglück doch gar nichts zu tun!

AMIN.
Jaja! Unschuldig sind immer alle! Doch ich kenn die Sorte: Sitzt hier schön an der warmen Heizung, während der Rest der Welt da draußen vor die Hunde geht!

PACECCO.
Bist du jetzt fertig mit deinem Vortrag?

AMIN.
Nein, da ist noch was: Wir mögen zwar pleite sein, aber deshalb sind wir noch lange nicht dumm, Freundchen! Hast du das kapiert?

REZEPTIONIST.
Aha. Darf ich fragen, wie Sie dann überhaupt die Rechnung für das Zimmer bezahlen wollen?

AMIN.
Mit Schafen!

PAULE.
Mit Schafen, Vater?

PACECCO.
Sinkt ermattet zu Boden.
Mit Schafen. Ich glaube, ich muss mich gleich übergeben.

AMIN.
Wieso? Wir haben da draußen mindestens ein Dutzend Schafe im Transporter! Die wollen wir mindestens gegen fünf Übernachtungen im Hotel eintauschen, natürlich mit allen Serviceleistungen! Denkt nur an all die Wolle, die diese Hotelheinis von uns kriegen!

REZEPTIONIST.
Aber Sie können hier keine Schafe eintauschen!

AMIN.
Was? In anderen Ländern geht das doch auch! Oder sind Sie einer von diesen kleinbürgerlichen Rassisten, die nicht mal zwei Meter um die Ecke denken können? Das ist ja unerhört!

REZEPTIONIST.
Nein, Sir! Das, was Sie hier veranstalten, ist unerhört! Ich werde jetzt umgehend die Polizei verständigen!

AMIN.
Dann ruf doch die verdammten Bullen! Die kennen mich schon! Auf der Polizeiwache bin ich Kult!

PAULE.
Bist du von Sinnen, Vater?

PACECCO.
Kommt, lasst uns schnell wieder gehen.

AMIN.
Nimmt Paule und Pacecco zur Seite.
Nur die Ruhe! Das gehört alles zu Plan C, dem Höhepunkt meines Masterplans!

PAULE.
Inwiefern?

AMIN.
Nun, der gewaltsame Diebstahl eines Kleintransporters befördert uns auf direktem Wege hinter Gitter! Was bin ich doch für ein ausgekochter Fuchs!

PAULE.
Aber ich möchte Weihnachten nicht in einer dreckigen Gefängniszelle verbringen! Das wäre der Tiefpunkt meiner Karriere!

AMIN.
Was denn für eine Karriere? Du redest schon wie ein verstrahlter Börsenfuzzi!

PACECCO.
Ich kapiere das nicht. Warum sollten wir freiwillig ins Gefängnis gehen wollen?

AMIN.
Na, wegen des Essens, du Lumpi! Im Knast gibt's nämlich an den Feiertagen immer gute Erbsensuppe mit Bockwurst und Brötchen!

PACECCO.
Wirklich?

AMIN.
Na klar, die tischen immer groß auf! Wir werden uns dort richtig schön satt fressen und uns für ein paar Tage vom ganzen Weihnachtsstress entspannen! Das haben wir verdient!

PACECCO.
Wenn das so ist, dann bin ich bereit für das Gefängnis!

PAULE.
Ach, hätte ich am gestrigen Tag nur die Einladung unserer lieben Nachbarn angenommen, ein schönes Weihnachtsfest mit ihnen zu feiern. Stattdessen darf ich mit euch meinen geistigen

Niedergang im städtischen Zellenblock feiern.

AMIN.
Pah! Wer braucht schon diese Idioten von Nachbarn? Keiner feiert so wie die Familie Manfred, okay? Nur bei uns gibt's den besonderen Knalleffekt! So etwas kann man nicht erzwingen oder üben, so wird man geboren! Wir sind einfach unschlagbar!

Ende

Folge 7 – Der Zeitungsbote

1. Szene

An einem bitterkalten Tag im Dezember sitzen Vater Amin und Sohn Paule auf dem Sofa und schauen ein wenig Fernsehen, um sich intellektuell weiterzubilden. Da kommt der fleißige Pacecco nach Hause und verbreitet eine vorweihnachtliche Stimmung.

PACECCO.
Knallt wütend die Tür hinter sich zu.
Das ist echt zu viel! Nicht mit mir, das sage ich euch!

PAULE.
Ah, einen schönen guten Abend, Pacecco. Sag, geht es dir wohl?

PACECCO.
Nein, es geht mir ganz und gar nicht wohl! Stellt euch mal vor, was die uns heute während der Mittagspause verkündet haben: Dieses Jahr gibt's schon wieder kein Weihnachtsgeld, für nichts und niemanden! Und dass, obwohl ich jeden Tag so hart arbeite! Die Bosse stecken sich alles in die eigene Tasche! Ich habe die Nase so voll von diesem Laden!

AMIN.
Kannst du gefälligst mal Ruhe geben, Pacecco? Ich kann ja kein Wort von der Sendung verstehen!

PACECCO.
Wieso? Was schaut ihr euch da wieder für einen Schwachsinn an?

PAULE.
Wir suchen das menschliche Gesicht in scheinbar identischen Bildern von Kaffeebohnen, beziehungsweise haben wir es schon entdeckt: Es ist definitiv auf Feld 2. Kannst du es auch erkennen, Pacecco?

PACECCO.
Klar, das sieht doch ein Blinder. Eine der Kaffeebohnen hat Augen und eine Nase.

AMIN.
Verdammt noch mal! Ich versuche schon seit Stunden bei diesem Verein durchzukommen, aber es meldet sich jedes Mal eine elektronische Stimme, die mir sagt, dass ich die Lösung noch einmal überdenken und später wieder anrufen soll!

PACECCO.
Euch ist aber schon klar, dass jeder Anruf 50 Cent kostet, oder?

AMIN.
Na und? Du schuftest doch für uns, da kann ich mir so was auch locker leisten, okay?

PAULE.
Mit diesen verzweifelten Anrufen von Vater habe ich nichts zu tun. Aber ich betätige mich für mein Leben gern als kleiner Hobbydetektiv und löse knifflige Rätsel.

PACECCO.
Das bringt das Fass zum Überlaufen! Mir reicht's jetzt! Finito!

PAULE.
Was meinst du damit, Pacecco?

PACECCO.
Ich sage, dass ich jetzt genug davon habe, euer Esel zu sein, der sich Tag für Tag für euch abrackert, während ihr das gute Geld einfach zum Fenster rausschmeißt!

PAULE.
Ich habe dich nie als Esel gesehen!

PACECCO.
Ist mir egal! Ich verlange, dass einer von euch sich ab sofort einen Job sucht und mich unterstützt, sonst werde ich noch diese Woche kündigen und aus der Wohnung ausziehen! Dann

könnt ihr sehen, wo ihr bleibt!

PAULE.
Aber das meinst du doch nicht ernst!

PACECCO.
Ich habe noch nie etwas so ernst gemeint! Ich habe es satt, ausgenutzt zu werden!

AMIN.
Verdammter Mist! Schon wieder wimmeln die mich am Telefon ab! Dabei weiß niemand so gut wie ich, wo das menschliche Gesicht ist! Um das sehen zu können, muss man eine ganze Menge Erfahrung haben!

PAULE.
Vater! Hast du gehört, was Pacecco soeben verkündet hat?

AMIN.
Nee, dem höre ich schon seit Jahren nicht mehr zu.

PAULE.
Unser Pacecco droht damit, alles hinzuschmeißen, wenn nicht einer von uns unverzüglich auf Arbeitssuche geht!

AMIN.
Was ist los? Bist du jetzt völlig durchgeknallt, Pacecco?

PACECCO.
Ich sehe vollkommen klar, danke. Einer von euch wird mich ab sofort unterstützen, sonst bin ich weg!

AMIN.
Weg?

PAULE.
Wollen wir uns nicht in aller Ruhe hinsetzen und die ganze Angelegenheit bei einem guten Tässchen Hagebuttentee besprechen?

AMIN.
Sag mal, geht's noch, Paule? Unser guter Pacecco ist völlig verzweifelt! Wir haben lange genug Bullshit geredet und Tee geschlürft, nun müssen wir dir endlich mal einen Job suchen, du fauler Parasitenkönig!

PAULE.
Mir? Warum nicht dir?

AMIN.
Weil ich schon alt und gebrechlich bin, okay? Ich huste den ganzen Tag! Meine Haut ist schon ganz gelb! Du hingegen bist noch jung und fit genug, um Bäume aus dem Boden zu reißen und lachend durch die Luft zu werfen!

PAULE.
Was wird aus meinen unsterblichen Gedichten? Mit einer Arbeitsstelle werde ich keine Zeit mehr zum Schreiben finden!

AMIN.
Keine Sorge. Wenn ich deine Gedichte schön zusammenklebe und einrolle, dann können wir sie als Klopapier verwenden! Zu was anderem ist dieser Schund doch eh nicht zu gebrauchen!

PACECCO.
Hört mal, ich verlange ja nicht viel. Ein Minijob würde schon reichen. Irgendwas, das mir das Gefühl gibt, in der Zeit vor Weihnachten nicht allein dazustehen.

AMIN.
Da fällt mir doch glatt was ein! Verdammt, wo sind denn die ganzen Zeitungen von letzter Woche?

PAULE.
Da, wo du sie immer hinlegst: unter dem Sofa, Vater.

AMIN.
Kramt unter dem Sofa.
Ah ja, ich bin doch neulich über ein Flugblatt gestolpert, das ... ah, da ist es ja, genau! Hier steht es! Pass jetzt gut auf, Paule: Die suchen jetzt dringend in der Vorweihnachtszeit einen

Zeitungsboten!

PAULE.
Ich – ein Zeitungsbote?

AMIN.
Ja klar, das habe ich auch gemacht, als ich jünger war! Das ist leicht verdientes Geld! Du stehst einfach um halb 4 Uhr auf, fährst zur Abladestelle, holst dir die Zeitungen und klapperst gemütlich die Briefkästen deiner Route ab, okay? Wenn du fertig bist, fährst du nach Hause und legst dich wieder schlafen.

PAULE.
Ich weiß nicht so recht. Werde ich durch diese Tätigkeit nicht intellektuell unterfordert?

AMIN.
Nun sei mal nicht so egoistisch, Hauptsache die Kohle kommt rein! Denk nur daran, was wir uns von deinem zusätzlichen Lohn alles leisten können! Wir werden leben wie die Könige!

PAULE.
Nun ja. Das ist ein Argument. Womöglich sollte ich es einmal versuchen?

AMIN.
Jawohl! Das nenne ich Kampfgeist! Du kannst dich auch sofort bei denen telefonisch melden, aber vorher muss ich noch etwas Dringendes erledigen!

PACECCO.
Rufst du schon wieder bei diesem Sender an?

AMIN.
Was denn sonst, Pacecco? Der Countdown mit den Alarmglocken hat begonnen, die Sendung ist also gleich vorbei! Jetzt gilt 's! Alles oder nichts!

PACECCO.
Der wievielte Countdown ist das denn?

PAULE.
Wenn meine Berechnungen korrekt sind, müsste es aktuell der siebte Countdown sein.

AMIN.
Diesmal ist es aber der letzte Countdown! Profispieler wie ich können so was fühlen!

2. Szene

Zwei Tage später läuft der Alltag bei Familie Manfred in geregelten Bahnen weiter. Während Pacecco in der Küche bereits am Tisch sitzt und sein Frühstück genießt, startet auch Vater Amin munter und vergnügt in einen neuen, vielversprechenden Tag.

AMIN.
Säure, Suppe und die sieben Höllenhunde!

PACECCO.
Morgen, Amin. Auch schon ausgeschlafen?

AMIN.
Ach was, seit meiner Geburt macht mich dieses Aufstehen fertig! Jeden Morgen kann ich nicht fassen, wie sich diese verdammte Menschheit in aller Herrgottsfrühe selbst geißelt!

PACECCO.
Irgendwer muss ja die Kohlen aus dem Feuer holen.

Amin setzt sich mit einem nachdenklichen Gesichtsausdruck an den Tisch.

AMIN.
Hm.

PACECCO.
Was ist?

AMIN.
Ich weiß nicht.

Schaut sich um.
Irgendwas ist anders. Ja, irgendwas ... stimmt hier nicht!

PACECCO.
Ich esse nur meinen Joghurt.

AMIN.
Ja, das sehe ich auch, du Knallkasper! Aber warum?

PACECCO.
Weil ich Hunger habe?

AMIN.
Scheiße, jetzt weiß ich, was los ist! Der Frühstückstisch ist nicht gedeckt! Alles leer! Kein Wodka! Keine Zeitung! Keine heiße Pfanne mit Würstchen und Speck! Nur du mit deinem ranzigen Joghurt!

PACECCO.
Schmeckt aber gut. Erdbeere mit Stracciatella.

AMIN.
Wo zum Teufel ist dieser Kerl, der das Frühstück sonst immer macht?

PACECCO.
Wenn du Paule suchst, der ist wieder ins Bett gegangen. Er kam vorhin erst von seinem Zeitungsjob nach Hause und sah völlig fertig aus.

AMIN.
Was? Du meinst, der faule Stinker hat sich einfach wieder ins Warme hingelegt, ohne vorher für ein reichhaltiges Frühstück zu sorgen?

PACECCO.
So ist es. Er hat sich bei mir entschuldigt und mir diesen Joghurt aus dem Kühlschrank geholt. Dann ist er ins Bett gegangen.

AMIN.
Na, dem Egoisten werd ich jetzt was erzählen! So kann und darf es nicht weitergehen!
Rennt aus der Küche in Paules Zimmer.

PACECCO.
Ruft Amin nach.
Ach komm, lass ihn doch schlafen, Amin!

AMIN.
Schnappt sich Paules Bettdecke reißt sie ihm vom Leib.
Sofort raus aus den Federn, du Penner!

PAULE.
Wacht verschreckt auf.
Oh Gott, ein Albtraum!

AMIN.
Zerrt Paule Richtung Küche.
Du wirst gleich einen wahren Albtraum erleben, wenn du nicht sofort ein Frühstück mit allen Schikanen zubereitest!

PAULE.
Stolpert durch den Flur in die Küche.
Aber ich bin doch so schwach! Seit zwei Tagen schon habe ich kein Auge mehr zumachen können! Aufgrund der ganzen Aufregung ist mein gewohnter Schlafrhythmus völlig ruiniert!

PACECCO.
Das kenne ich. Als ich damals in der Kohlemine angefangen habe, war ich so aufgeregt vor dem ersten Arbeitstag, dass ich in einen Mülleimer kotzen musste.

AMIN.
Wenn ich das schon höre! Aufgeregt vom Zeitungsaustragen! Sag mal, geht's noch, du Waschweib?

PAULE.
Es ist nicht nur die Aufregung, meine Route ist ein Todesmarsch! Ständig muss ich steile Straßen auf und ab marschieren! Noch dazu verlaufe ich mich dauernd auf den

düsteren Grundstücken und brauche bisweilen eine Ewigkeit, bis ich die Briefkästen gefunden habe!

PACECCO.
Da kommt mir glatt eine gute Idee: Vier Augen sehen mehr als zwei! Wie wär's also, wenn du Paule morgen mal begleiten würdest, Amin?

AMIN.
Ich? Wie kannst du es wagen, mich so etwas zu fragen? Ich bin ein viel beschäftigter Mann!

PACECCO.
Wieso? Arbeitest du etwa im Schlaf?

AMIN.
Nein, aber ich muss den üblichen Stress des Alltags bewältigen: Termine im Spielkasino, Meetings im Supermarkt, Vorträge vom Balkon aus! Dazu das schwere Öffnen der Bierflaschen und die ganzen Telefonsexanrufe! Das alles kostet mich Unmengen an Kraft und Energie, klar?

PAULE.
Möglicherweise könnten all die Briefumschläge mit Bargeld dein Interesse wecken, Vater?

AMIN.
Briefumschläge mit Bargeld? Wovon sprichst du, du Zonk?

PAULE.
Nun, es geht nun langsam auf den 24. Dezember zu. Zu diesem Anlass sollten wir Zeitungsausträger für unsere Abonnenten Weihnachtskarten schreiben und die Karten in die Briefkästen werfen. Das habe ich direkt an meinem ersten Tag in die Tat umgesetzt. Als Dank kleben nun viele Abonnenten Briefumschläge mit Bargeld oder Grußkarten an ihre Briefkästen, die für uns Zeitungsausträger bestimmt sind. Sag, ist das nicht toll?

AMIN.
Du meinst, da hängt morgens Bargeld für dich an den

Briefkästen? Und du brauchst die ganze Kohle nur noch abzupflücken und einzusammeln?

PAULE.
Das stimmt. Heute Morgen zum Beispiel hat mir ein Abonnent 20 Euro am Briefkasten hinterlassen.

AMIN.
20 Euro? Und wie viele Abonnenten gibt es insgesamt?

PAULE.
Auf meiner Route sind es exakt 92.

AMIN.
Donnerlittchen! Moment, das wären dann ... öhm ... 92 mögliche Briefumschläge mit Bargeld drin!

PACECCO.
Das hört sich nach einer ganzen Stange Geld an.

PAULE.
Also kann ich davon ausgehen, dass du mich begleiten wirst, Vater?

AMIN.
Natürlich werde ich dich begleiten, was für eine selten dämliche Frage! Ich und du, wir sind doch die legendäre Zweimanncrew, schon vergessen? Du bist die Ratte und ich bin dein Kapitän!

PAULE.
Kapiert, o Käpt'n! Darf ich mich dann gleich freundlicherweise wieder zur Ruhe betten, um den bitter nötigen Schlaf nachzuholen?

AMIN.
Klar darfst du das, gar keine Frage.

PAULE.
Vielen Dank.

AMIN.
Aber erst, nachdem du Frühstück gemacht hast!
Klatscht in die Hände.
Hopp! Hopp! Mach hin, du Penner!

PAULE.
Ojemine! Wie konnte ich an diesem fürchterlichen Ort auch nur einen Gedanken an geruhsamen Schlaf verschwenden?

3. Szene

Am nächsten Morgen ist unser Vater Amin schon beim ersten Hahnenschrei munter wie ein junger Fisch im Wasser und legt spontan eine Runde Gymnastik ein, um sich für die anstrengende Arbeit tüchtig vorzubereiten.

PAULE.
Vater? Vater, bist du wach?

AMIN.
Gibt laute Schnarchlaute von sich.

PAULE.
Vater, wir müssen langsam los, es ist bereits kurz vor 4 Uhr in der Früh. Die Pflicht ruft!

AMIN.
Murmelt.
Was? Pflicht? Hau ab, Mann!

PAULE.
Du hast mir dein Wort gegeben, dass du mich begleiten würdest. Erinnerst du dich?

AMIN.
Oh Scheiße, war das etwa heute? Gott, ist mir übel.

PAULE.
Ich habe bereits ein herzhaftes Frühstück für uns zubereitet. Spiegelei mit Speck, dazu frisches Landbrot und heißen Kaffee.

AMIN.
Bist du wahnsinnig? Ich krieg so früh keinen Bissen runter, klar? Pack nur den Kaffee ein!

PAULE.
Gut, ich werde ihn gleich in eine schützende Thermoskanne gießen, damit er schön heiß bleibt, ja?

AMIN.
Ja verdammt! Nun hör doch endlich auf zu reden, du mieser Marktschreier!

PAULE.
Gut. Ich werde nun alles in die Wege leiten. Wir treffen uns dann gleich unten, ja?
Paule ab.

AMIN.
Natürlich.
Dreht sich noch mal um.
Scheiße, das müsste diesen Läusepeter für fünf Minuten beschäftigen.

Eine halbe Stunde später treffen Paule und Vater Amin schließlich an der Abladestelle ein und finden mehrere Stapel Zeitungen an einer Bushaltestelle liegen.

PAULE.
Nun schlägt die Uhr bereits 4.30 Uhr. Wir müssen uns sputen, wenn wir die Zeitungen rechtzeitig bis 6 Uhr ausgetragen haben wollen.

AMIN.
Mach mal keine Hetze und lass mich erst mal in Ruhe meinen Kaffee schlürfen.
Nippt an seinem Kaffee und begutachtet dabei den Stapel voller Zeitungen.
Aha. Ein ganz schön fetter Haufen. Welche Zeitungen sind denn für uns?

PAULE.
Alle.

AMIN.
Was? All diese Pakete? Das müssen ja mindestens 100 Zeitungen sein, noch dazu die ganze dreckige Werbung!

PAULE.
Es müssten genau 92 Exemplare vom normalen Stadtanzeiger sein, dazu gesellen sich 12 Fremdzeitungen und etwa 60 Werbeblätter, heute mit Produktanzeigen für das hiesige Einkaufszentrum.

AMIN.
Na schön, ich sag dir, wie's läuft: Du stopfst die Zeitungen in die Tasche, ich packe die Werbung in den Rollwagen und übernehme dazu die Taschenlampe und die Liste mit den Lesern!

PAULE.
Warum darf ich nicht den Rollwagen benutzen? Schließlich trage ich mit all den Zeitungen den Löwenanteil unserer Ladung!

AMIN.
Ich sag dir noch was: Wenn du dich beschweren willst, bin ich weg, okay? Schließlich tu ich das alles hier nur aus reiner Großzügigkeit, kapiert?

Nachdem man also die Taschen gepackt und den Wagen beladen hat, gehen unsere Freunde frisch und vergnügt ans Werk. Amin, die Liste mit den Abonnenten fest in der Hand haltend, dirigiert Paule, der von einem Grundstück zum nächsten marschiert und die Zeitungen in die Briefkästen steckt. Als ca. 30 Zeitungen an den Mann gebracht wurden, legt man ein Päuschen ein, um über das weitere Vorgehen zu beraten.

AMIN.
Scheiße, ist das eine Plackerei! Und bisher klebte noch kein Brief mit Bargeld an 'nem gottverdammten Briefkasten! Diese Tour ist ein Totalausfall!

PAULE.
Ganz im Gegenteil, ich bin hoch erfreut! Wir haben bereits einen beachtlichen Teil der Zeitungen abgeliefert. Und der eine oder andere Briefumschlag kommt bestimmt, du wirst sehen!

AMIN.
Das will ich auch schwer hoffen. Deiner Gesundheit zuliebe.

PAULE.
Nun müssen wir jedoch gut achtgeben, denn da vorne türmen sich reihenweise Häuserblöcke mit mehreren Abonnenten drin auf.

AMIN.
Kein Problem. Alles wie gehabt: Ich ruf dir die Namen zu und du steckst bei denen dann die Zeitung rein. Alle Nichtleser kriegen Werbung, klar?

PAULE.
Verstanden!

AMIN.
Dann mal los! Ich habe schließlich nicht den ganzen Tag Zeit! Also, Kowalski, Ali: Zeitung! Knieschießer, Peter: Zeitung! Müllershausen, Walter: Zeitung!

PAULE.
Bitte nicht so schnell! Beachte, dass ich die Zeitungen vorher noch akkurat falten muss, damit sie in den Briefkastenschlitz passen!

AMIN.
Dann falte gefälligst schneller! Kein Schwein hat Bargeld für uns bereitgelegt, also dürfen die auch keine Sorgfalt erwarten! Tomcheck, Elfride: Zeitung! Der Rest des Hauses kriegt die verkackte Werbung!

PAULE.
Also Familie Stewart und Familie Torwald.

AMIN.
Wer auch immer, einfach rein mit dem Dreck! Bist du endlich fertig? Gut, dann gehen wir zum nächsten Wohnblock, aber flott!

PAULE.
Was sind wir doch für ein unschlagbares Team! Die legendäre Zweimanncrew in Aktion, nicht wahr?

AMIN.
Nicht so laut, sonst blamierst du mich noch!
So, hier sind wir richtig, Hausnummer 9. Also weiter im Text: Brettschläger, Hanno: Zeitung! Hänsel, Wannibald: Zeitung plus das Tagesblatt! Bienrich, Reinhold: Zeitung! Der Rest kriegt stinkende Werbung!

PAULE.
Oh nein!

AMIN.
Was?

PAULE.
Ich habe das Tagesblatt aus Versehen bei Familie Bienrich hineingeworfen, statt bei Familie Hänsel!

AMIN.
Was denn für 'n Hänsel? Lass mal sehen!

PAULE.
Deutet auf den Briefkasten.
Da ist sie drin, siehst du?

AMIN.
So was von unfähig! Das kommt davon, wenn man nie raucht und trinkt! Aber du hast Glück, da guckt noch ein Stück Zeitung aus dem Briefkasten heraus. Ich werd das Scheißblatt einfach wieder rausziehen!

PAULE.
Das dürfen wir nicht, der Briefkastenschlitz ist viel zu eng! Die

schöne Zeitung wird ja völlig zerknittert!

AMIN.
Ich pass schon auf, schließlich bin ich kein Elefant im Lebensmittelladen, okay? Ich zähl bis 3! 1 ... 2 ... 3 ... und raus damit!
Amin zieht kräftig und zerreißt die Zeitung in zwei Hälften.

PAULE.
Grundgütiger!

AMIN.
Das liegt nur an der billigen Papierqualität! Da sieht man gleich, was dieses Käseblatt taugt!
Stopft die zerrissene Zeitung bei Familie Hänsel in den Briefkasten.
Na ja, dann bekommen die Hänsels heute nur die halben Nachrichten. Da steht sowieso nur was von Mord und Totschlag drin, das versaut einem glatt die gute Stimmung am frühen Morgen.

PAULE.
Das ist vollkommen irrelevant! Wir dürfen doch keine halben Zeitungsexemplare abliefern!

AMIN.
Nicht halb, sondern halb voll, klar? Sei nicht immer so ein Miesmacher!
Bekommt ein paar Regentropfen ab.
Scheiße, jetzt fängt's auch noch an zu schütten! Da wird ja die ganze Liste durchnässt!

PAULE.
Oh Schreck, du hast recht!

AMIN.
Hast du denn keine Wasser abweisende Klarsichtfolie eingepackt, in die wir die Liste reinstecken können?

PAULE.
Leider nicht.

AMIN.
Auch noch schlecht vorbereitet, was? Mein lieber Mann! Keine Klarsichtfolie, keine Konzentration, keinen Plan von nichts! Wie du durchs Leben kommst, ist mir ein Rätsel!

PAULE.
Hör zu, Vater: Wir müssen uns aufgrund des Regens vor dem gefährlichen Blitzeis hüten! Mein Arbeitgeber hat mich beim Einstellungsgespräch gewarnt, dass durch den Regen im Winter in Sekundenschnelle die Gehwege spiegelglatt werden können! Vor allem Zeitungsboten in hohem Alter können schwere Stürze erleiden!
Amin fummelt an der Taschenlampe herum.
Hörst du mir überhaupt zu?

AMIN.
Was? Jaja, du willst ein Blitzeis essen, ich hab's verstanden! Aber guck dir nur diesen Mist an, die verdammte Taschenlampe hat einen Wackelkontakt!

PAULE.
Auch das noch! Doch an den Batterien kann es nicht liegen, die sind brandneu!

AMIN.
Zum Glück bin ich ein gewiefter Techniker. Einen Wackelkontakt behebt man am besten mit einem gezielten Schlag! Und da kommt mir dieser Bordstein gerade recht!

PAULE.
Nein, warte!

AMIN.
Hau ruck!
Schlägt die Taschenlampe so fest auf den Bordstein, dass sie in ihre Bestandteile zerbricht.

PAULE.
Schreck lass nach! Jetzt ist die Taschenlampe für alle Zeiten zerstört! Und ich habe keinen Ersatz dabei!

AMIN.
Wenigstens habe ich es versucht, okay? Aber anscheinend war diesem billig produzierten Schrott eh nicht mehr zu helfen! Verdammte Technik!

PAULE.
Was wollen wir jetzt tun? Es ist stockdunkel hier draußen! Und die Stärke des Regens nimmt kontinuierlich zu!

AMIN.
Nur die Ruhe. Ich kann die Namen auf der Liste auch so erkennen. Ich habe Augen wie eine Katze und finde mich auch in der tiefsten Dunkelheit bestens zurecht.

PAULE.
Prima! Dann können wir ja ganz beruhigt sein.

AMIN.
Ach du heilige Scheiße, ein Chamäleon!

PAULE.
Ein Chamäleon?

AMIN.
Ja, dort oben, bist du blind? Es windet sich um den Baum und wird jeden Moment auf uns runterspringen!

PAULE.
Aber, aber. Das ist doch bloß ein Ast, der sich sanft im Wind wiegt.

AMIN.
Also kein Chamäleon? Scheiße, es hätte aber eins sein können, klar? Dieser Ort ist ein verfluchter Reptilienzoo!

PAULE.
Wir sollten nun zügig weitergehen. Nun kommen einige Reihenhäuser dran, die wir beliefern müssen.

AMIN.
Schon wieder Reihenhäuser? Scheiße, bei dem nächsten Haus

brennt ja schon Licht in der Küche!

PAULE.
Ja, dort wohnt ein älterer Herr namens Sterntaler, der jeden Morgen in aller Frühe darauf wartet, dass ich ihm die Zeitung übergebe. Ist das nicht nett?

AMIN.
Nett nennst du das? Ich nenn das verzweifelt!

PAULE.
Die Menschen sind in ihrem Verhalten nun einmal unterschiedlich. Ich finde es lobenswert, wenn einige ihr Tageswerk so früh in Angriff nehmen.

AMIN.
Shit! Siehst du das, was ich sehe?

PAULE.
Was denn?

AMIN.
Hinter der Glastür vom alten Sterntaler steht eine kopflose Bäuerin und beobachtet uns!

PAULE.
Nähert sich der Tür.
Eine kopflose Bäuerin? Nein, nein, schau doch nur. Das ist keine kopflose Bäuerin, sondern Herr Sterntaler persönlich, der im Eingangsbereich neben seinem Briefkasten auf einem Stuhl sitzt und offenbar wieder eingeschlafen ist.

AMIN.
Was? Kein Wunder, das der mich so erschreckt, der sieht aus wie ein Gespenst! Noch dazu in Hemd und Unterhose, mit wild zerzausten Haaren! Gib mir mal die Zeitung, ich will sie ihm selbst reinwerfen!

PAULE.
Reicht Amin eine Zeitung.
Hier hast du ein Exemplar. Aber bitte verhalte dich dabei so

leise wie möglich, wir wollen den lieben Herrn ja nicht aufwecken, nicht wahr?

AMIN.
Brüllt.
Aufwachen, Mann, hier ist deine Zeitung! Mit Nachrichten aus aller Welt, lustiger als jemals zuvor!

HERR STERNTALER.
Schreckt verstört hoch.
Was? Wie? Ja, richtig. Die Zeitung.

PAULE.
Schönen guten Morgen, Herr Sterntaler.

HERR STERNTALER.
Morgen. Sie kommen spät.

PAULE.
Ja, bitte verzeihen Sie.

AMIN.
Spät? Mann, wir haben genau 5.55 Uhr und um 6 Uhr ist erst die Deadline! Da kann ja jeder kommen und die Zeitung beim ersten Hahnenschrei einfordern!

PAULE.
Zu Herrn Sterntaler.
Das wird nicht wieder vorkommen, das verspreche ich Ihnen.

HERR STERNTALER.
Schon gut. Ich mag es lieber, wenn Sie zeitig hier sind.

AMIN.
Na, das hab ich gern: Kein Bargeld am Briefkasten haben, aber sich grundlos beschweren! Willkommen in Deutschland!

HERR STERNTALER.
Wie meinen?

PAULE.
Komm bitte, Vater, lass uns die Tour fortsetzen!
Zu Herrn Sterntaler.
Haben Sie noch einen schönen Tag, Herr Sterntaler!

AMIN.
Ja, noch einen schönen Tag vom Rest deines Lebens!

PAULE.
Sei doch nicht so unsensibel, Vater. Vergiss nicht: Wenn du freundlich lächelst, lächelt die Welt zurück!

AMIN.
Pah! Wenn die verdammte Welt mich anlächelt, schlag ich ihr die Zähne ein!

PAULE.
Welches Anwesen steht denn als Nächstes auf unserem Plan?

AMIN.
Haus Nummer 13. Da wohnt ein gewisser Dr. Brechenmacher, Hugo. Klingt für mich wie ein verrückter Wissenschaftler.

PAULE.
Dasselbe hast du von deinem Hausarzt Dr. Humpelbein auch behauptet.

AMIN.
Aber diesmal meine ich es ernst, okay?
Sieht sich auf dem Grundstück um.
Schau dir nur dieses düstere, vermoderte Haus an! Überall steht Gerümpel herum: abgetragene Klamotten, ein Sack voller Schuhe, leere Dosen, rostiges Werkzeug und eine Schaufel. Und guck doch, da brennt sogar Licht im Keller! Warum zum Teufel brennt da Licht?

PAULE.
Vielleicht konnte Dr. Brechenmacher nicht schlafen und hat sich zur Entspannung ein Glas Milch mit Honig gegönnt.

AMIN.
Komm, hör auf zu reden und schmeiß diesem Irren schnell die Zeitung rein, sonst werden wir noch aus dem Hinterhalt niedergeknüppelt und für menschliche Experimente benutzt!

PAULE.
Ist gut, ich beeile mich.

Die Außenbeleuchtung des Hauses springt an.

AMIN.
Scheiße, die Lichter wurden aktiviert! Er hat uns gesehen! Wahrscheinlich hat er uns die ganze Zeit mit Überwachungskameras beobachtet!

PAULE.
Keine Panik, Vater. Das ist doch nur die automatische Hausbeleuchtung. Die geht jedes Mal an, sobald man sich im Dunkeln der Haustür nähert.

AMIN.
Vielleicht haben die auch automatische Schießanlagen! So was kann man heutzutage alles im Baumarkt kaufen!

PAULE.
Aber das ist doch bloß paranoides Geschwätz, Vater!

AMIN.
Paranoides Geschwätz? Pah, das sagen nur Naivlinge, mit denen später Menschenhandel betrieben wird! Nun lass uns hier endlich abhauen und zum nächsten Haus! Ich hab's langsam satt!

PAULE.
Nummer 17, richtig?

AMIN.
Genau. Eine Hexe namens Helene Hubertus wohnt dort. Die kriegt keine normale Zeitung, sondern das Bartholomäusblatt. Das muss so eine Propagandazeitung für religiöse Fanatiker sein!

PAULE.
Kramt in seiner Tasche.
Himmel hilf! Oh Gott! Was für eine Katastrophe!

AMIN.
Was zum Geier hast du für ein Problem?

PAULE.
Ich habe am Anfang der Tour aus Zeitgründen nicht die Korrektheit aller gelieferten Zeitungen kontrolliert und nun merke ich, dass uns ausgerechnet das Bartholomäusblatt fehlt!

AMIN.
Aha. Und?

PAULE.
Man muss diese spezielle Zeitung beim Einpacken in der Lagerhalle übersehen haben!

AMIN.
Na, scheiß der Hund drauf, die fehlende Zeitung wird schon niemandem auffallen.

PAULE.
Natürlich wird das auffallen! Ich muss umgehend mit meinem neuen Mobiltelefon in der Zentrale anrufen!

AMIN.
Ach Gottchen, du Waschlappen, wegen eines läppischen Exemplars? Wenn ich früher eine Zeitung zu wenig hatte, habe ich einfach das in den Briefkasten geschmissen, was gerade auf der Straße rumlag: Pizzakartons, zusammengepresste Dosen, nasse Blätter, braune Bananenschalen!

PAULE.
Telefoniert.
Ja, einen wunderschönen guten Morgen! Hier spricht Zeitungsbote Paule Manfred, Route Z211, ich melde mich zum Rapport!

AMIN.
Ach du Scheiße.

PAULE.
Ja, mit tiefer Bestürzung musste ich soeben feststellen, dass mir die heutige Ausgabe des Bartholomäusblattes fehlt … genau … aha … aha … ja, wunderbar! Fantastisch! Auf Wiederhören und vielen Dank!

AMIN.
Und nun? Schicken die dir 'ne verkackte Brieftaube mit der Zeitung am Fuß?

PAULE.
Nein, sie schicken ein Taxi, um die Zeitung abzuliefern. Wir brauchen uns um diese Zeitung nicht länger kümmern und können beruhigt mit unserer Arbeit fortfahren.

AMIN.
Die schicken ein verfluchtes Taxi – für *eine* Zeitung? Gott, die Zeiten haben sich wirklich geändert, wenn die sich solche Ausgaben leisten können! Diese Zeitungsfritzen müssen ja in Geld schwimmen!

Nachdem Vater Amin und Paule zwei weitere Straßen mit Zeitungen beliefert haben, nähern sich unsere wackeren Helden langsam aber sicher dem Ende ihrer Tour.

AMIN.
Verdammter Regen! Die Liste ist inzwischen so nass, dass sie sich bereits in ihre Bestandteile auflöst!

PAULE.
Ist es dir möglich, die restlichen Namen noch zu entziffern?

AMIN.
Schwer! Warum musstest du die Namen auch mit Bleistift schreiben?

PAULE.
Was sollen wir jetzt nur tun? Dabei sind es bloß noch drei

Leser, die auf ihre Zeitung warten!

AMIN.
Kannst du dich denn nicht mehr an die Häuser erinnern? Oder an die Briefkästen?

PAULE.
Flüchtig. Diese elende Dunkelheit verwirrt meinen armen Orientierungssinn!

AMIN.
Dann müssen wir halt ohne Liste vorangehen und ein bisschen improvisieren. Zum Glück bist du mit einem Vollprofi unterwegs. Mich kann nichts aus der Jacke pusten.

PAULE.
Das höre ich gern, Vater.

AMIN.
Taumelt zurück.
Shit! Ein blondes Mädchen starrt uns mit leeren Augenhöhlen an!

PAULE.
Wo denn?

AMIN.
Da drüben! Bist du blind? Sie starrt uns geradewegs aus dem Fenster heraus an!

PAULE.
Moment mal. Da scheint tatsächlich jemand am Fenster zu sein.

AMIN.
Scheiße, ich wusste es! Dieser Ort ist verflucht! Ich hätte mein Gewehr einpacken sollen!

PAULE.
Ich weigere mich zu glauben, dass dieser Ort verflucht ist. Deshalb werde ich nun die Treppen emporsteigen und

nachsehen, was es mit diesem mysteriösen Mädchen auf sich hat.

AMIN.
Bist du wahnsinnig? Da wohnt bestimmt eine Sekte drin! Die werden dich in ihr Haus zerren und im Ofen knusprig backen! Lass uns hier verschwinden!

PAULE.
Die Treppe hinaufsteigend.
Halte ein! Nun erkenne ich, was es mit dem angeblich blonden Mädchen auf sich hat!
Kichert in sich hinein.
Ich kann dir Entwarnung geben, Vater. Es handelt sich nicht um ein Mädchen, sondern um den Kopf einer Puppe, der hinter dem Fenster platziert wurde.

AMIN.
Eine Puppe? Welcher perverse Irre stellt denn den Kopf einer gottverdammten Puppe ans Fenster? Dort müssen ja Geisteskranke wohnen! Die bekommen jedenfalls keine Zeitung von uns!

PAULE.
Bitte nicht so laut, Vater! Du wirst noch die ganze Nachbarschaft aufwecken!

AMIN.
So wie es scheint, schläft hier sowieso keiner mehr! Sieh dir nur mal an, was der Nachbar von diesem Puppenheini so früh am Morgen treibt: Der sitzt vor dem Fernseher und schaut Fußball! Und das ganze Viertel kann ihm von draußen dabei zuschauen!

PAULE.
Tatsächlich. Das hat man nun davon, wenn einem die Gardinen fehlen.

AMIN.
Wie kann man nur so dreist sein? Der kriegt auch keine Zeitung von mir!

PAULE.
Dein unkonventionelles Auswahlverfahren schränkt unsere potenzielle Leserschaft erheblich ein. Nun bleiben uns gerade noch zwei Häuser für drei Leser. Irgendetwas stimmt da wohl nicht.

AMIN.
Scheiße, da hast du recht! Irgendwas stimmt hier ganz und gar nicht! Siehst du die Frau auf der Terrasse?

PAULE.
Ich sehe sie. Ob sie eine Zeitungsabonnentin ist und bereits sehnsüchtig auf uns wartet?

AMIN.
Keinen Schimmer. Auf jeden Fall starrt sie uns an.
Schreit erschrocken.
Oh Shit! Jetzt kommt sie direkt auf uns zu!

PAULE.
Was trägt sie denn dort in der Hand?

AMIN.
Ein Messer! Verdammt, die will uns erstechen, ich sag's dir! Gleich hat sie uns!
Rennt davon.

PAULE.
Ruft Amin hinterher.
Halt! Wo willst du denn hin, Vater?

AMIN.
Wonach sieht's denn aus? Ich mach die Düse!

PAULE.
Nicht so hastig! Denk an das Blitzeis! Du wirst dir sämtliche Gelenke brechen!

AMIN.
Rutscht aus.

Oh Scheiße, ist das glatt! Au! Au! Mein Knie ist gebrochen!

4. Szene

Zu Hause bei Familie Manfred hat diesmal unser tüchtiger Pacecco für ein erstklassiges Frühstück gesorgt und erwartet schon sehnsüchtig die Ankunft von Paule und Vater Amin.

PAULE.
Wir sind wieder da, Pacecco!

AMIN.
Ich muss schnell aus diesen matschigen Schuhen raus! Meine Socken sind klatschnass!
Zieht sich die Schuhe aus und wirft sie durch den Flur.

PAULE.
Momentmal! Sehe ich da etwa Rauch aus der Küche kommen?

AMIN.
Teufel auch, ja! Hier stinkt's ja wie Hexe!

PAULE.
Stürzt in die Küche.
Großer Gott! Die Küche sieht aus, als hätte man eine Neutronenbombe gezündet!

PACECCO.
Ah, da sind die fleißigen Arbeiter ja endlich!

AMIN.
Hustet.
Was ist denn hier passiert, Pacecco?

PACECCO.
Wieso? Ich habe nur Frühstück gemacht.

AMIN.
Reißt das Küchenfenster auf.
Frühstück? Der Speck auf dem Teller ist ja ganz verkohlt!

PACECCO.
Na ja, den Speck habe ich wohl zu lange in der Pfanne gelassen.

PAULE.
Oder du hast anfangs nicht genügend Fett in die Pfanne gegossen.

AMIN.
Verdammter Amateur! Willst du uns alle umbringen?

PACECCO.
Ich mache ja nicht oft das Frühstück.

AMIN.
Das sieht man! Die Stühle sind ja ganz anders angeordnet als sonst!

PACECCO.
Ich dachte, eine neue Sitzordnung würde uns gut tun.

AMIN.
Du mit deinen Experimenten! Schau dir nur diese Schlamperei an: Die Gläser sind nicht kristallklar, sondern fleckig! Das Besteck liegt nicht auf den Servietten! Die Tischdecke ist voller Krümel! Und wo zum Henker ist mein doppelter Wodka abgeblieben?

PACECCO.
Ich bin nicht Paule, ich mache es halt anders.

AMIN.
Du machst am besten gar nichts mehr! Der Paule macht das viel besser als du!

PAULE.
Vielen Dank für das seltene Kompliment, Vater. Dennoch musst du anerkennen, dass Pacecco sich Mühe gegeben hat.

AMIN.
Ich steige trotzdem auf Sektfrühstück um!
Knallt eine Flasche Sekt auf den Tisch.

PACECCO.
Wo habt ihr denn den Sekt her?

AMIN.
Da guckst du blöd, was?

PAULE.
Den Sekt hat uns eine nette Dame am frühen Morgen persönlich als Weihnachtsgeschenk für unsere Dienste als Zeitungsboten überreicht.

AMIN.
Der verrückte Paule dachte erst, dass die uns mit einem Messer umbringen will. Aber ich wusste, dass die Alte nur gute Absichten hatte, und nahm den Sekt dann lachend entgegen.

PAULE.
Wer ist denn fortgerannt und hat sich aufgrund der Missachtung von Blitzeis das Knie auf dem harten Boden aufgeschlagen?

AMIN.
Ich soll fortgerannt sein? Mein lieber Mann, ich habe vor Freude nur ein kleines Tänzchen aufgeführt, okay?

PACECCO.
Ich sehe schon, ihr hattet viel Spaß heute Morgen.

AMIN.
Spaß? Das warte harte Arbeit, klar? Während du dich in deinem warmen Bett gewälzt hast, habe ich bei Schneeregen und Schweinekälte drei Stunden lang Höchstleistungen vollbracht!

PACECCO.
Und? Ich muss gleich wieder 12 Stunden lang in der Kohlemine schwere Gesteinsbrocken aus den Wänden schlagen.

AMIN.
Du vergleichst Äpfel mit Melonen, klar? Zeitungen austragen kann auch nicht jeder versoffene Penner!

PACECCO.
Trotzdem muss ich jetzt los, Amigos. Wir sehen uns heute Abend.

PAULE.
Ich wünsche dir einen erfolgreichen Tag, Pacecco!
Pacecco tritt ab.

AMIN.
Trinkt den Sekt aus der Flasche.
Das tut gut! Mach mal das TV an, Paule. Nach einem solch harten Job muss ich mich bis heute Nacht entspannen.

PAULE.
Schaltet den Fernseher ein.
Wir haben Glück! Es läuft noch Frühstücksfernsehen.

AMIN.
Frühstücksfernsehen? Die wiederholen doch nur die Nachrichten und das Wetter in Endlosschleife, wie verfluchte Roboter! Schalt mal lieber rüber auf diesen Quizsender!

PAULE.
Wechselt den Sender.
Welch wundervoller Zufall! Dort beginnt just in diesem Moment ein neues Rätsel! Das menschliche Gesicht soll nun in Bildern von scheinbar identischen Leopardenbabys entdeckt werden!

AMIN.
Hab ich's nicht gesagt? Da wird noch wahre Unterhaltung geboten! Während du also schon mal zu suchen anfängst, hole ich das Telefon, okay?

PAULE.
Aber hat Pacecco uns nicht verboten, dort anzurufen?

AMIN.
Uns verboten? Ich glaub, es hackt im Hackepeter! Ich habe heute mit meinen eigenen Händen hart im Dreck gewühlt und dabei eine ganze Menge Kohle verdient, also kann ich so oft bei diesem Sender anrufen, wie ich lustig bin, okay?

PAULE.
Wir haben heute in der Summe etwa 10 Euro verdient.

AMIN.
Sag ich doch! Heute beginnt für uns ein vollkommen neuer Lebensstil!

PAULE.
Ich bin ja so aufgeregt!

AMIN.
Ich kann regelrecht spüren, dass heute mein absoluter Glückstag ist! Wo ist denn nur das verdammte Telefon?

Ende

Folge 8 – Die Kontaktanzeige (Teil 1)

1. Szene

Es dämmert in der Tulpenstraße. Während Paule am Esstisch sitzt und rigoros an seinen unsterblichen Gedichten feilt, liegt Vater Amin gemütlich auf dem Sofa und schaut sich im Fernsehen eine intellektuelle Diskussion an.

PAULE.
"Zeit heilt nicht alle Wunden,
die das Leben schlägt.
Verletztes kann mit Liebe gesunden.
Liebe trägt.

Wärmt wie der Sonne Strahlen,
das in Kälte erstarrt.
Langsam enden Seelenqualen.
Liebe geduldig harrt."

AMIN.
Kannst du gefälligst Mal leiser dichten, du Schuft? Ich versteh ja kein Wort von der Sendung!

PAULE.
Verzeihung. Ich verliere mich allzu oft in meiner Dichtkunst.

AMIN.
Schlag mich einer mit der Schaufel, ist das denn zu fassen, was da im TV passiert?

PAULE.
Was meinst du, Vater?

AMIN.
Was ich meine? Da hat diese dämliche Göre im Alter von 14 Jahren schon zwei verrückte Kinder geboren, wurde seit Kindesbeinen von ihrem mongoloiden Stiefbruder vergewaltigt, vom alkoholkranken Vater geschlagen, von der

kaufsüchtigen Mutter verstoßen und lebt jetzt auf dem schäbigen Bauernhof ihres rassistischen Onkels, der, wie sich herausgestellt hat, fast sein ganzes Leben lang Sodomie mit seiner Lieblingsziege betrieben hat!

PAULE.
Aber Vater, glaubst du denn alles, was in solch stupiden Fernsehformaten behauptet wird?

AMIN.
Na wieso? Das Leben kann ein verdammt harter Hund sein! Erst gestern hat es mich wieder übel erwischt, als ich wie jeden Tag im Getränkemarkt war und an nichts Böses dachte, da habe ich doch glatt gesehen, dass die Schweine von der Regierung den Preis für mein Lieblingsbier um 3 Cent erhöht haben, einfach so! Ohne mit der Wimper zu zucken, eiskalt!

PAULE.
Na gut, dein kostbares Bier in allen Ehren, aber in diesem Fall ist alles nur erfunden. Die ganze Sendung besteht ausschließlich aus grässlichen Laiendarstellern, die in ausgedachten Geschichten ihre Würde für teures Geld an einen Sender verfeuern, der, wenn die Quote stimmt, sogar Babys verkaufen würde, live und in Farbe. Und damit die Quote stimmt, müssen jedes Mal noch verwegenere Geschichten gestrickt werden. Das bezeichnet man als "Scripted Reality".

AMIN.
Was redest du denn da? Das ist doch nicht erfunden! Das würde nur jemand behaupten, der überhaupt noch keine Erfahrung auf der Straße gesammelt hat. Nein, das ist das echte Leben! Frag mich, ich bin ein Veteran!

Pacecco tritt auf.

PAULE.
Guten Abend, Pacecco!

AMIN.
Du bist du ja endlich, Pacecco!

PACECCO.
Sorry, aber ich konnte nicht früher kommen. Die verdammte Bahn hatte wieder Verspätung. Und dann bekam ich nicht mal einen Platz, sondern musste mich mitten in den Gang stellen und den Achselschweiß eines dicken Kerls einatmen.

PAULE.
Wie ich die stinkende Realität verabscheue! Allein die Künstlichkeit ist es doch, die die Menschen als schaffende, kreative Wesen charakterisiert.

AMIN.
Die Künstlichkeit? Mann, dann bestell dir doch gleich Silikontitten, du Dirne!

PACECCO.
Ist denn für unsere große Pornonacht schon alles bereit?

AMIN.
Ja klar, was denkst du denn? Bei so einem wichtigen Anlass überlasse ich nichts dem Zufall. Ich habe den Paule nicht umsonst einkaufen geschickt!

PAULE.
Jawohl, ich habe im Supermarkt eine immense Einkaufsliste abgearbeitet!

AMIN.
Also, wir haben zwei Kästen Bier, Erdnussflips, Kartoffelchips, Schokoladenplätzchen, Wodka, Nachos mit heißem Käsedip, eine Kiste Zigarren, zwei Packungen Gummibärchen und ganz viele Taschentücher, falls jemand plötzlich Schnupfen kriegt.

PAULE.
Schnupfen? Ich dachte, ihr masturbiert die halbe Nacht?

AMIN.
Ach, mein lieber Paule. Wir sollten wirklich darüber nachdenken, dich irgendwann einfach einzuschläfern.

PAULE.
Ich finde dieses ganze Gehabe erbärmlich. Zwei gestandene Männer, noch dazu Vater und Sohn, schauen sich bis in die Puppen billige Filmchen an, die fremde Menschen bei ihrem vorgetäuschten Geschlechtsakt zeigen. Pfui!

AMIN.
Von unserer Tradition hast du doch keinen blassen Schimmer, du Teppichverkäufer! Darum bist du auch von unserem Vater-Sohn-Abend auf Lebenszeit ausgeschlossen!

PACECCO.
Genau, wir nehmen nur dickbäuchige Männer in Unterhosen auf, die nach Bier stinken.

PAULE.
Dann verzichte ich liebend gern auf diese zweifelhafte Ehre. Während ihr euch also in eurem geistigen Nirwana suhlt, werde ich ein gutes Buch lesen.

AMIN.
Ein gutes Buch – wenn ich das schon höre! Das ist doch schon ein Widerspruch in sich!

PAULE.
Das ist nicht wahr, du ahnungsloser Tor! Charles-Pierre Baudelaire und Fjodor Michailowitsch Dostojewski bieten mir mehr Inspiration als alle Schmuddelgeschichten dieser Welt!

AMIN.
Was sagst du da? Fjodor?

PACECCO.
Also ich lese gern erotische Geschichten. Davon bekomme ich immer so viel Schnupfen.

PAULE.
Sodann werde ich mich in mein Zimmer zurückziehen und wünsche euch beiden eine angenehme Nacht. Und denkt bitte bei eurem hemmungslosen Exzess daran, dass morgen auch noch ein Tag ist.

Paule tritt ab.

PACECCO.
Jaja, du mich auch.

AMIN.
Endlich ist diese impotente Made verschwunden. Dann kann's ja endlich losgehen!
Wechselt den Kanal.

PACECCO.
Welcher Film kommt denn als Erstes?

AMIN.
Hairy Popper und die Kammer des Schleckens, ein Film mit Brad Clitt und Anna Konda.

PACECCO.
Klingt super!

AMIN.
Ja, und danach wird ein Klassiker gezeigt: *Analdin und die wunde Schlampe* – den habe ich das erste Mal als pickliger Jugendlicher gesehen und war sofort verzaubert.

PACECCO.
Alles klar. Dann schnappe ich mir gleich mal die Nachos mit Käsedip. Willst du ein Bier?

AMIN.
Boxt der Papst im Sommerhöschen? Her mit dem Bier, Pacecco, jetzt lassen wir die Sau raus!

PACECCO.
Klasse! Endlich wieder Action in der Unterhose vom guten Pacecco!

Nach einer ereignisreichen und lautstarken Nacht prüft Paule am folgenden Nachmittag, ob Pacecco und Vater Amin noch atmen. Vorsichtig öffnet er die Wohnzimmertür. Dort bietet sich ihm ein Anblick des Schreckens.

PAULE.
Grundgütiger! Seht euch nur das Wohnzimmer an! Es sieht aus, als wäre eine Tsunamiwelle Amok gelaufen!

PACECCO.
Verschlafen.
Lass uns in Ruhe, Paule, wir schlafen noch.

PAULE.
Aber es ist bereits Nachmittag! Habt ihr etwa die ganze Nacht durchgemacht?

PACECCO.
Kann schon sein. Der Wodka hat gewirkt.

PAULE.
Das sehe ich: Die Wodkaflasche ist bis auf den letzten Tropfen geleert! Erdnussflips sind über den ganzen Wohnzimmerteppich verteilt! An der Wand klebt Käsesoße! Auf dem Sofa ist ein großflächiger Brandfleck!

PACECCO.
Ach ja. Das war Amin bei dem Versuch, sich eine Zigarre anzuzünden.

PAULE.
Und überall liegen zusammengeknüllte Taschentücher!

PACECCO.
Wir hatten einen bösen Schnupfen. Aber der ist zum Glück wieder vorbei.

PAULE.
Ist Vater überhaupt noch bei Bewusstsein? So, wie er auf dem Sofa liegt, ähnelt er frappierend einem längst vergessenen Kadaver!

PACECCO.
Stups ihn mal mit der Fernbedienung an. Aber sei vorsichtig, Amin hat gestern Nacht wieder Unmengen getrunken. Er

könnte ausschlagen wie ein wildes Pferd.

PAULE.
Stupst Amin mit der Fernbedienung an.
Vater? Vater, bist du munter?

AMIN.
Schlägt aus und schreit.
Verdammtes Pferd! Was willst du am frühen Morgen? Habe ich nicht schon genug gelitten?

PAULE.
Verzeihung, ich wollte dich nicht erschrecken. Aber mittlerweile geht es auf den frühen Abend zu.

AMIN.
Na und? Ob Tag oder Nacht, es interessiert sich sowieso kein Mensch dafür, was ich mache! Ich könnte mich heute noch erdrosseln und keinen würde es kümmern!

PAULE.
Wie kommst du auf diese Behauptung? Natürlich sorgen wir uns um dich!

PACECCO.
Tun wir das?

AMIN.
Ach, ihr seid ja auch angeblich mit mir verwandt! Das ist was anderes. Ansonsten kümmert's kein Schwein, wie es mir geht!

PACECCO.
Warum so melancholisch, Amin? Gestern Nacht warst du noch so fröhlich, hast gegrunzt wie ein Schweinchen und dein Gesicht in eine Bierlache getunkt.

AMIN.
Manchmal muss man eben eine Maske aufsetzen, okay? Wisst ihr, es musste so nach dem neunten oder zehnten Porno gewesen sein, als ich gemerkt hab, dass ich nicht mehr voll in Saft und Kraft bin. Ich mein, ich hab jetzt die letzten Jahre so

viele bumsende Leute gesehen, dass ich einfach mal wieder selbst mitmischen will, kapiert?

PAULE.
Du meinst …?

AMIN.
Ja, ich meine! Ich, Amin Manfred, will eine Frau kennenlernen!

PACECCO.
Eine Frau? Du und eine richtige Frau?

AMIN.
Ja, was denkst du denn? Ich hatte schon mal eine, klar? Ansonsten würdet ihr ja gar nicht auf der Welt sein, um euren Stumpfsinn zu verbreiten!

PACECCO.
Schon kapiert – du willst also eine Frau treffen. Und wie hast du dir das gedacht? Willst du etwa in eine Kneipe gehen, dich volllaufen lassen und die Erstbeste mit dem kleinen Finger über die Theke ziehen?

AMIN.
Das wäre eine Möglichkeit, ja! Aber so ganz sicher bin ich mir da noch nicht. Worauf stehen die Frauen denn heutzutage?

PACECCO.
Viele Frauen stehen auf Männer, die aussehen wie Frauen.

PAULE.
Warum probierst du es nicht einfach mit einer Kontaktanzeige, Vater?

AMIN.
Was? Wen soll ich anzeigen?

PAULE.
Keinen Menschen. Aber es gibt sogenannte Partnervermittlungen, die sich darauf spezialisiert haben, einsame Herzen zusammenzuführen. Alles, was du tun musst,

ist einen Persönlichkeitsbogen auszufüllen und abzuschicken.

AMIN.
Aha.

PAULE.
Nach der Auswertung dieses Bogens sucht man im Anschluss jemanden, der am besten zu dir passt. Das Ganze erfolgt natürlich vollkommen anonym.

PACECCO.
Klingt irgendwie mitleiderregend.

PAULE.
Noch mitleiderregender, als die ganze Nacht mit seinem ältesten Sohn pornografische Filme zu konsumieren?

PACECCO.
Jetzt, wo es vorbei ist, fühle ich die Leere. Aber zum Glück wird der nächste Porno dieses Gefühl wieder abtöten.

AMIN.
Also eigentlich klingt diese Idee mit der Kontaktanzeige gar nicht so schlecht!

PACECCO.
Findest du?

AMIN.
Ja klar! Wisst ihr, ich sehe für mein Alter gar nicht so schlecht aus. Wenn ich den Bart abrasieren würde, könnte ich glatt für 17 durchgehen!

PACECCO.
Dann wärst du der faltigste 17-Jährige, den ich kenne.

AMIN.
Ich führe kluge Kneipengespräche und bin ein großartiger Zuhörer!

PACECCO.
Kneipengespräche?

AMIN.
Schreit.
Halt die Schnauze, jetzt rede ich, klar?

PACECCO.
Verdreht die Augen.
Vollkommen klar.

AMIN.
Und ich bin ... ein Poet! Ja! Ich kann reden und Geschichten erzählen, und ich kann schreiben und kenn fast das ganze Alphabet!

PAULE.
Das hört sich doch wundervoll an!

AMIN.
Außerdem bin ich ein Romantiker der alten Schule! Wenn sich bei alten Kriegsfilmen die nach ihren Müttern schreienden Soldaten angesichts einer tödlichen Wunde die eigenen Innereien festhalten, kommen mir immer die Tränen!

PACECCO.
Ich bin sicher, da wird die Dame deines Herzens vor Verzückung ganz aus dem Häuschen sein.

AMIN.
Aber das Besondere an mir ist mein sanftmütiger und bescheidener Charakter. Zusammengefasst würde ich sagen, dass ich lieber selbst beschenke, als selbst beschenkt zu werden.

PACECCO.
Habt ihr gerade auch einen Kojoten irgendwo laut aufheulen hören?

2. Szene

Nach einem langen und harten Tag in den schier endlos erscheinenden Tunnelgängen der Kohlemiene freut sich Pacecco auf seinen wohlverdienten Feierabend. Doch als er die Wohnung betritt, macht er eine merkwürdige Entdeckung.

PACECCO.
Guten Abend.

PAULE.
Guten Abend, Pacecco.

PACECCO.
Warum hockst du da allein in der Küche? Ihr seid doch sonst immer im Wohnzimmer und guckt Schwachsinns-TV.

PAULE.
Oh Gott, halte dich bloß vom Wohnzimmer fern! Vater hat eine wahrhaft üble Laune! So gereizt habe ich ihn nicht mehr erlebt, als sich sein Bart seinerzeit im Mixer verfangen hat!

PACECCO.
Immer noch keine Antwort auf die Kontaktanzeige?

PAULE.
Unglücklicherweise nicht. Dabei wartet er nun bereits zwei Wochen auf Replik.

PACECCO.
Ich habe ihm gleich gesagt, dass das eine bescheuerte Idee war. Soll er doch lieber in eine Bar gehen und sich dort jemanden suchen.

PAULE.
Wenn Vater gegenüber dem weiblichen Geschlecht bloß nicht so schrecklich schüchtern wäre! Statt also jemanden in einer Bar anzusprechen, würde er sich doch nur wieder heillos betrinken und am Ende die Einrichtung demolieren!

PACECCO.
Das ist auch wieder wahr. Ich habe heute noch Albträume von so manchen Rechnungen von früher.

Ein wütendes Poltern ist zu hören. Amin stürmt aus dem Wohnzimmer.

AMIN.
Scheiße, ich wusste doch, dass ich Stimmen höre! Was tuschelt ihr miesen Zicken da hinter meinem Rücken?

PAULE.
Ach, weißt du, Pacecco und ich haben nur einen kleinen Plausch über seinen schweren Arbeitstag gehalten, sonst nichts.

PACECCO.
Ja, in der Kohlemiene geht es gerade drunter und drüber. Gestern gab es einen Erdrutsch, heute eine Überschwemmung – das ist Wahnsinn. Ich bin froh, dass ich noch lebe.

AMIN.
Interessiert mich 'nen feuchten Furz, klar? Sag lieber mal, Pacecco, hast du auf dem Weg nach oben zufällig mal in unseren Briefkasten geguckt?

PACECCO.
Ja, habe ich.

AMIN.
Packt Pacecco aufgeregt am Hemd.
Und? Und? War da ein Brief oder eine Karte für mich drin?

PACECCO.
Nee, nur die üblichen Werbeblätter.

AMIN.
Was? Gott, wie ich diese verdammte Scheiße hasse!
Packt sich die Werbung und zerreißt sie in kleine Schnipsel.
Werbung, Rechnungen, Mahnungen, Kirchensteuer, Tod und Verderben – ständig dieser Müll im Kasten! Man sollte die ganzen Briefträger an die Wand stellen und erschießen!

PAULE.
Aber die armen Briefträger können doch nichts für die Post, die sie ausliefern müssen!

AMIN.
"Arme Briefträger" – wenn ich das schon höre! Wenn die mir bald keine bessere Post bringen, werde ich rund ums Haus Bärenfallen auslegen!

PAULE.
Bärenfallen?

PACECCO.
Ja, da liegen noch ein paar im Keller. An einer klebt sogar noch etwas Blut von damals, als Amin während seines Alkoholentzugs reingetreten ist.

AMIN.
Wird auf ein Geräusch aufmerksam.
Momentmal! Habt ihr das auch gehört? Klang das nicht wie das Klappern eines Briefkastens?

PACECCO.
Könnte gut sein. Vielleicht hat ein Nachbar gerade seine Post rausgeholt.

AMIN.
Entweder das, oder es ist endlich Post für mich gekommen!

PAULE.
Um diese Uhrzeit? Es geht bereits mit Riesenschritten auf den Abend zu.

Doch Amin ist nicht mehr zu halten und stürmt das Treppenhaus hinunter.

PACECCO.
Zu spät. Der geht ab wie ein Zäpfchen.

PAULE.
Ich mache mir Sorgen, Pacecco. Vater hat mehr Schaum vor

seinem Mund als üblich, wie ein wildes Tier.

PACECCO.
Vielleicht sollten wir ihn einfangen und erschlagen. Ich kann nämlich keine Tiere leiden sehen.

PAULE.
Möglicherweise haben wir unrecht und es liegt doch etwas im Briefkasten? Möglicherweise kam die Dame seines Herzens persönlich vorbei und hat ihm einen Brief hinterlassen?

AMIN.
Schreit von unten.
Rotz und Donner! Ich reiß hier alles nieder!

PACECCO.
Ich glaube nicht.

PAULE.
Oh Gott, gleich wird er wieder hochkommen und bei uns wüten wie ein aufgespießter Stier. Wir sollten rasch in Deckung gehen!

PACECCO.
Ich mache lieber mal die Tür zu.
Schließt die Tür.

3. Szene

In den folgenden Tagen geht es mit unserem lieben Amin weiter hergab. Inzwischen weigert er sich sogar, das Bett zu verlassen. Als Paule eines schönen Nachmittags Amins abgedunkeltes Schlafzimmer betritt, findet er seinen Vater schlaff und träge im Bett liegend vor.

PAULE.
Vater? Vater, bist du munter?

AMIN.
Hau ab, du Knilch!

PAULE.
Aber du musst doch irgendwann aufstehen und etwas Nahrung aufnehmen. Es ist inzwischen fast 17 Uhr.

AMIN.
Sag mal, bist du blind? Hast du das Schild an der Tür nicht gelesen?

PAULE.
Das Schild, auf dem in großen Lettern vermerkt ist, dass du alleine sterben willst? Doch, das habe ich zur Kenntnis genommen.

AMIN.
Fein. Dann halte dich gefälligst dran und zieh endlich Leine, kapiert?

PAULE.
Aber schau doch nur, ich habe dir eine heiße Brühe gemacht. Die wird dir wertvolle Energie zurückgeben.

AMIN.
Verdammt, ich pfeif auf deine Brühe! Jetzt hau endlich ab oder ich schmeiß dich kopfüber vom Balkon! Alles, was ich will, ist schlafen! Ewig schlafen!

Es klingelt an der Haustür.

PAULE.
Nanu, wer kann das sein?

AMIN.
Ist mir gleich, ich hau mich jetzt wieder in die Federn. Wenn ihr bis morgen nichts mehr von mir hört, habe ich mich wahrscheinlich mit 'nem gottverdammten Gürtel erhängt.

Paule öffnet die Tür und bekommt vom Postboten prompt ein Päckchen in die Hand gedrückt, adressiert an Amin Manfred.

PAULE.
Vater! Vater! Ein Päckchen ist für dich gekommen! Und laut

Absender scheint es von einer Dame zu sein!

Sofort schlägt Amin die Tür zu seinem Schlafzimmer auf, grunzt wie ein Schwein, springt Paule an und reißt ihm dabei das Päckchen aus den Händen.

AMIN.
Reißt das Paket in Fetzen.
Schokoladenkonfekt! Sogar meine Lieblingssorte: Haselnuss mit Wodka! Und ein parfümierter Brief ist auch dabei!
Schnieft an dem Brief.
Ist das Rosenduft? Oder doch der Geruch von frischem Eiersalat? Egal, den Brief muss ich gleich mal lesen:

Lieber Amin,

ich habe noch nie auf eine Kontaktanzeige geantwortet, aber ich muss zugeben, dass ich Dein Inserat unwiderstehlich fand. Deine poetische Ader ging ganz stark hervor.
Mein Name ist Esmeralda. Ich bin kurvenreich, treu und mag es, Händchen zu halten und im Kerzenschein zu speisen. Außerdem bin ich von Natur aus sehr frivol und bin für Dinge offen, die für viele Menschen undenkbar wären.
Ich kann es gar nicht erwarten, mehr von Dir zu hören,

Deine Esmeralda

Da brat mir doch einer 'nen verkappten Storch! Endlich habe ich meine Traumfrau gefunden!

PAULE.
Glaubst du wirklich? In meinen Ohren klang der Brief ein wenig vulgär.

AMIN.
Pah, dann wasch dir doch die Ohren aus, du Ohrenschmalzkönig! Hinter der eleganten Fassade ist jede Frau vulgär und käuflich, klar? Du musst noch viel über Frauen lernen, du Amateur.

PAULE.
Also gehe ich richtig in der Annahme, dass du den Kontakt mit Frau Esmeralda aufrechterhalten willst?

AMIN.
Was glaubst du denn? Ich schreibe ihr gleich zurück! Bring mir sofort Stift und Papier, aber flott! Und vergiss das Wörterbuch nicht!

PAULE.
Ich fliege, ich stürze!
Tritt ab.

AMIN.
Schreibt.

1. Brief

Liebe Esmeralda,

der Gedanke an Dich und Deine zwei durchschlagenden Argumente bringen mich ganz aus der Fassung. Ich habe heute sogar nur einen halben Kasten Bier trinken müssen, weil ich ach so fröhlich bin! So kenne ich mich gar nicht! Du machst aus mir einen vollkommen neuen Menschen.
Ich kann es gar nicht erwarten, mehr von Dir zu hören,

Dein Amin

2. Brief

Liebe Esmeralda,

heute habe ich etwas ganz Besonderes für Dich: Wenn Du das kleine Plastiktütchen unten öffnest, findest Du dort ein kleines Schokoladentäfelchen in Form eines Stiefels. Paule hat mich gefragt, wieso in seinem Weihnachtskalender bereits ein Türchen geöffnet wurde, doch ich habe alle Schuld auf Pacecco abgeladen. Das müsste diesen Dummkopf für eine Weile beschäftigen.

Dein Amin

3. Brief

Liebe Esmeralda,

nun schreiben wir uns bereits seit einem Zeitraum von einem Monat. Und ich komme zu dem Punkt, dass ich endlich mal Deine feuchte ... Wohnung inspizieren möchte. Soll heißen: Ich will Dich treffen und Dich mit meinem unnachahmlichen Charme auf immer und ewig bezirzen.
In geiler steifer Vorfreude,

Dein Amin

4. Brief

Liebe Esmeralda,

Deine Antwort währt jetzt schon 3 endlose Tage. Normalerweise bist Du doch schneller. Bist Du krank? Geht's Dir nicht gut? Hast Du Deine Tage?
Hoffe auf Antwort,

Amin

5. Brief

Liebe Esmeralda,

nun warte ich schon 5 Tage auf Deine Antwort. Ich ... ich ... ich ... langsam werde ich nervös! Nachher ist Dir etwas zugestoßen? Ein Unfall vielleicht? Oder noch schlimmer: Du hast einen anderen Mann kennengelernt! Bitte schreib mir so schnell wie möglich zurück, damit ich weiß, dass alles in bester Butter ist!

Amin

6. Brief

Liebe Esmeralda,

langsam reicht's mir mit Dir! Mein letzter Brief ist jetzt schon über eine Woche her! Ich will nicht mehr warten! Mir ist es jetzt genug! Ich werde mir jetzt irgendeine Nutte von der Straße holen, Du dumme, dreckige Schlampe! Nie hat mir eine Frau so das Herz aus der Niere gerissen! Pass nur auf, wenn ich Dich in die Finger kriege!

7. Brief

Liebe Esmeralda,

ich kann meine Glückseligkeit kaum verbergen, da ich nun endlich und wahrhaftig den lang ersehnten Brief von Dir erhalten habe, in dem steht, dass Du Dich in Kürze mit mir treffen möchtest – wie wundervoll! Bitte verzeih mir, dass ich in meinen letzten Briefen ein wenig die Fassung verloren und zum Teil verletzendes Vokabular verwendet habe, doch all diese Warterei hat mir völlig den Verstand vernebelt. Ich hoffe, Du bist mir nicht böse, meine zarte Rose.

In ewiger Liebe,
Dein Amin

4. Szene

Nach ein paar Tagen rückt das ersehnte Treffen mit Esmeralda in greifbare Nähe. Nur noch wenige Minuten trennen Vater Amin von seiner Geliebten. Zu diesem Anlass kümmern sich Pacecco und Paule darum, Amins äußere Erscheinung ein wenig aufzupolieren.

PAULE.
Haargel oder kein Haargel – das ist hier die Frage!

AMIN.
Geh mir mal weg mit deiner Schuhwichse! Scheiße, wann seid ihr endlich fertig? Ich hocke nun schon seit Ewigkeiten in diesem verdammten Badezimmer!

PAULE.
Nur Geduld, Vater. Ein professionelles Styling braucht seine Zeit. Ich werde dir dein Haar nun zu einem feschen Scheitel kämmen und zum Schluss mit Haarspray fixieren.

AMIN.
Aber mach bloß nicht zu viel rein! Unglaublich, dass ich diesen Quatsch überhaupt mitmache.

PACECCO.
Was beschwerst du dich? Ich habe Bilder im Kopf, die ich mein Leben lang nicht wieder vergessen werde! Wie kann ein Mensch nur so lange Zehennägel haben?

PAULE.
Und die Nasenhaare erst, die ich auf ein Minimum getrimmt habe. Ich habe bereits in Erwägung gezogen, den Rasentrimmer aus dem Keller zu holen!

AMIN.
Ich mag halt die Natürlichkeit, okay? Darum lasse ich alles an meinem Körper wachsen und gedeihen.

PACECCO.
Das habe ich gesehen, ich musste dich scheren wie ein Schaf! Der ganze Boden ist voller Haare.

AMIN.
Ihr habt mir doch gesagt, dass Frauen eher auf unbehaarte Bären stehen, okay? Also muss ich vorbereitet sein, wenn Esmeralda mir direkt an die Wäsche will!

PAULE.
So, nachdem du dir noch diese blaue Fliege umgebunden hast, ist dein Styling nun perfekt. Also gehen wir das kommende Szenario noch einmal in der Theorie durch: Hast du die Schachtel mit den Nugatpralinen parat?

AMIN.
Die hab ich längst in meinen Oldtimer gepackt. Und ihr seid

auch wirklich sicher, dass ihr so ein Kram besser gefällt als ein kühles Sixpack?

PACECCO.
Ganz sicher. Bei Schokolade wird jede Frau schwach. Wenn du ihr stattdessen Bierflaschen mitbringst, wird Esmeralda sie dir über den Schädel schlagen.

PAULE.
Da hat Pacecco recht. Also weiter im Text: An welchem Ort wird das Treffen stattfinden?

AMIN.
In dem kleinen Café *Lalo*, in der Nähe vom Stadtpark. Damit sie mich erkennt, trage ich so eine komische weiße Blume am Revers.

PAULE.
Das ist eine Lilie. Und wie wirst du die Dame deines Herzens erkennen?

AMIN.
Esmeralda wird ein Buch mit dem Titel "Stoff und Vorteil" bei sich tragen, zusammen mit einer roten Hose, die sie ins Buch klappt.

PAULE.
Das Buch heißt "Stolz und Vorurteil". Und es wird keine rote Hose im Buch sein, sondern eine rote Rose.

AMIN.
Dann eben eine Rose! Verdammt, ich kann mir nicht alles merken, okay?

PACECCO.
Ich sehe schon, das Treffen wird bestimmt ein Knaller. Also dann, viel Glück, Amin.

AMIN.
Wieso? Wie spät ist es denn?

PAULE.
Euer Treffen ist exakt in einer Stunde. Du solltest dich also auf den Weg machen, wenn du vor Frau Esmeralda im Café sein möchtest. Wenn du bereits an einem dezent gedeckten Tisch auf sie wartest, wirst du ihr sofort den Eindruck eines perfekten Gentlemans vermitteln.

AMIN.
Natürlich. Dann mache ich mich mal los. Es wird spät.

PAULE.
Also dann, ich wünsche dir von Herzen viel Erfolg, Vater. Sei einfach ganz du selbst!

PACECCO.
Ähm …

PAULE.
Oh Schreck! Ich meine: Denk bitte daran, mit Messer und Gabel zu essen!

AMIN.
Messer und Gabel – vollkommen klar. Nun gut, ich bin jetzt weg. Wartet nicht auf mich, es könnte sehr spät werden. Vielleicht stellt sich ja heraus, dass Esmeralda eine Nymphomanin ist und mich gar nicht mehr nach Hause lässt.

PACECCO.
Keine Sorge, wir warten nicht auf dich. Das haben wir noch nie gemacht.

AMIN.
Dann ist ja alles klar. Wir sehen uns. Bis bald.
Bleibt an der Tür stehen.
Scheiße, wisst ihr was? Vielleicht sollte ich das Treffen doch abblasen.

PAULE.
Wie bitte? Abblasen?

AMIN.
Ich habe ja keine Ahnung, wie sie aussieht! Vielleicht ist sie so schön, dass ich kein Wort rauskriege! Oder sie ist so hässlich, dass ich durchs Toilettenfenster flüchten muss!

PACECCO.
Ach was! Bestimmt sieht sie klasse aus.

PAULE.
Ja, du musst dir keine Sorgen machen. Lass einfach alles auf dich zukommen.

AMIN.
Und wenn sie nun aussieht wie ein Briefkasten?

PACECCO.
Dann lass sie die Rechnung übernehmen und verabschiede dich mit einem leichten Klaps auf die Schulter.

AMIN.
Scheiße, da habt ihr mir ja was Schönes eingebrockt! Immer bringt ihr mich in solch ätzende Situationen!

PAULE.
Du warst doch derjenige, der den Wunsch geäußert hat, eine Frau kennenlernen zu wollen, erinnerst du dich?

AMIN.
Nein!

PACECCO.
Jetzt hau schon ab, Amin! Du bist nur ein nervöser alter Penner, das ist alles!

AMIN.
Na schön, ich gehe. Aber wenn sich herausstellt, dass sie eine Bucklige mit Hasenzähnen ist, seid ihr schuld! Und saugt gefälligst die ganzen Haare vom Badezimmerboden auf, klar? Nicht zu fassen, wie es hier aussieht!

Fortsetzung folgt

Folge 9 – Die Kontaktanzeige (Teil 2)

1. Szene

In der letzten Folge von Familie Manfred *hat unser guter Vater Amin den Entschluss gefasst, durch eine Kontaktanzeige eine neue Liebe zu suchen. Prompt hat sich eine Dame namens Esmeralda bei ihm gemeldet und ein gemeinsames Treffen vorgeschlagen. Während Vater Amin nun zu diesem Treffen aufgebrochen ist, sitzen Paule und Pacecco auf dem Sofa und lassen gemeinsamen den Abend ausklingen.*

PACECCO.
Hach ja, ich liebe es, wenn der Alte abends aus dem Haus verschwunden ist. Kein Geschrei, kein Gestank, keine Sorgen. Das ist das gute Leben.

PAULE.
Ich bin ja schon hoch erfreut, dass wir Vater wenigstens heute dazu bewegen konnten, ein gepflegtes Bad zu nehmen und seine Körperbehaarung drastisch zu reduzieren. Apropos Haare: Wir müssen noch die ganzen Haare vom Boden fegen, die Vater während seiner Ganzkörperrasur verloren hat.

PACECCO.
Das übernimmst du, ja? Im Gegenzug zappe ich durch die Fernsehkanäle und suche nach einer guten Sendung für uns. Da Amin aus dem Haus ist, können wir heute unser Programm selber aussuchen.

PAULE.
Dann lass uns doch einen schönen Spielfilm zusammen anschauen! Wir machen es uns heute richtig gemütlich!

PACECCO.
Endlich kann ich meine Hose ausziehen. Ein Mann braucht regelmäßig seine Beinfreiheit, sonst wird er traurig wie ein nasser Hund.

Das Telefon klingelt.

PAULE.
Garstiges Gebimmel!
Schaut das Telefon böse an.
Stets schaffst du es, die harmonische Stille in diesem Haus zu zerreißen!

PACECCO.
Wer zum Henker kann das sein?

PAULE.
Das werden wir nur herausfinden, wenn wir es wagen, den Hörer abzunehmen!

PACECCO.
Warte mal! Was, wenn es Amin ist?

PAULE.
Das kann nicht sein. Vater sitzt mit Sicherheit inzwischen im Café und wartet auf seine Verabredung mit seiner herzallerliebsten Esmeralda.

PACECCO.
Es ist erst 19.40 Uhr! Das Treffen sollte erst gegen 20 Uhr stattfinden! Theoretisch könnte es also Amin sein!

PAULE.
Es könnte jeder sein! Ein Eindringling der Telefongesellschaft beispielsweise, der uns für einen neuartigen Tarif anwerben möchte. Oder ein verwirrter Jüngling, der uns zu einer politischen Umfrage einlädt. Oder Vaters Freund Herr Zerda, der sich nach Vaters Befinden erkundigen möchte.

PACECCO.
Zerda ruft nicht an, Zerda wird angerufen. Geh nicht ran, ich habe da ein ganz mieses Gefühl.

PAULE.
Und wenn uns nun jemand mitteilen will, dass Vater unterwegs etwas zugestoßen ist? Das ist in der Vergangenheit bereits

häufiger vorgekommen!

PACECCO.
Dann soll er sich gefälligst allein helfen! Ich bin doch nicht sein Kindermädchen!

PAULE.
Von Zeit zu Zeit muss man eben über seinen Schatten springen.

PACECCO.
Ich will nicht über meinen Schatten springen, mein Schatten will in Ruhe fernsehen!
Paule geht zum Telefon.
He, was machst du? Gehst du jetzt etwa ran? Lass es sein, Paule!

PAULE.
Greift beherzt zum Hörer.
Jawohl? Hier bei Familie Manfred, Paule Manfred stets zu Diensten!

AMIN.
Von einer Telefonzelle aus.
Verdammt noch mal, Paule, wieso dauert es so lange, bis ihr gottverdammten Hühner endlich mal ans Telefon geht?

PAULE.
Oha! Guten Abend, Vater!

PACECCO.
Merda! Ich wusste es! Habe ich nicht gesagt, dass ich es wusste? Aber keiner hört auf den weisen Pacecco! Frag diesen Irren kurz, was er will und dann leg schnell wieder auf!

PAULE.
Ja, uns fehlt es an nichts. Danke der Nachfrage, Vater.

AMIN.
Was redest du da? Ich hab dich doch gar nichts gefragt!

PAULE.
Gut. Aus welchem Grund rufst du an? Bist du bereits im Café eingetroffen?

AMIN.
Nein, darum geht es ja! Das Treffen ist erst in 20 Minuten. Ich bin gerade in einer Telefonzelle in der Nähe des Cafés und bin etwas verunsichert, klar? Meine Füße sind taub und mir ist schon ganz schlecht! Außerdem schwitze ich wie Sau und habe Herzflattern! Also brauche ich jetzt gefälligst eure Unterstützung!

PAULE.
Unsere Unterstützung?

PACECCO.
Auf gar keinen Fall! Sag ihm, dass er das gefälligst allein durchstehen muss! Mir hilft auch keiner, wenn die Tunnel in der Kohlemiene einstürzen!

PAULE.
Spricht langsam.
Ja, Vater. Wir fahren just in diesem Moment durch einen Tunnel. Die Verbindung wird immer schlechter. Wir haben Angst, dass die Decke einstürzt.

AMIN.
Ein Tunnel? Sag mal, willst du mich verscheißern? Ich ruf euch doch auf Festnetz an!

PAULE.
Zu Pacecco.
Vater hat meine List durchschaut!

PACECCO.
Du bist so blöd, Paule!

PAULE.
Aber du weißt doch genau, dass ich so schlecht lügen kann, Pacecco! Ich bin ein Verfechter der Wahrheit!

AMIN.
Halt die Klappe, Paule, und pass auf: Du setzt dich jetzt sofort mit Pacecco in Bewegung und kommst hier her, kapiert? Sonst gibt es Stunk bis an euer Lebensende! Ich setze mich schon mal ins Café. Und beeilt euch, Esmeralda kann jeden Augenblick hier sein!
Knallt den Hörer auf den Apparat.

PAULE.
Vater hat das Telefonat beendet. Er ist in großer Not und befiehlt uns, ihm zu helfen. Wir müssen sofort los!

PACECCO.
Na toll, das hast du ja fein hingekriegt! Jetzt muss ich meine Hose wieder anziehen!

2. Szene

Im Café Lalo sitzt Amin an einem Tisch mit Blick auf die Eingangstür und wartet sehnsüchtig auf Esmeralda.

AMIN.
Gott, es ist schon nach 20 Uhr! Wo bleibt sie denn? Sie könnte schon längst ihr Essen runtergewürgt haben und wieder verschwunden sein! Das hat man nun davon, dass man selbst ein so pünktlicher und höflicher Mensch ist!

Ein Gast tritt auf.

GAST.
Verzeihung, darf ich Ihren zweiten Stuhl haben?

AMIN.
Was fällt dir ein, du Klappkasper? Ich warte hier auf eine Dame, okay? Hol dir gefälligst woanders deinen Stuhl, sonst hau ich ihn dir quer über den Schädel!

GAST.
Nur die Ruhe, das war ja nur eine Frage.
Gast tritt ab.

AMIN.
Keine Fragen mehr! Verdammtes Pack! Wo bleibt denn nur der Kellner? Ich brauche jetzt dringend was zu trinken!

Der Kellner tritt auf.

KELLNER.
Ich konnte Sie nicht überhören, Sir. Wollen Sie noch etwas zu trinken?

AMIN.
Boxt der Papst in Nietenhosen? Bring mir diesmal ein großes Hefeweizen, randvoll!

KELLNER.
Ein helles oder ein dunkles, Sir?

AMIN.
Dunkelhell! Und jetzt trab mal schön ab mit deinem klebrigen Haarteil!
Der Kellner tritt ab.

Paule und Pacecco treten auf. Paule verschwindet auf direktem Wege auf das stille Örtchen.

PACECCO.
Schwer atmend.
Hey!

AMIN.
Rostiger Röhrenpilz, da seid ihr ja endlich! Wo will der Paule denn hin?

PACECCO.
Schwer atmend.
Nur auf die Toilette. Ich muss mich erst einmal setzen. Ich bin fix und alle.

AMIN.
Du schnappst ja nach Luft wie dieser Fisch neulich, der hilflos

an meiner Angelrute gezappelt hat!

PACECCO.
Ja, kein Wunder. Wer hat denn das Auto genommen, um ins Café zu fahren? Unsere Fahrräder waren auch verschwunden! Wir mussten den ganzen Weg bis hierher laufen!

AMIN.
Das hätte ich euch aber auch gleich sagen können. Ich hab die alten Drahtesel erst letzte Woche zum Pfandleiher gebracht, um uns einen Rasenmäherroboter zu kaufen.

PACECCO.
Einen Rasenmäherroboter? Erzähl keinen Scheiß!

AMIN.
Das ist kein Scheiß! Ich hab so 'n Ding beim Nachbarn gesehen. Diese Roboter mähen in aller Stille vollautomatisch den Rasen, während man sich selbst um nichts mehr kümmern muss und den ganzen Tag bei einem kühlen Bierchen in der Hängematte liegen kann! Das ist die Zukunft, von der ich schon immer geträumt habe!

PACECCO.
Aber wir haben doch gar keinen Rasen!

AMIN.
Na und? Wer sagt denn, dass ich in Zukunft nicht in kleines Stück Land investieren kann, welches an einem stillen See gelegen ist?

PACECCO.
Wer das sagt? Dein Kontostand sagt das!

AMIN.
Meine Fresse, da habe ich ja eine richtige Meckerziege in die Welt gesetzt! Das versaut einem ja glatt die gute Stimmung! Kein Wunder, dass ich euretwegen inzwischen manisch-depressiv bin!

PAULE.
Tritt auf.
Hallöchen, Vater! Ist Frau Esmeralda schon eingetroffen?

AMIN.
Was für eine selten dämliche Frage! Siehst du hier irgendeine Frau am Tisch sitzen? Esmeralda hat sich offensichtlich verspätet, klar?

PAULE.
Aber es ist bereits 20 Minuten nach 20 Uhr.

AMIN.
Das ist noch lange kein Grund, mich so mitleidig anzuglotzen! Wahrscheinlich musste sie noch ihr Make-up auftragen. Ihr wisst doch, wie lange diese Frauenzimmer immer im Bad verbringen müssen, um den Mann ins Bett zu kriegen!

PAULE.
Bist du dir auch wirklich sicher, dass sie nicht schon längst im Café gewesen ist? Hast du das Buch mit der Rose offen auf dem Tisch präsentiert, so wie ihr es als Erkennungszeichen verabredet habt?

AMIN.
Scheiße, ja! Das verdammte Buch liegt doch direkt vor meiner Nase! Außerdem glotze ich die ganze Zeit wie blöd zur Eingangstür! Außer Vollidioten ist niemand gekommen! Der Einzige, mit dem ich mich ständig unterhalte, ist dieser Trottel von Kellner, bei dem ich mir Kaffee und Kuchen bestellt habe!

Der Kellner tritt auf.

KELLNER.
Hier ist Ihr Bier, Sir, im extragroßen Glas.

AMIN.
Öhm. Was? Du bringst mir Alkohol? Untersteh dich, du Flitzpiepe!

PACECCO.
Tu doch nicht so scheinheilig, Amin. Das Bier ist für dich.

PAULE.
Himmel, Vater, du hast doch versprochen, dass du bei diesem wichtigen Treffen keinen Tropfen Alkohol anrühren wirst!

AMIN.
Ach was! Das ist nur ein kleiner Muntermacher, nichts weiter! Bei all der Warterei muss ich mich ja irgendwie beschäftigen!

PACECCO.
Vielleicht hat Esmeralda deine Bierfahne schon von draußen gerochen und hat dann schreiend Reißaus genommen.

KELLNER.
Bevor ich es vergesse: Da ist noch etwas, Sir.

AMIN.
Noch ein Bier? Mensch, ich kriege ja schon gar nicht mehr mit, dass ich etwas bestellt habe!

KELLNER.
Nein, das ist es nicht. Ein Brief wurde für Sie abgegeben!

AMIN.
Ein Brief? Für mich? Das ist doch völlig unmöglich!
Untersucht den Brief.
Kein Absender drauf.

PACECCO.
Vielleicht von der Gebührenzentrale. Die Scheißkerle finden dich überall.

AMIN.
Öffnet den Brief.
Rote Schrift auf rosa Papier! Er ist von Esmeralda! Hört zu:

Lieber Amin,

bitte verzeih mir, dass ich mich nicht in das Café getraut habe. Ich habe

Dich von draußen gesehen und möchte Dich viel lieber an einem passenderen Ort treffen. Darum wirst du mich in Nat's Bar *finden. Ich hoffe, du kennst den Weg dorthin.*

Bis gleich,
Deine Esmeralda

PACECCO.
In *Nat's Bar*? Na, die hat vielleicht Nerven.

AMIN.
Klasse hat sie, das ist es! Ich kann dieses ekelhafte Café sowieso nicht leiden! Wie alle hier dämlich grinsend an ihren Kaffeetassen nippen und sich überlegen vorkommen! Da krieg ich die Kotze, krieg ich da!

PACECCO.
Sagte der verrückte alte Penner mit der Bierfahne.

AMIN.
Hör mal auf zu reden und beweg gefälligst deinen Hintern vom Stuhl, wir hauen hier ab! Ich habe jetzt in *Nat's Bar* eine Verabredung mit einer Dame, kapiert?

PAULE.
Wie schade! Dabei wollte ich gerade einen cremigen Kaffee Latte macchiato für mich ordern!

AMIN.
Ist mir völlig Latte! Los jetzt! Aber vorher bezahlt ihr schön meine Rechnung, klar?

PACECCO.
Das war allerdings klar. Was hattest du denn? Einen Kaffee, einen Kuchen und ein oder zwei Bier?

AMIN.
Einen kleinen Kaffee und zehn Bier!

PAULE.
Oh Gott, Vater! Hast du denn überhaupt kein Maß?

AMIN.
Wieso Maß? Was soll ich denn auf dem verdammten Oktoberfest?

3. Szene

Nach einer kurzen Autofahrt erreichen unsere Helden Nat's Bar, *wo Vater Amin gelegentlich seine Abende verbringt, um seine sozialen Kontakte zu pflegen.*

AMIN.
So, wir sind da: *Nat's Bar.* Nirgendwo sonst kann man sich so schön volllaufen lassen!

PACECCO.
War ja klar, du Schluckspecht.

PAULE.
Also bitte, worauf warten wir noch? Treten wir ein in die gute Stube!

PACECCO.
Ja, treten wir ein in die verqualmte Spelunke.

AMIN.
Scheiße! Wartet gefälligst!

PACECCO.
Was ist?

AMIN.
Guckt doch mal eben durchs große Fenster und schaut, ob Esmeralda da ist, ja?

PACECCO.
Du machst wohl Witze, man sieht doch nichts! Das Fenster ist vom Dreck völlig verkrustet!

AMIN.
Dann geht einer von euch halt mal kurz rein und sieht nach!
Muss ich euch immer alles sagen?

PACECCO.
Nein, aber du tust es trotzdem. Wir sind schließlich nur hier,
weil du so ein nervöses Wrack bist.

PAULE.
Ich werde dir diesen Gefallen liebend gern tun und für dich
nachsehen, Vater.
Paule tritt ab.

AMIN.
Wenigstens ein Sohn, der seinem schwachen Vater behilflich ist.

PACECCO.
Du machst eine viel zu große Sache aus dem Treffen. Vielleicht
ist Esmeralda bösartig oder rachsüchtig. Oder sie ist eine
Bucklige mit Hasenzähnen.

AMIN.
Menschenskind, sag das nicht! Scheiße, meine Hände zittern
wie Bärenlaub!

PACECCO.
Das kommt sicher daher, weil du seit 15 Minuten kein Bier
mehr getrunken hast.
Paule tritt auf.
Ah, da kommt der Paule ja wieder.

PAULE.
Hört an, was ich zu sagen habe!

PACECCO.
Ach Gott.

AMIN.
Nun fang schon an zu reden, du Torfgesicht! Ist sie da?

PAULE.
Nachdem ich mich in diesem finsteren Etablissement wacker durch dicke Nebelschwaden gekämpft und allerlei Trunkenbolde beobachtet habe, die ihr Alkoholproblem zu missachten scheinen, kann ich nach eindringlichen Studien als Fazit festhalten, dass ich in *Nat's Bar* mindestens eine Dame entdeckt habe.

PACECCO.
Esmeralda ist also da?

AMIN.
Und? Und? Wie sieht sie aus?

PAULE.
Ich habe sie leider nur flüchtig sehen können. Auf jeden Fall trug sie ihr langes Haar zu einem Zopf geflochten. Sie schien außerdem in Eile zu sein.

AMIN.
In Eile?

PACECCO.
Vielleicht will sie schon gehen. Los, Amin, du musst jetzt da rein!

AMIN.
Ach du Kacke, meine Traumfrau ist also tatsächlich hinter dieser Tür in meinem Lieblingskabuff! Wenn ich daran denke, wird mir ja ganz übel!

PACECCO.
Packt Amin am Arm.
Na, dann sollten wir dir am besten direkt eine Kotztüte bestellen. Halt mal die Tür auf, Paule.

AMIN.
He, schubs mich nicht, klar? Ich kann allein laufen, seit ich sechs Jahre alt bin!

PAULE.
Möchtest du vielleicht meine Hand drücken, Vater?

AMIN.
Was fällt dir ein? Ich drück dir gleich die Nase ins Gesicht, wenn du mich noch einmal bemuttern willst!

PAULE.
Aber ich will dir doch nur die Nervosität nehmen, Vater!

AMIN.
Scheiße! Lasst mich jetzt los, ihr Idioten! Was soll das ganze Theater überhaupt? Ich geh da jetzt rein! Ich bin ja schließlich ein erwachsener Mann und war schon tausend Mal in diesem Laden! Ich kenne dort jedes gottverdammte Mauseloch!

PACECCO.
Und warum bewegen sich deine Füße nicht?

AMIN.
Weiß ich doch nicht!
Versteckt sich hinter Paule und schiebt ihn vorwärts.
Oh Gott, geh du vor, Paule, damit ich mich hinter dir ducken kann!

PACECCO.
Vielleicht finden wir ein Mauseloch, in dem du dich verstecken kannst.

PAULE.
So, nun sind wir im Eingangsbereich des Lokals angekommen.

AMIN.
Mach dich gefälligst nicht so groß, Paule! Scheiße, ich stehe kurz vor einem Herzkasper!

PAULE.
Tief durchatmen, Vater. Ein und aus! Ein und aus!

AMIN.
Ich atme ja!

PACECCO.
Das nennst du Atmen? Du hast eine rote Birne und schnaufst wie ein Walross!

AMIN.
Hört auf zu reden und schaut euch gefälligst um! Seht ihr sie schon?

PACECCO.
Ne, nur ein paar alte Süffel, aber keine Frau. Nicht einmal einen Transvestiten.

AMIN.
Hör auf, so was zu sagen! Scheiße, ich hab genug gesehen! Lasst uns wieder nach Hause gehen und ein paar Paletten Dosenbier wegzischen!

PACECCO.
Du ziehst das jetzt durch, Amin! Bleib einfach locker, dann kann nichts passieren.

Die Kellnerin tritt auf.

KELLNERIN.
Guten Abend, die Herrschaften!

AMIN.
Schreckt zurück.
Scheiße, eine Frau!

PAULE.
Das ist die Dame, die ich sah!

PACECCO.
Was? Die Kellnerin?
Zur Kellnerin.
Aber Sie heißen nicht zufällig Esmeralda, oder?

KELLNERIN.
Nein, ich bin die Michaela. Suchen Sie hier jemanden?

AMIN.
Ja! Ich suche Bier und seine drei hellblonden Kumpels!

PACECCO.
Was wir damit sagen wollen, ist, dass wir hier tatsächlich jemanden suchen. Eine Bekannte sollte nämlich hier auf unseren guten Amin warten. Aber wenn ich mich so umsehe, scheint außer Ihnen keine andere Frau da zu sein.

AMIN.
Lugt aus Paules Deckung hervor.
Esmeralda ist also nicht hier?

PAULE.
Nicht möglich! Frau Esmeralda hat unserem Vater im Café vorhin extra eine Nachricht hinterlassen, in der explizit festgehalten wurde, dass das Treffen nun an diesem Ort stattfinden würde!

AMIN.
Keine Sau da! Ich brauche jetzt dringend was zu trinken!

PAULE.
Wir sind nicht zum Trinken hier, Vater. Du hast sowieso schon zu viel von diesem giftigen Gerstensaft intus.

PACECCO.
Vielleicht war sie überhaupt nicht hier und das alles ist nur ein großer Witz.

KELLNERIN.
Ich kann Ihnen da leider auch nicht weiterhelfen. Meine Schicht hat eben erst begonnen und meine Kollegin ist schon gegangen. Aber in den letzten Minuten hatten wir jedenfalls keinen Damenbesuch, soviel kann ich Ihnen sagen.

PACECCO.
Also ist sie schon früher gegangen und hat nicht einmal auf Amin gewartet?

AMIN.
Na schönen Dank! Wo kann ich denn Nat finden? Ich muss jetzt dringend jemanden haben, dem ich meinen Kummer erzählen kann!

KELLNERIN.
Der Chef ist leider zu Tisch.

AMIN.
Um diese Zeit? Was ist heute nur los in diesem gottverdammten Laden?

PAULE.
Augenblick mal! Was ist denn das?

PACECCO.
Was ist was?

PAULE.
Dort drüben auf dem Tisch. Täusche ich mich oder liegt dort in der Tat ein Brief?

PACECCO.
Ist nicht wahr. Noch ein Brief?

AMIN.
Schnappt sich den Brief.
Her damit! Rote Schrift auf rosa Papier! Er ist wieder von Esmeralda! Ich lese vor:

Mein lieber Amin,

bitte sei mir nicht böse. Aber nachdem ich hier eine Weile auf Dich gewartet habe, fand ich diesen Ort für unser Treffen ebenfalls unangemessen. Darum bin ich schon früher los und warte nun auf der großen Wiese in der Nähe des alten Friedhofs auf Dich.

Ich hoffe ganz fest, dass Du kommst,
Deine Esmeralda.

AMIN.
Menschenskind, das wird ja immer abenteuerlicher!

PAULE.
Verstehe ich das richtig? Frau Esmeralda empfand diesen Ort als unangebracht und wartet nun stattdessen auf einer einsamen Wiese, obwohl in der Außenwelt längst die Dämmerung eingesetzt hat?

PACECCO.
Die Alte spinnt! An wen bist du da nur wieder geraten, Amin?

AMIN.
Scheinbar an eine Frau, die weiß, was sie will! Was für ein Luder!

PAULE.
Du ziehst doch nicht ernsthaft in Erwägung, nun zum Friedhof zu pilgern?

AMIN.
Was denn sonst? Bestimmt hat sie die Sache von Anfang an geplant und möchte mit mir ein großes Mitternachtspicknick veranstalten!

PAULE.
Bei der Kälte?

AMIN.
Na klar, kommt schnell! Die Wiese ist von hier mit dem Auto nur einen Katzensprung entfernt!

PACECCO.
Merda! Wäre ich doch nur zu Hause geblieben!

Man kann die Spannung in der Luft förmlich mit den Händen greifen, die unsere Lieblingsfamilie nun vollkommen gepackt hat. Nach einer Autofahrt, die wie im Flug vergangen ist, parkt Vater Amin den Wagen der Manfreds souverän in der Nähe des alten Friedhofs. Voller Erwartung machen sich unsere Freunde sodann auf, die letzte Etappe dieses merkwürdigen Abends zu bestreiten.

PACECCO.
Verflucht, Amin, das war die schlimmste Fahrt meines Lebens! Und du willst uns weismachen, dass dir das ganze Bier nichts ausmacht? Ich bin froh, dass wir niemanden überfahren haben!

AMIN.
Nun halt doch mal die Backen, du mieser Zuhälter! Was soll denn Esmeralda denken, wenn du hier so rumschreist?

PAULE.
Hoffentlich können wir sie überhaupt finden! An diesem Ort ist es so finster, dass ich die Hand vor Augen schwerlich erkenne!

PACECCO.
Und es zieht wie Sau! Dabei könnte ich jetzt daheim im warmen Pyjama auf dem weichen Sofa sitzen und seelenruhig meine Eier schaukeln. Wann endet diese verfluchte Schnitzeljagd endlich?

AMIN.
Wir sind doch gleich da, ihr Ziegen! Ihr werdet sehen, Esmeralda empfängt uns wahrscheinlich mit einer dampfend heißen Tasse Glühwein. Mir wird jetzt schon ganz warm ums Herz, wenn ich nur daran denke.

PACECCO.
Toll für dich. Und wo genau will sie dich treffen?

AMIN.
Auf der Wiese. Das stand doch in ihrem Brief!

PACECCO.
Na schön, aber wir sind jetzt am Rande der Wiese! Ich sehe hier weit und breit niemanden!

AMIN.
Die Wiese ist groß, du Frettchen! Vielleicht hat Esmeralda sich ans andere Ende verwirrt und sucht nun verzweifelt jemanden, der sie bei der Dunkelheit vor unbekannten Gefahren

beschützt!

PACECCO.
Die einzige Gefahr bin ich, wenn sie nicht gleich auftaucht!

PAULE.
Was haltet ihr davon, dass wir lautstark ihren Namen rufen, damit sie uns erhört?

AMIN.
Macht ihr das. Ich bin zu nervös und brauche jetzt dringend was zu trinken!

PAULE.
Hier gibt es nichts zu trinken, Vater.

AMIN.
Pah, das glaubst auch nur du. Wozu habe ich denn immer einen kleinen Klopfer im Innenfutter meiner Jacke versteckt?

PACECCO.
Dir ist doch nicht mehr zu helfen, Amin.

AMIN.
Nun haltet endlich die Klappe und ruft gefälligst nach ihr!

PAULE.
Ruft.
Oh, Esmeralda!

PACECCO.
Ich fasse es nicht, dass ich das tue.
Schreit.
Esmeralda! Nun komm endlich raus! Der Amin wartet auf dich!

PAULE.
Ruft.
So elegant und jung, genau wie bei eurem ersten Treffen! Weißt du noch?

AMIN.
Das hier ist unser erstes Treffen, du Dumpfbacke!

PACECCO.
Schreit.
Hey! Esmeralda, du Pute! Hör auf mit diesen blöden Spielchen und komm endlich raus! Wird's bald? Ich habe keine Lust mehr auf diesen Schwachsinn!

AMIN.
Hey! So redet man nicht mit seiner zukünftigen Stiefmutter!

PACECCO.
Danke, ich habe eine Mutter! Was machen wir hier überhaupt? Das ist doch alles Zeitverschwendung! Esmeralda ist nicht da!

AMIN.
Scheiße, ich versteh's ja auch nicht! Wo könnte sie nur sein?

PAULE.
Lasst es uns bitte noch einmal probieren!

AMIN.
Brüllt.
Esmeralda! Esmeralda, bist du hier?

UNBEKANNTE STIMME.
Ja, ich bin hier!

PAULE.
Horch! Da antwortet jemand!

AMIN.
Ich bin ja nicht taub! Liebling? Bist du's?

UNBEKANNTE STIMME.
Ja, ich bin's!

PACECCO.
Seit wann hat Esmeralda eine Männerstimme? Das ist doch nur irgendein Spaziergänger, der uns verarschen will!

UNBEKANNTE STIMME.
Ja, Liebling! Haha!

PAULE.
Tatsächlich. Das ist bloß ein junger Mann, der seinen Hund ausführt.

AMIN.
Brüllt.
Was? Du Lump! Hau bloß ab, du, sonst komme ich hinter dir her und mal dir mit meiner Faust ein Bild ins Gesicht!

PAULE.
Was für ein makabrer Scherz zu später Stunde. Ansonsten sehe ich keinen Menschen. Das tut mir sehr leid für dich, Vater.

AMIN.
Spar dir dein Mitleid für den Pfandleiher! Esmeralda wird kommen und ich werde hier auf sie warten. Und wenn ich dabei zum verkappten Eiszapfen werde!

PACECCO.
Dann wünsche ich dir viel Spaß dabei. Wir werden jetzt nach Hause gehen. Das war anscheinend von Anfang an ein großer Witz. Vielleicht will sich ja jemand an dir rächen und lacht sich jetzt hinter einem Busch halb tot über uns. Wenn meine Gesichtsmuskeln wieder aufgetaut sind, werde ich sicher auch herzlich darüber lachen können. Also dann, wir sehen uns. Kommst du, Paule?

PAULE.
Einen Augenblick bitte!

PACECCO.
Was ist? Warum hockst du dich da auf den Boden?

AMIN.
Mach gefälligst deinen Haufen woanders hin, Paule! Das ist ja widerlich!

PAULE.
Nein, das ist es nicht. Jedoch werdet ihr es nicht für möglich halten, aber ich bin soeben auf einen Brief getreten!

PACECCO.
Oh nein, nicht schon wieder!

AMIN.
Was ist? Noch ein Brief? Her damit!
Reißt Paule den Brief aus der Hand.

PACECCO.
Lass mich raten: rote Schrift auf rosa Papier?

AMIN.
Ja. Ich lese vor:

Liebster Amin,

ich muss von Dir gehen. Warum, das darf ich Dir nicht sagen. Wohin, das darfst Du nicht wissen. Wie ich dort hinkomme, weiß ich selbst noch nicht genau. Aber eins sollst Du wissen: jedes Mal, wenn ich den Wind wehen höre, dann flüstert er den Namen Amin.

In einer Liebe, deren Echo niemals aufhört,
Esmeralda

Eine betretene Stille tritt ein. Es ist Pacecco, der die Situation als Erster mit klarem Blick analysiert.

PACECCO.
Scheiße.

AMIN.
So sieht es aus. Die Tour ist ein Flop.

PAULE.
Ich bin den Tränen nahe! Dass es so enden muss!

AMIN.
Das war ja klar. Wie konnte ich auch denken, dass sich jemand

ernsthaft für mich interessieren würde?

PAULE.
So darfst du es nicht sehen, Vater. Sie hat dich nicht wirklich gekannt.

AMIN.
Ich sehe es aber so. Kommt jetzt, die Party ist vorbei.

PACECCO.
Also gehen wir nach Hause?

AMIN.
Ja. Lasst uns nach Hause gehen.

PAULE.
So ein Jammer, dass unsere ganze Reise damit umsonst war.

AMIN.
Wartet.

PACECCO.
Was ist?

AMIN.
Vorher sagen wir noch eurer Mama kurz Hallo. Sie ist ja hier in der Nähe.

PACECCO.
Gut.

Gedankenverloren räumt die Familie Manfred das Feld. Nachdem sie eine Straße überquert haben, gehen sie eine reich begrünte Allee entlang und passieren kurz darauf die Eingangspforten des alten Friedhofs, der direkt an die Allee anschließt.
Eine reiche Anzahl an Grabsteinen, von denen einige durch kürzlich entzündetes Kerzenlicht warm beleuchtet werden, gibt Auskunft darüber, dass jene Menschen einmal gelebt, geliebt und gelitten haben.
Amin, Paule und Pacecco stellen sich nach einem kurzen Gang über den Friedhof schließlich vor ein Grab, das stellvertretend für eine Frau steht, die einmal liebevolle Mutter und geliebte Ehefrau gewesen ist. Amin löst

die weiße Lilie von seinem Revers, legt sie zu ihren Füßen, faltet seine Hände und tritt ein paar Schritte zurück.
Alle Manfreds schweigen und verweilen.

4. Szene

Ein paar Tage später ist im Hause Manfred wieder Normalität eingekehrt. Während Paule ein unnachahmliches Abendessen in der Küche zubereitet, schneit auch schon Pacecco nach einem langen Arbeitstag durch die Tür.

PACECCO.
Guten Abend.

PAULE.
Ah, Pacecco, du kommst gerade zum rechten Zeitpunkt, das Abendessen ist gleich servierfertig! Es gibt gegrillten Fisch mit goldenen Kroketten und grünem Salat!

PACECCO.
Ich weiß, ich habe es schon von unten gerochen. Das ganze Treppenhaus stinkt nach Fisch.

PAULE.
Was trägst du denn da für eine prall gefüllte Tragetasche in der Hand?

PACECCO.
Das wirst du später erfahren. Es ist ein Geheimnis.

PAULE.
Ein Geheimnis? Wie aufregend! Aber gut, ich gedulde mich noch ein Weilchen. Könntest du dann bitte drei Teller und Besteck aus dem Schrank holen, während ich den Fisch noch rasch mit einer Zitrone beträufle und Vaters Drink mixe?

PACECCO.
Wo wir gerade von ihm reden: Wo steckt Amin überhaupt?

PAULE.
Vater ist im Wohnzimmer und gönnt sich nach all der bitteren Enttäuschung mit Esmeralda etwas Fernsehen. Es geht ihm auch schon wieder etwas besser. Er hat sich heute überaus ruhig verhalten, fast handzahm.

PACECCO.
Ich sehe ihn aber nicht. Der Fernseher ist aus.

PAULE.
Wie bitte?

PACECCO.
Na, guck doch selbst. Er ist nicht im Wohnzimmer.

PAULE.
Ruft.
Vater? Vater, wo bist du? Oh Gott, hoffentlich hat er sich nichts angetan!

PACECCO.
Wie denn? Wir haben die Rasierklingen entfernt, die Gürtel versteckt und alle elektrischen Geräte bis auf den Fernseher ins Auto geschafft und im Kofferraum verstaut.

PAULE.
Denk nur an Vaters lange Haarpracht! Womöglich hat er sich mit einem geflochtenen Zopf erwürgt!

PACECCO.
Moment. Spürst du auch diesen Luftzug?

PAULE.
Aber natürlich, nun dämmert es mir! Da, Vater steht am Rande des Balkons!

PACECCO.
Vielleicht will er dort ein bisschen frische Luft schnappen.

PAULE.
Oder sich Hals über Kopf hinunterstürzen! Komm, Pacecco,

rasch!

Paule und Pacecco stürzen auf den Balkon und ringen mit gemeinsamer Kraft Vater Amin zu Boden.

PAULE.
Halte ein von deinem schrecklichen Vorhaben, Vater! Keine Dame der Welt ist dieses Opfer wert!

AMIN.
Scheiße, ihr habt wohl nicht mehr alle Latten am Zaun!

PAULE.
Halt seine Arme gut fest, Pacecco! Wir müssen Vater umgehend in die Wohnung schaffen, bloß fort von diesen luftigen Höhen!

PACECCO.
Ich versuch's! Zum Glück habe ich durch die brutale Arbeit in der Kohlemiene Muskeln wie ein Koalabär!

AMIN.
Verdammt noch eins! Wollt ihr mich wohl loslassen! Was soll dieser Mist überhaupt?

PAULE.
Wir wollen dich nur vor einem fürchterlichen Fehler bewahren!

AMIN.
Was denn für ein Fehler? Glaubt ihr, ich würde vom Balkon springen? Da muss ich euch leider enttäuschen!

PAULE.
Also pflegst du wider Erwarten keine Selbstmordabsicht?

AMIN.
Scheiße, nein! Amin wird leben! Und jetzt nehmt gefälligst eure Drecksfoten von mir, ihr stinkenden Schimpansen!

PACECCO.
Lockert den Griff an Amins Arm.

Was hast du dann hier draußen gemacht?

AMIN.
Ich habe nachgedacht, was denn sonst?

PAULE.
Nachgedacht? Oh Gott! Müssen wir uns wieder Sorgen machen, Vater?

AMIN.
Nein, ich habe nur darüber nachgedacht, was wohl der Grund war, warum Esmeralda nicht gekommen ist. Ob sie mich vielleicht doch vorher gesehen hat und geflüchtet ist, oder ob sie mir mit den Briefen einfach einen üblen Streich spielen wollte.

PAULE.
Und wie fällt dein abschließendes Urteil aus?

AMIN.
Ich hab kein Urteil. Ich hab gar keine Meinung dazu. Irgendeinen Grund muss es ja gegeben haben, doch es interessiert mich überhaupt nicht mehr. Ich bin darüber hinweg. Andere Frauen jucken mich momentan auch nicht. Vielleicht passiert ja irgendwann mal was, vielleicht auch nicht. Ich lasse den Dingen einfach ihren Lauf. Und in der Zwischenzeit bleiben mir der Fernseher, der Fußball und mein Bier.

PACECCO.
Das ist noch nicht alles. Ich habe dir nämlich ein Geschenk mitgebracht.

AMIN.
Ein Geschenk?

PAULE.
Oh, ein Präsent für Vater, wie aufregend! Das war also dein Geheimnis!

PACECCO.
Holt das Geschenk aus seiner Tasche und überreicht es Amin.
Ja, ich habe mir gedacht, dass dir das vielleicht gefallen könnte. Dafür bekommst du aber nichts zum Geburtstag von mir.

AMIN.
Packt das Geschenk aus.
Na mal sehen, was das Geschenk taugt. Gut eingepackt ist es schon mal. Scheint ein Karton zu sein.

PACECCO.
Ja, aber auf den Inhalt kommt es an.

PAULE.
Was ist das nur?

AMIN.
Reißt den Karton auf.
Donnerlittchen! Das ist ja … eine Gummipuppe!

PAULE.
Eine Gummipuppe?

PACECCO.
In Lebensgröße. Und sie gehört nur dir. Sie heißt Joana.

AMIN.
Die geile Sau!

PACECCO.
Geboren um Liebe zu geben.

PAULE.
Liebe? Aber Joana ist doch nur ein Objekt, um die animalische Lust des Mannes zu stillen. Wie soll sie einer richtigen Frau je das Wasser reichen können?

AMIN.
Schnauze, du Miesmuschel, die ist viel besser als eine richtige Frau! Kein Nörgeln, kein Zetern, keine Wünsche, kein Problem! Hört euch nur mal an, was auf der Verpackung steht:

Sie müssen diese Erotikqueen live erleben, um Ihr Glück fassen zu können! Die unersättliche Joana wartet schon darauf, Sie nach Strich und Faden zu verwöhnen. Ihr traumhafter Körper mit ihren prallen Brüsten und den verheißungsvollen Lustöffnungen sind für Sie jederzeit bereit. Worauf warten Sie noch – Joana ist heiß auf Sie!
Material: PVC. Inklusive Repair-Kit.

Mensch, da wird mir ja gleich ganz anders!

PAULE.
Nun, Hauptsache, du hast deine Freude dran. Kommt ihr dann an den Tisch? Das Essen ist fertig.

AMIN.
Essen? Na, das könnte euch so passen, dass ihr euch jetzt die Bäuche füllt, während die arme Joana hier so schlapp herumliegt! Los, holt die gottverdammte Luftpumpe aus dem Keller und blast sie gefälligst auf!

PACECCO.
Jetzt? Aber ich habe Hunger!

AMIN.
Wirst du wohl gehorchen! Was sind denn das überhaupt für Manieren? Ich will Joana die Wohnung zeigen, klar? Beim Schlafzimmer fangen wir an!

PAULE.
Gute Güte! Mir schwant, dass die Rangordnung im Hause Manfred erneut gehörig aus den Fugen fliegt!

PACECCO.
War ja klar, dass du wieder durchdrehen musst, Amin.

AMIN.
Was beschwerst du dich, der Wahnsinn liegt in unseren Genen! Wir sind schließlich die Manfreds! Also ran an die verdammten Luftpumpen! Alles pumpt auf mein Kommando!

Ende

Folge 10 – Die Lebensfreude (Teil 1)

1. Szene

Die liebe Sonne strengt sich heute wieder besonders an, denn es ist ein wunderschöner Morgen im Juli. In der Tulpenstraße sitzen Paule und Pacecco bereits beim Frühstück und schnabulieren goldgebackene Hörnchen mit streichzarter Butter und zuckersüßer Erdbeermarmelade.

PACECCO.
Die Leute in der Kohlemiene sind doch alle wahnsinnig!

PAULE.
Sag, geht es deinem Kopf schon wieder besser, Pacecco?

PACECCO.
Ach was, Schmerzen habe ich! Unerträgliche Schmerzen! Da arbeitet man 13 Stunden unter der Erde, bekommt eine schwere Spitzhacke auf den Schädel gedonnert und kriegt vom Boss zum Trost eine lächerliche Apfelsine geschenkt!

PAULE.
Eine Apfelsine?

PACECCO.
Ja! Und die musste ich sogar extra schälen! Stell dir das mal vor!

PAULE.
Das ist doch blanker Hohn! Die Verantwortlichen hätten dir wenigstens eine saftige Honigmelone als Abfindung schenken können!

PACECCO.
Ich bin diese drittklassige Behandlung so leid. Manchmal würde ich am liebsten alles hinschmeißen!

PAULE.
Vorsicht! Entscheide niemals aus Wut heraus, lieber Pacecco! Das wirst du zu einem späteren Zeitpunkt bereuen!

PACECCO.
Ach was! Ich bin nur ein weiterer Hamster in einem Riesenrad!

PAULE.
Aber deine Arbeit ist von höchster Wichtigkeit!

PACECCO.
Na klar. Die freuen sich doch nur über einen weiteren Idioten, den sie für ihren Zirkus ausnutzen können. Die Vorarbeiter wissen nicht einmal, wie ich richtig heiße.

PAULE.
Wie nennen sie dich denn?

PACECCO.
Tulpe.

PAULE.
Tulpe?

PACECCO.
Für die bin ich Tulpe. Manchmal auch Herr Tulperich. Es ist wie ein Fluch.

PAULE.
Trotzdem: Gib niemals auf! Wenn du deinen Job aufgibst, können Vater und ich uns nicht mehr all die schönen Produkte kaufen, die wir in Wirklichkeit gar nicht brauchen!

PACECCO.
Na super.

Amin tritt auf.

AMIN.
Fresst Dreck und schwarzes Schuhputzmittel!

PAULE.
Ich wünsche dir einen herrlichen guten Morgen, Vater!

PACECCO.
Der hat mir gerade noch gefehlt.

AMIN.
Was ist denn mit dir los, Pacecco? Du machst ein Gesicht, als hätte dich 'ne einbeinige Prostituierte übers Ohr gehauen.

PAULE.
Unseren Pacecco plagt nur eine kleine Depression, Vater. Aber wir bleiben weiterhin optimistisch, nicht wahr, Pacecco?

AMIN.
Eine Depression, wie süß! Wo bleiben mein Pfannkuchen mit Speck und meine doppelte Whiskyschorle?

PAULE.
Kommt sofort!

AMIN.
Das will ich dir auch raten, sonst sperre ich dich wieder in den Käfig, wie diesen blonden Astronauten aus diesem Tierfilm!

PACECCO.
Ihr habt gut reden. Wenn ich aus dem Haus gehe, setzt ihr euch für den Rest des Tages vor den Fernseher und schaut euch Hausfrauen-TV an.

PAULE.
Das ist nicht wahr! Ich arbeite hart! Erst letzte Woche habe ich ein 40-seitiges Traktat über den Schleudergang unserer Waschmaschine verfasst! Ich nenne es "Wasser marsch".

AMIN.
Und ich hab diesen Schund ertragen müssen! Mein lieber Mann, wenn das keine bahnbrechende Leistung von mir war!

PACECCO.
Aber richtige Probleme sind euch unbekannt, richtig?

PAULE.
Du scherzt wohl! Erst gestern ist mir ein Fingernagel

abgebrochen!

AMIN.
Da hat der Paule geheult wie ein kleines Mädchen. Zum Glück war Papi da und hat doll gepustet.

PACECCO.
Ja, was für ein Glück. Wisst ihr was? Wenn mich jemand fragt, sage ich immer, ich bin unter wilden Tieren aufgewachsen.

PAULE.
Hier, Vater, die Tageszeitung!

AMIN.
Her damit! Mal im Programmteil schauen, was heute so im Fernsehen kommt.
Blättert in der Zeitung.
Mein lieber Scholli, das klingt interessant: *Prominente suchen ein Zuhause.*

PACECCO.
Oh Mann.

AMIN.
Da geht's um einen Wettkampf zwischen Prominenten, die sich bei fremden Leuten einquartieren müssen. Derjenige, der am Ende die meisten Übernachtungen vorweisen kann, gewinnt!

PAULE.
Das klingt ja wundervoll! Unser Tagesprogramm ist damit perfekt!

AMIN.
Na, hoffentlich haben wir noch genug Fressalien im Haus! Vielleicht musst du vorher noch mal einkaufen gehen, Paule!

PAULE.
Dann schlage ich als Mahlzeit Pizza vor, die wir selber belegen! Mit frischen Tomaten, zart schmelzendem Käse, Spinat und Mais! Das wird ein Fest!

AMIN.
Wir stehen ja auch auf der Sonnenseite des Lebens!

PACECCO.
Na gut, ich muss dann mal zur Arbeit. Vielleicht könnt ihr mir auch eine Pizza für heute Abend machen?

AMIN.
Pah! Wer denkt denn schon an heute Abend, du Stinker? Das Leben ist ein Fest!
Amin blättert weiter in der Zeitung.
Ach du Scheiße! Das Leben ist ein Schlachthaus!

PAULE.
Wieso? Was ist denn passiert?

AMIN.
Unfassbar! Da blättert man ganz arglos in der Zeitung und in dem Teil mit den Todesanzeigen steht es dann schwarz auf weiß!

PACECCO.
Was steht denn da?

AMIN.
Ihr werdet es nicht für möglich halten: Schnee-Henry ist gestorben!

PACECCO.
Wer?

AMIN.
Na, der Henry aus unserer Straße, der jeden Morgen den Schnee geschippt hat, sogar im Sommer! Im Alter von 52 Jahren einfach umgefallen! Zack!

PACECCO.
Tja, das ist hart.

PAULE.
Ja, überaus bedauerlich. Ich habe den unverwechselbaren Klang

seiner Schneeschaufel noch im Ohr.

AMIN.
Am Samstag ist schon die Beerdigung! Scheiße, wisst ihr, was das bedeutet?

PACECCO.
Was denn?

AMIN.
Die Einschläge kommen näher! Wenn es den Schnee-Henry trifft, kann es jeden von uns erwischen!

PAULE.
Aber, aber, Vater, wer wird denn gleich in eine solch morbide Hysterie verfallen? Andererseits: wenn eines auf dieser Welt sicher ist, dann die Tatsache, dass jeder Mensch irgendwann einmal sterben muss.

AMIN.
Du sagst das so einfach daher, als wärst du schon dreimal gestorben, du kaltherzige Kanalratte! Dabei weißt du einen Scheißdreck!

PACECCO.
Na ja, ich gehe dann jetzt. Bis heute Abend.

AMIN.
Du bleibst schön hier, Pacecco, ist das klar?

PACECCO.
Warum?

AMIN.
Das fragst du auch noch? Weil wir alle jeden Moment draufgehen könnten, darum!

PAULE.
Oh nein, Vater kriegt wieder diesen dämonischen Ausdruck in seinen Augen!

PACECCO.
Und was soll ich jetzt dagegen tun, Amin?

AMIN.
Weiß ich doch nicht! Es ist alles so sinnlos!

PAULE.
Kriegst du etwa Torschlusspanik, Vater?

AMIN.
Was für Tore? Mann, wir reden hier nicht über ein verschissenes Fußballspiel, klar? Ist ja nicht zu fassen!

PAULE.
Das wollte ich damit auch gar nicht zum Ausdruck bringen. Wir können gerne über deine Gefühlslage reden.

AMIN.
Ihr verfluchten Menschen! Ihr redet und lamentiert, ihr sorgt euch und schaut verblödete Promisendungen im Fernsehen, bis ihr kurz vorm Umklappen seid und plötzlich merkt, dass ihr überhaupt nicht richtig gelebt habt! Ihr seid verdammte Heuchler!

PACECCO.
Ich? Ich habe doch gar nichts gesagt! Nur, dass der Job in der Kohlemiene beschissen ist.

AMIN.
Genau, er ist beschissen! Aber änderst du was daran? Nein! Und warum? Wegen der gottverdammten Kohle und angeblicher "Sicherheiten", oder wie sie das nennen! Ein ganzes Leben lang dient dieser Bullshit als Ausrede!

PACECCO.
Irgendwie muss man ja über die Runden kommen.

AMIN.
Man muss einen Scheißdreck! Ich sage euch jetzt, was wir wirklich müssen!

PAULE.
Oh nein, Vater schmiedet wieder unheilvolle Pläne!

AMIN.
Wir werden jetzt richtig auf die Pauke hauen und das Leben in vollen Zügen genießen! Wir werden Dinge tun, die wir schon immer tun wollten und dabei sämtliche Ersparnisse mit einem Lächeln aus dem Fenster schmeißen!

PAULE.
Aber ein solch unüberlegtes Handeln würde uns sofort wieder in den finanziellen Ruin stürzen, Vater! Wir sind dank Paceccos Einsatz in der Kohlemiene gerade erst wieder aus dem Schuldensumpf herausgekrochen!

AMIN.
Na und? Das Leben ist zu kurz für ein gottverdammtes Sparkonto! Wir müssen wieder lernen, richtig loszulassen, okay?

PACECCO.
Also soll ich heute nicht zur Arbeit?

AMIN.
Was? Zu diesen miesen Einzellern, die nur darauf aus sind, dem kleinen Mann Zeit und Nerven zu stehlen? Kommt nicht infrage! Ruf da an und sag denen, du bist endlich aufgewacht!

PACECCO.
Es war ein langer Schlaf.

PAULE.
Apropos Schlaf: Vielleicht sollten wir uns nun alle noch ein Weilchen hinlegen und zur Ruhe kommen, was meint ihr?

AMIN.
Blättert weiter in der Zeitung.
Kinder, das ist es!

PAULE.
Oh nein, zu spät.

PACECCO.
Was ist was?

AMIN.
Hier in der Zeitung steht, dass im Moment ein Jahrmarkt in der Stadt ist! Da müssen wir doch unbedingt hin, müssen wir da! Da können wir mal so richtig einen draufmachen!

PAULE.
Aber es doch früh am Morgen! Der Jahrmarkt hat noch geschlossen!

AMIN.
Das ist mir klar, du Trottel! Erst einmal müssen wir natürlich in Stimmung kommen! Ich ruf gleich mal den Zerda an, der wird das Nötigste für uns im Eiltempo besorgen!

PAULE.
Auweia! Immer wenn dieser Herr Zerda im Spiel ist, endet der Tag in einem Exzess! Vater, bist du dir darüber im Klaren, dass mir meine Gesundheit sehr am Herzen liegt?

AMIN.
Du bist doch bescheuert! Trau niemals dem menschlichen Körper! Du könntest heute schon aus heiterem Himmel einen Gehirnschlag kriegen und für den Rest deines Lebens auf einer Pflegestation deinen Sabber vom Boden aufwischen!

PACECCO.
So wie Oma Gretchen.

AMIN.
Genau! Als das Leben dieser anständigen Frau in der Klinik allmählich den Bach runterging und das Ende nahte, hat sie mich gar nicht mehr erkannt. Sie dachte, ich wäre der Kerl von der Müllabfuhr!

PACECCO.
Vielleicht hat sie an dir gerochen und konnte keinen Unterschied feststellen?

2. Szene

Liebe Leser, lasst Euch gesagt sein: Niemand ist arm, der Freunde hat. Und wenn eines sicher ist, dann die Tatsache, dass unser Amin stets auf seine Freunde zählen kann, so wie auf seinen alten Freund und Dealer Zerda, der durch seine jahrelange Loyalität und Hilfsbereitschaft fast schon zu einem Familienmitglied geworden ist.

AMIN.
Donnerwetter, da hat die alte Dreckssau Zerda wieder ganze Arbeit geleistet! Schaut euch diesen Haufen Stoff an! Das sind unsere Eintrittskarten in die Spaßgesellschaft!

PACECCO.
Die drei Bierkästen? Die Sektflaschen?

PAULE.
Die Kiste mit Tabakwaren? Und die Schüssel voller Rauschgift?

AMIN.
Genau! Das ist unsere Tagesration! Zusammen mit dem Inhalt dieser staubigen Holzkiste, die ich für einen ganz besonderen Anlass jahrelang im Keller gebunkert hab!

PAULE.
Was ist denn dort drin?

AMIN.
Das wirst du schon früh genug herausfinden, du Wurm. Nämlich dann, wenn wir so richtig die Sau rauslassen!

PACECCO.
Und das willst du wirklich heute alles aufbrauchen?

AMIN.
Na klar! Denkt nur an all die armen Schweine, die in diesem Moment unheilbar krank in einem Krankenhausbett dahinvegetieren! Meinst du nicht auch, dass sie ihren rechten Arm dafür geben würden, heute mit uns tauschen zu können?

PACECCO.
Schon gut, ich habe es kapiert. Und womit fangen wir an?

AMIN.
Erst einmal verteile ich ein paar gute Zigarren. Hier, Pacecco, greif zu. Und weil ich heute meine Spendierhosen trage, kriegst du auch eine ab, Paule.

PAULE.
Aber ich bin doch militanter Nichtraucher!

AMIN.
Ach was! Du sollst die Zigarre ja auch nicht rauchen, sondern den feinen Tabakgeschmack auf deiner Zunge genießen, klar?

PAULE.
Nein, danke, ich passe. Ich nehme stattdessen lieber einen Kamillentee, ja?

AMIN.
Ich sag dir jetzt, wie's läuft, Paule: Wenn du nicht auf der Stelle anfängst, dich am Leben zu erfreuen, schmeiß ich dich kopfüber vom Balkon, ist das klar?

PAULE.
Oha! Wenn das so ist, dann probiere ich mal eine.

PACECCO.
Komm, ich gebe dir Feuer.
Gibt Paule Feuer.
So, und jetzt schön ziehen, aber nicht inhalieren.

PAULE.
Hustet wie von Sinnen.

PACECCO.
Ich habe dir doch gesagt, dass du nicht inhalieren sollst.

AMIN.
Was für ein Penner!

PAULE.
Beim Tanze des Dionysos, meine armen Lungenflügel brennen wie Zunder! Rasch, ich brauche dringend ein Glas Wasser!

AMIN.
Wasser gibt's hier nicht! Hier hast du ein Glas Sekt!
Reicht Paule den Sekt.

PAULE.
Alkohol um diese Uhrzeit! Das wird übel enden!

PACECCO.
Ich nehme dann auch mal ein Glas.

AMIN.
Also dann, lasst uns anstoßen, ihr Narren! Wir sind die Könige des Rausches!

PACECCO.
Prost! Was auch immer du da für einen Blödsinn erzählst!

AMIN.
Auf die Lebensfreude!

PAULE.
Oh Gott, ist mir übel! Diesen Tag werde ich nicht überleben!

3. Szene

Unsere drei Helden haben sichtlich Freude daran, sich mal ordentlich einen hinter die Binde zu kippen. Und nachdem sie einen Bollerwagen mit dem restlichen Alkohol beladen haben, machen sich die Manfreds auf, das Mark des Lebens in sich aufzusaugen. Dabei ziehen sie an Menschen vorbei, die kommen und gehen. Und mit ihnen die ganze Erfahrung, die ganze Schönheit.

AMIN.
So, Kinder, da wären wir: der Jahrmarkt – Spielplatz für alle jung gebliebenen Abenteurer!

PAULE.
Himmel! Ich sehe alles doppelt!

AMIN.
Willkommen in meiner Welt!

PACECCO.
Du hast doch nach dem ersten Schluck nur noch an dem Sekt geschnüffelt, Paule. Ich habe gesehen, wie du dein Glas heimlich in den Blumentopf gekippt hast.

AMIN.
Was? Also vertragen sogar die Blumen mehr als du?

PAULE.
Himmel, Vater, wenn ich so viel intus hätte wie du, würde ich auf der Stelle tot umfallen!

AMIN.
Wenn du nicht trinkst, bist du ab sofort mein Mundschenk, Paule. Also, hier ist mein erster Befehl: Gib mir sofort ein neues Bier!

PAULE.
Reicht Amin eine Flasche Bier.
Wenn der Bollerwagen mit dem ganzen Alkohol nur nicht so schwer wäre, den ich wie ein Süchtiger hinter mir herschiebe. Schande über euch, dass ihr mich zu dieser blamablen Aktion gezwungen habt!

AMIN.
Ach, damit hat der feine Herr also ein Problem? Obwohl du deine fiese Visage sonst auch unbekümmert in der Öffentlichkeit zeigst?

PAULE.
Sprach der Mann, der sich seit dem letzten Jahrhundert nicht mehr rasiert hat.

AMIN.
Pah! Weißt du überhaupt, wie teuer Rasierklingen sind? Jedes Jahr spare ich uns mit meinem Vollbart ein Vermögen ein! Oder glaubst du, dass das Geld auf den Bäumen wächst?

PACECCO.
Hey, nicht so laut. Es noch recht früh am Tag. Wir sind momentan fast die einzigen Menschen weit und breit.

AMIN.
So muss es sein! Sollen alle anderen Idioten irgendwo anders ihre Lebenszeit vergeuden. Wir sind hier, um den Spaß unseres Lebens zu haben, okay?

PAULE.
Da hinten sehe ich noch ein paar Kinder herumtollen.

AMIN.
Die machen's richtig! Die schwänzen bestimmt die Schule!

PAULE.
Ich bitte dich, Vater, so etwas sagt man nicht!

AMIN.
Wieso nicht? Wisst ihr, zu meiner Zeit in der Schule sind wir oft abgehauen! Außerdem ist kein Tag vergangen, an dem wir uns nicht während der Pause mit Bier abgeschossen hätten!

PACECCO.
Dann warst du bestimmt der Beste in deiner Klasse.

AMIN.
Na, wenigstens hatte ich mein Bier, meine Meinung und viel Fantasie!

PACECCO.
Und wahrscheinlich hattest du dabei eine Fahne, die drei Meilen gegen den Wind gestunken hat.

PAULE.
Also schreiten wir zur Tat! Worauf hättet ihr denn zuerst Lust?

Eine geruhsame Fahrt im Riesenrad? Eine spannende Runde Ponyreiten?

AMIN.
Ich scheiß auf das Ponyreiten! Ich will schießen!

PACECCO.
Gut, da hinten ist ein Schießstand, da kann man auf mechanische Zielscheiben schießen.

AMIN.
Mechanische Zielscheiben? Nicht auf Menschen? Na schön, meinetwegen. Gib mir aber vorher ein neues Bier, Paule!

PAULE.
Reicht Amin eine Flasche Bier.
Glaubst du wirklich, der ganze Alkohol ist gut für deine Konzentration, Vater?

AMIN.
Was glaubst du denn? Nach spätestens zwei Kästen Bier bin ich Vollprofi, du Wicht!

Beim Schießstand. Budenbesitzer tritt auf.

BUDENBESITZER.
Na, wollt ihr auch mal schießen, Cowboys? Das macht dann 3 Euro für 5 Schüsse.

AMIN.
Wirft verächtlich einen Schein auf den Tresen.
Hier hast du die dreckige Kohle! Nun rück das Gewehr raus und keiner wird verletzt, kapiert?

BUDENBESITZER.
Na, da hat's aber jemand eilig. Hier, bitte sehr.
Drückt Amin das Gewehr in die Hand.

AMIN.
Ein Luftgewehr? Mann, das ist ja wie Babyspielzeug!

BUDENBESITZER.
Wenn's für Sie so einfach ist, dann versuchen Sie mal Ihr Glück bei den Blechhasen hier.

AMIN.
Dann passt mal gut auf, wie wir alten Scharfschützen das machen. Das erinnert mich an meine glorreiche Zeit, als ich während des Krieges allein im Kirchturm ausharrte und den Marktplatz von oben vor dem Feind verteidigte. Nach dieser Schlacht war ich unter dem Namen Amok-Amin berüchtigt.
Schießt auf die Zielscheiben.

PACECCO.
Daneben.

AMIN.
Schnauze, kapiert? Man wird sich doch wohl mal warm schießen dürfen! Aber jetzt könnt ihr was erleben, ihr falschen Hasen!
Schießt ein zweites Mal.

PACECCO.
Wieder daneben. Es sei denn, du wolltest absichtlich die Decke treffen.

AMIN.
Verdammte Scheiße! Das Gewehr zieht nach! Schaut euch das Ding mal an – der Lauf ist ja ganz krumm!

BUDENBESITZER.
Da ist gar nichts krumm, außer vielleicht Ihre Wahrnehmung, Freund.

Amin schießt erneut.

PAULE.
Leider wieder verfehlt. Womöglich wäre es besser, wenn Pacecco es einmal probieren dürfte?

AMIN.
Niemals! Außerdem sollst du nicht reden, sondern gefälligst

Bier nachschenken! Wofür bezahle ich dich eigentlich?

PAULE.
Reicht Amin ein Bier.
Du bezahlst mich doch überhaupt nicht, Vater.

AMIN.
Dein Glück, sonst würde ich dich sofort hochkantig rausschmeißen!
Trinkt sein neues Bier in einem Zug aus.
So, jetzt aber! Kimme und Korn! Kimme und Korn!
Legt an und schießt.

PACECCO.
Wieder nichts.

AMIN.
Verdammter Hund, diese mechanischen Hasen sind schuld! Wie soll man die überhaupt alle treffen? Das müssen ja Hunderte sein!

PACECCO.
Wie viele Hasen siehst du denn?

BUDENBESITZER.
Kichert.

AMIN.
Zum Budenbesitzer.
Ach, du findest das lustig, ja? Ich amüsiere dich wohl, du mieser Knochen!

BUDENBESITZER.
Nun, ich finde es nur fair, wenn Angeber wie Sie auf den Boden der Tatsachen zurückgeholt werden.

PAULE.
Vorsicht! Provozieren Sie Vater lieber nicht! Nach dem dritten Bier ist er unberechenbar!

AMIN.
Ich – ein Angeber? Ich, der jahrelang in matschigen Schützengräben ausgeharrt, für sein Land geblutet und dabei immer die fiese Fratze des Todes vor Augen hatte?

PAULE.
Oje, zu spät.

AMIN.
Jetzt pass mal gut auf, was ein alter Kriegsheld wie ich mit Dorftrotteln wie dir mache! Für mich bist du nämlich nichts anderes als eine lebendige Zielscheibe!
Schießt mit seinem letzten Schuss auf den Budenbesitzer.

BUDENBESITZER.
Schreit.
Mein Arm! Du miese Sau!

PACECCO.
Ach du Scheiße! Amin hat den Typen angeschossen!

AMIN.
Ach was! Der Typ soll sich mal nicht so anstellen! Das sind doch nur kleine Plastikkugeln!

PACECCO.
Aber aus nächster Nähe wahrscheinlich ziemlich schmerzhaft!

PAULE.
Wir müssen fort von hier, rasch!

Da ertönt ein Scheppern von der anliegenden Wurfbude.

AMIN.
Scheiße! Was war das für eine ohrenbetäubende Explosion?

PACECCO.
Da hat nur ein Kind die Dosen getroffen.

Das Kind tritt auf.

KIND.
Zu Amin.
Guck mal, du alter Bär! Alle Dosen mit nur einem Wurf abgeräumt! Da guckst du doof!

AMIN.
Was? Suchst du Ärger, du verlaustes Kind?

PAULE.
Beruhige dich, Vater. Du wirst dich doch nicht von einem Kind provozieren lassen, nicht wahr?

KIND.
Nänänänänä!
Läuft davon.

AMIN.
Hau bloß ab, du, sonst hole ich den Teppichklopfer!

PACECCO.
Komm, wir gehen schnell weiter. Dort drüben sind die Glaskästen mit den Plüschfiguren und dem Greifhaken.

AMIN.
Da müssen wir unbedingt hin! Dann könnt ihr dann sehen wie ich, Amin der Allmächtige, den Greifhaken manövriere! So, lasst mal 'n verdammtes Eurostück rüberwachsen!

PAULE.
Aber das ist doch ganz billig produzierte Ware, Vater! Außerdem brauchen wir keine Stofftiere!

AMIN.
Du Idiot! Hier geht es nicht um die verdammten Stofftiere, es geht um den alten Kampf Mensch gegen Maschine! Oder hast du Lust, demnächst durch einen Kaffeeautomaten ersetzt zu werden?

PAULE.
Wie bitte?

PACECCO.
Hier, Amin, ich werfe dir einen Euro rein.

AMIN.
So ist's brav. Hört auf den Profi und keiner wird verletzt.

PAULE.
Der Haken bewegt sich!

AMIN.
Lacht dämonisch.
Hähähä! Ich habe die Zauberkraft! Seht nur her, wie ich diese pinke Plüschkatze da raushole!

PACECCO.
Du bist nicht richtig drüber. Beweg den Haken ein bisschen weiter nach rechts!

PAULE.
Nein, nach links! Du musst dich links halten!

AMIN.
Gib mir schnell ein neues Bier, Paule! Ich kann's auch einhändig!

PAULE.
Reicht Amin ein Bier.
Oh mein Gott, der Haken schlägt aus wie eine wilde Stute! Das gibt eine Katastrophe!

AMIN.
Jetzt hab ich die richtige Position. Ja, ich bin mir ganz sicher! Jetzt drücke ich den roten Knopf und lasse ich den Haken herab!

PAULE.
Oh Gott, diese Spannung zerreißt mich!

AMIN.
Er kommt, er kommt!

PAULE.
Jetzt schnappt der Haken zu! Vater erwischt die Tatze der Katze! Hurra! Wir haben sie!

AMIN.
Hab ich's euch nicht gesagt? Ich bin unbesiegbar!

PACECCO.
Freut euch nicht zu früh. Seht ihr? Der Haken schafft es nicht, die Katze nach oben zu ziehen. Sie ist zu schwer und bleibt hängen.

AMIN.
Was?

PAULE.
Oh nein, der Haken geht in Ausgangsposition zurück! Die Katze ist verloren!

AMIN.
Ich habe das verdammte Biest doch am Haken gehabt! Was ist das hier nur für ein verschissener Reptilienzoo?

PAULE.
Da kann man einfach nichts machen. Nur zusehen, wie es geschieht.

AMIN.
Diese Automaten sind doch alle bis ins Kleinste manipuliert!
Schlägt heftig gegen das Gehäuse.
Ihr Dreckskerle! Irgendwann schmeiß ich noch 'ne gottverdammte Bombe in diesen Laden!

Das Kind tritt auf.

KIND.
Zu Amin.
Guck mal, du alter Bär! Ich habe eine Plüschkatze gefangen!

PACECCO.
Schon wieder dieses Kind.

AMIN.
Hast du kein Zuhause oder was? Das ist mir doch scheißegal, was du fängst, klar? Und wenn's 'ne Grippe ist!

PACECCO.
Lass ihn, Amin. Der Bengel hat ja nicht mal Haare am Hintern.

KIND.
Nänänänänä!
Kind läuft davon.

AMIN.
Pah, diese Jugend von heute! Kein Respekt mehr vor den selig Betrunkenen!

PACECCO.
Ich weiß. Zu deiner Zeit hättet ihr mit den Betrunkenen bestimmt mitgetrunken.

AMIN.
Wo wir gerade davon reden: Jetzt hol mir mal die Holzkiste vom Bollerwagen. Aber sei vorsichtig damit, hörst du? Sonst zünde ich mir die nächste Zigarre an und steck deine Frisur in Brand!

PAULE.
Reicht Amin die Holzkiste.
Werden wir nun endlich erfahren, was der Inhalt dieser ominösen Kiste ist?

PACECCO.
Wahrscheinlich ein Jahresvorrat an Handgranaten.

AMIN.
Öffnet die Kiste.
Nein, nein, alles ganz harmlos. Seht ihr?

PAULE.
Wie, noch mehr Alkohol?

AMIN.
Du Lump! Das ist nicht bloß Alkohol, das ist eine gute Flasche Whisky, noch aus Großväterchens Zeiten! Bis heute habe ich auf einen ganz besonderen Augenblick gewartet, um die Flasche zu öffnen. Jetzt, da unser Ende naht, ist es endlich so weit!

PAULE.
Wenn ich mir dieses ganze Gift anschaue, das du im Moment konsumierst, kann dein Ende wahrhaftig nicht mehr weit sein!

Fortsetzung folgt

Folge 11 – Die Lebensfreude (Teil 2)

1. Szene

In der letzten Folge hat unser guter Vater Amin in den Todesanzeigen der Tageszeitung unerwartet den Namen von Schnee-Henry entdeckt, der den Manfreds immer ein guter Nachbar gewesen war. Angesichts dieser unerwarteten Tragödie ist sich Amin seiner eigenen Sterblichkeit schlagartig bewusst geworden. Als Konsequenz ist er mit seinen beiden Söhnen und einem Arsenal an Alkohol und Drogen auf einen Jahrmarkt gegangen, um jeden kostbaren Augenblick seines Lebens zu genießen. Natürlich mit Anstand und Maß.

AMIN.
Her mit der Whiskyflasche, du Penner!

PAULE.
Wie bitte, Vater, du hast noch immer nicht genug? Dabei hast du dich vor ein paar Augenblicken komplett erbrochen!

PACECCO.
Porca miseria! Was für eine elende Sauerei! So muss es in der Hölle stinken!

AMIN.
Ich wollte nur mal kurz meinen Magen entlasten, klar? Jetzt fühle ich mich besser! Also, wo bleibt mein gottverdammter Whisky?

PAULE.
Meine Güte, Vater! Du hast behauptet, dass du Großväterchens Getränk in einem ganz besonderen Moment genießen würdest!

PACECCO.
Und jetzt haust du die Pulle weg wie nix! Nach zehn Minuten ist bereits die halbe Flasche leer!

AMIN.
Was sagt ihr da? Halb leer? Die ist doch noch halb voll! Und

überhaupt: Was soll ich sonst tun, wenn meine grässlichen Söhne diesen edlen Tropfen nicht zu schätzen wissen?

PACECCO.
Edler Tropfen? Ich habe einen Schluck probiert! Der Whisky schmeckt nach toten Ratten!

AMIN.
Du bist die Ratte! Meinst du, ich kriege das nicht mit, wie du ständig an deinen Fingernägeln kaust wie ein gottverdammter Nager?

PACECCO.
Wovon redest du? Das Nägelkauen habe ich mir schon abgewöhnt, da war ich 8 Jahre alt!

PAULE.
Warum gehst du es nicht langsamer an, Vater? Wenn du dir in Windeseile dieses ganze Gift in deinen armen Körper jagst, droht dir bald der vollkommene Kollaps! Du solltest mit Bedacht trinken und nach jedem Schluck ein Weilchen warten.

AMIN.
Warten? Mein lieber Mann, sehe ich so aus, als hätte ich ewig Zeit? Hast du es denn noch nicht kapiert? Ich stehe in der Warteschlange!

PACECCO.
Nur weil du einmal die Todesanzeigen gelesen hast?

AMIN.
Erwähn diesen Scheiß nicht, klar? Heute wollen wir nicht denken, sondern das Leben feiern! Also reich mir gefälligst ein neues Bier, Paule, um den Whisky runterzuspülen!

PAULE.
Noch ein Bier? Die Bestände in dem Bierkasten sind nahezu komplett aufgebraucht!

AMIN.
Einer muss ja unserem Publikum ja was fürs Geld bieten! Oder

wollt ihr, dass uns die Leute mit faulen Eichhörnchen bewerfen?

PAULE.
Was denn für ein Publikum? Sprichst du etwa von den anderen Jahrmarktbesuchern?

AMIN.
Ja klar! Die sind doch alle meinetwegen hier! Sie hängen an meinen Lippen! Sie lesen meine Schriften! Und warum? Weil ich der König bin!

PAULE.
Der König?

PACECCO.
Rollt mit den Augen.
Natürlich. Der König.

AMIN.
Erinnert mich daran, dass ich dringend einen Balkon brauche, um zum Volk sprechen zu können! Oder einen Felsen!

PAULE.
Was denn für ein Felsen, Vater?

AMIN.
Frag nicht so dämlich, du Klassenfeind! Ich rede natürlich von dem gottverdammten Königsfelsen, auf dessen Spitze ich mich majestätisch aufbäume, um so laut zu brüllen, dass alle anderen Tiere vor Ehrfurcht erstarren und niederknien!

PACECCO.
Ach so, ja. Natürlich. *Der* Felsen.

PAULE.
Ich glaube, es wird wirklich Zeit für eine Pause von dem ganzen Alkohol und den Drogen. Am besten, wir füllen nun unsere leeren Mägen mit einer kräftigen Mahlzeit. Die hält Leib und Seele zusammen.

PACECCO.
Gute Idee. Dieses wirre Gerede macht mich sehr hungrig.

PAULE.
Was darf es denn sein? Wir haben hier eine grandiose Auswahl an kulinarischen Speisen: Ein paar Buden weiter werden Klöße, Reibekuchen mit Apfelmus, fangfrischer Fisch und gutes Fleisch angeboten.

AMIN.
Ich will Zuckerwatte!

PACECCO.
Zuckerwatte?

PAULE.
Das ist aber nicht sehr gesund, Vater.

PACECCO.
Bist du wieder zum Kleinkind geworden, Amin?

AMIN.
Schön wär's! Dann würde ich nicht den ganzen Tag ans Sterben denken! Also lebe ich lieber in der Vergangenheit! Seit ich denken kann, stehe ich genau auf zwei Dinge: große Brüste und Zuckerwatte!

PAULE.
Nun ja, die Hauptsache ist doch, dass Nahrung in deinen Magen gelangt. Schau, da vorne ist ein Stand, wo sie Zuckerwatte verkaufen.

AMIN.
Da müssen wir sofort hin! Ich liebe dieses klebrige Zeug!

Familie Manfred nähert sich einem Imbissstand, wo Zuckerwatte verkauft wird. Der Verkäufer tritt auf.

PACECCO.
Zum Verkäufer.
Hallo. Einmal Zuckerwatte für das bärtige Kind hier.

Zeigt auf Amin.

VERKÄUFER
Gern. Das macht 1,50 Euro.

AMIN.
1,50 Euro für Zuckerwatte! Was für ein verkommenes Land!

Der Verkäufer dreht einen Holzstab in einer Maschine, die mittels Zentrifugalkraft die einzelnen Fäden der Zuckerwatte auf dem Stab aufwickelt.

AMIN.
Das soll Zuckerwatte sein? Dreh den Stab mal schneller, Freundchen! Für das Geld, was ich dir in den Rachen werfe, erwarte ich erstklassige Arbeit!

PACECCO.
Lass den Verkäufer seinen Job machen, Amin. Der weiß schon, was er tut.

AMIN.
Pah! Das sagst du nur, weil du nur dieses Mittelmaß gewohnt bist! In meiner Kindheit haben die Zuckerwatte-Verkäufer noch richtige Türme gesponnen! Das ist alles eine Frage von Technik und Balance.

PACECCO.
Ja, sicher. Nur: Es interessiert keinen, was du sagst.

VERKÄUFER
So. Auch wenn Sie es offenbar nicht gern hören, aber Ihre Zuckerwatte ist jetzt fertig.

AMIN.
Schon fertig? Zu meiner Zeit haben sich die Verkäufer noch richtig Zeit gelassen! Ständig diese Hetzerei! Wir sind doch keine Maschinen!

PACECCO.
Halt den Rand, Amin, und iss deine eklige Zuckerwatte!

AMIN.
Na schön, der Hunger treibt's rein.
Beißt in die Zuckerwatte, spuckt sie aber gleich wieder aus.
Scheiße! Pfui! Rotz und Teufel, das schmeckt ja widerlich!

PACECCO.
Lass mich raten: Es ist zu viel Zucker drin.

AMIN.
Nee, da fehlt der Geschmack! Zum Glück hab ich die passenden Zutaten dabei. Gib mir sofort die Whiskyflasche aus dem Bollerwagen, Paolo!

PACECCO.
Paolo? Das ist doch Paule.

AMIN.
Hab ich mit dir geredet, Pacco? Ich nenn euch, wie ich will, kapiert? Genau wie damals bei eurer Geburt, wo ich einfach blind auf einen Namen im Telefonbuch getippt hab!

PAULE.
Was hast du denn mit der Flasche Whisky vor, Vater?

AMIN.
Das wirst du gleich sehen, du Butterkuh! Zum Glück bin ich von Geburt aus mit einer besonderen Kreativität gesegnet! Ich werde nun erfinden, erschaffen, kreieren! Ein Erfinder wie ich ist schließlich immer im Dienst!
Tränkt die Zuckerwatte in Whisky.

PAULE.
Du tränkst die Zuckerwatte in Whisky?

PACECCO.
Igitt! Du bist ja abartig, Amin!

AMIN.
Wieso?
Beißt Zuckerwatte ab.

Lecker! Jetzt hat sie auf jeden Fall die richtige Qualität! Ich sollte mir diese köstliche Errungenschaft als Marke sichern lassen!

PACECCO.
Du machst mich fertig, Amin. Immer müssen wir darauf aufpassen, dass du dich nicht selbst die Toilette runterspülst. Das zerrt wirklich an den Kräften.

PAULE.
Vielleicht wäre es sowieso besser, wenn wir uns bald auf den Nachhauseweg machen würden.

AMIN.
Niemals! Wir werden jetzt gefälligst Spaß haben, kapiert?

PACECCO.
Wir? Du hast doch die ganze Zeit Spaß! Ich bin nur noch genervt.

PAULE.
Vielleicht könnten wir uns ja auf eine ruhigere Unterhaltungsform einigen.

AMIN.
Gute Idee! Ich will Autoscooter fahren!

PACECCO.
Seufzt.
Das fehlte uns gerade noch.

2. Szene

Natürlich kommen Pacecco und Paule nur zu gern Vater Amins Wünschen nach und gehen gemeinsam zum inzwischen gut besuchten Autoscooter, der mit hübschen Licht- und Dekoelementen ausgeschmückt worden ist und eine grandiose Auswahl an deutschen Volksliedern bietet.

PACECCO.
Meine armen Ohren! Ich hasse diese grässliche Schlagermusik!

AMIN.
Ich liebe Autoscooter! Hier fühle ich mich wie zu Hause! Ihr hättet mich früher sehen sollen: Als Kind war ich ein Meister meiner Klasse! Keiner konnte mit mir mithalten!

PACECCO.
Wahrscheinlich, weil alle anderen Kinder sich vor dir gefürchtet haben und von der Fahrbahn gesprungen sind.

PAULE.
Wollen wir den Fahrern nicht eine Weile von hier aus zuschauen und dabei eine heiße Tasse Tee trinken?

AMIN.
Zuschauen? Ich will kein Zuschauer sein, sondern an der wilden Action teilhaben! Also lasst uns Funken erzeugen! Eins mit dem Kosmos und der Königin der tausend Jahre!

PACECCO.
Klingt einleuchtend. Ich hole dann mal Chips für uns.
Pacecco tritt ab.

PAULE.
Nur damit du Bescheid weißt, Vater: Ich bestehe darauf, in deinem Wagen mitzufahren. Ich kann und will dich in diesem Zustand nicht mehr allein fahren lassen.

AMIN.
Wieso sagst du das jetzt? Bist du 'n Cop? Steckst du etwa mit denen unter einer Decke?

PAULE.
Nein, aber denke nur an die ganzen Kinder, die friedlich und unbekümmert mit ihren Eltern Autoscooter fahren möchten.

AMIN.
Zweifelst du etwa an meiner Vorbildfunktion, du Sodomist? Ich sage immer: Sei wachsam oder sei eine Asphaltleiche!

PAULE.
Eine Asphaltleiche?

Pacecco kommt zurück und bringt eine Handvoll neonfarbener Chips mit.

PACECCO.
Hier sind die Chips. Ganz schön teuer der Laden.

AMIN.
Her damit, du Ziege!
Schnappt sich ein paar Chips.
Und jetzt hört auf mein Kommando! Alle Mann rein in die Scooter!

PACECCO.
Jetzt macht er wieder den Drill Sergeant.

Pacecco und Amin suchen sich je zwei Fahrzeuge aus, die am Fahrbahnrand stehen. Als Amin das Lenkrad ausprobiert, setzt sich Paule auf dessen Beifahrersitz.

AMIN.
Verdammt, Paule! Was willst du hier? Beschattest du mich?

PAULE.
Wie ich vorhin gesagt habe, einer muss ja schließlich auf dich aufpassen.

AMIN.
Dann halt die Klappe und sieh zu, wie souverän ich den Wagen beherrsche. Das können auf der ganzen Welt nur eine Handvoll Menschen!

PAULE.
Ich beobachte und werde notfalls auch in panisches Gekreische ausbrechen, falls es die Situation erfordert!

Die Autoscooter werden aktiviert und setzen sich in Bewegung. Amin steuert den Scooter sofort aus der Menge heraus und fährt seine individuellen Bahnen.

PAULE.
Um Himmels willen, Vater, bitte mäßige deine hastigen Lenkbewegungen! Denk an meinen nervösen Magen!

AMIN.
An den hättest du denken sollen, bevor du in meinen Wagen eingestiegen bist, du Lattenschreck! Also nimm es wie ein Mann oder spring raus!

PAULE.
Ich weiche nicht von deiner Seite! Zum Glück hat diese Fahrt auch irgendwann ein Ende.

Nachdem die beiden eine kurze Zeit mit dem Scooter unfallfrei über die Fahrbahn geflitzt sind, macht Amin plötzlich große Augen.

AMIN.
Ist ja nicht zu fassen!

PAULE.
Was ist denn?

AMIN.
Hol mich der Teufel, da drüben ist schon wieder dieses dicke Kind im Autoscooter! Schau nur, wie dreist es die Zuckerwatte frisst, während es mit einer Hand den Scooter lenkt! Das Kind denkt, es wäre Gott!

PAULE.
Denk daran, du wolltest in jeder Situation souverän bleiben.

AMIN.
Natürlich. Ich bin der Souverän!

PAULE.
Das freut mich, zu hören. Dann können wir diese Fahrt ja beruhigt abschließen.

AMIN.
Hat mich das Kind gerade angerempelt? Hat mich das Kind gerade angerempelt?

PAULE.
Wie denn, wenn der Knabe am anderen Ende der Fahrbahn seine Runden dreht? Schau, da kommt uns Pacecco entgegen.

PACECCO.
Hey, ihr Sonntagsfahrer! Alles gut bei euch?

PAULE.
Ich weiß keine rechte Antwort auf deine Frage, Pacecco! Vater kriegt wieder diesen Blick!

PACECCO.
Oh, oh! Versuch ihm ins Lenkrad zu greifen, wenn er durchdreht!

AMIN.
Das gibt's ja nicht! Hast du das gesehen? Das Kind hat mir gerade die Zunge rausgestreckt! Aber nicht mit mir, Freundchen! Dem werde ich's zeigen!

PAULE.
Was hast du vor, Vater?

AMIN.
Wir werden die Verfolgung aufnehmen und ihn rammen!

PAULE.
Wie bitte?

AMIN.
Ja klar! Ich lasse mich von diesem Wicht nicht mehr zum Narren machen!

PAULE.
Was ist mit deiner Vorbildfunktion?

AMIN.
Wieso? Ich bin ein Vorbild für alle Widerstandskämpfer! Es lebe die Revolution!

Wie von der Tarantel gestochen lenkt Amin den Scooter mit wildem Ausdruck im Gesicht über die glatten Stahlflächen, immer näher an das Gefährt des Kindes heran.

AMIN.
Dort ist er! Übernimm das Steuer, Paule, und bleibe dicht bei ihm! Ich werde auf seinen Scooter springen!

PAULE.
Nein, Vater! Das ist verboten!

AMIN.
Spaß ist immer verboten! Als dein Vater rate ich dir, mit Höchstgeschwindigkeit zu fahren!

PAULE.
Grundgütiger! Das wird böse enden!

AMIN.
Weiter links! Weiter rechts! Ramm die anderen Leute einfach von der Fahrbahn!

PAULE.
Das kann ich nicht tun!

AMIN.
Halte den Kurs, Seemann! Wir haben ihn gleich, diesen fetten Fisch, diesen Moby Dick! Ich bin Käpt'n Ahab und werde dieses Monster erlegen!

PAULE.
Bitte spring nicht, oh Käpt'n, mein Käpt'n! Das gibt ein Unglück!

AMIN.
Der kann jetzt was erleben!

Unter lautem Gebrüll springt Amin mit einem riesigen Satz vom Scooter, verfehlt jedoch sein Ziel mit deutlichem Abstand. Wie ein nasser Sack plumpst er mitten auf die Fahrbahn.

PAULE.
Um Gottes willen! Hilf mir, Pacecco! Wir müssen Vater hier fortschaffen!

AMIN.
Richtet sich auf.
Spul noch mal zurück! Beim nächsten Mal werde ich den Dreckskerl erwischen!

PAULE.
Zurückspulen? Das hier ist die Realität, Vater, die kann man nicht zurückspulen!

AMIN.
Warum nicht? Warum nicht?

Das Kind fährt mit dem Autoscooter dicht an Amin vorbei und streckt ihm die Zunge raus.

KIND.
Guck mal, ich kann sogar freihändig fahren, du doofer Bär!

AMIN.
Verdammtes Kind!

KIND.
Nänänänänä!
Ab.

AMIN.
Brüllt dem Kind hinterher.
Pass bloß auf! Jetzt hattest du noch Glück! Aber ich finde raus, wo du wohnst und dann fackel ich dein Haus ab!

PAULE.
Lass ihn, Vater. Wir sollten jetzt wirklich gehen.

AMIN.
Niemals! Es gibt noch eine Sache, die ich unbedingt tun muss! Wenn ich die erledigt hab, kann ich beruhigt sterben!

PACECCO.
Hast du noch immer nicht genug, Amin? Was willst du denn noch?

Pacecco staunt nicht schlecht, als Amin sein Vorhaben enthüllt. Doch all die Gegenargumente und Widerstände nützen nichts, sodass sich Amin ein letztes Mal durchsetzen kann. Alsbald reiht sich Familie Manfred in die Warteschlange ein, die zu einer riesigen Achterbahn führt.

PACECCO.
Wie konnte ich mich nur dazu überreden lassen? Das ist doch Wahnsinn!

PAULE.
Keine Sorge, lieber Pacecco, eine Achterbahn verfügt über umfassende Sicherheitsvorkehrungen, um die Sicherheit von Vater zu gewährleisten. Durch die Gurte und die Schoßbügel, die Vater in seinen Sitz pressen, kann nicht viel passieren.

PACECCO.
So ein Quatsch! Es passiert immer was!

AMIN.
Hier passiert gar nichts! Die Warteschlange ist so lang wie die Chinesische Mauer! Bis wir dran kommen, werde ich alt sein!

PAULE.
Dort ist ein Schild, da steht: "Von hier aus noch 20 Minuten." Na, das schaffen wir doch, oder?

AMIN.
Schwankt.
Oh verdammt, ich fühle mich plötzlich so müde.

PACECCO.
Du hast ja auch fast den ganzen Bierkasten intus.

AMIN.
Bitte, lasst mich einfach hier liegen, ja? Ich brauche einen Karton. Ich möchte nur noch in einem Karton schlafen.

PACECCO.
Hier gibt es aber keinen Karton! He, Amin, hörst du mich noch?

PAULE.
Halte ihn, er kippt um, Pacecco!

Amin schläft auf der Stelle in Paceccos Armen ein. Nach 20 Minuten wacht er pünktlich wieder auf.

AMIN.
Scheiße! Wo sind wir? Was zum Teufel haben wir hier verloren?

PAULE.
Vater, du bist endlich aufgewacht!

AMIN.
Wir müssen die Polizei rufen! Wir brauchen Hilfe! Wir brauchen Hilfe!

PAULE.
Alles ist gut. Pacecco und ich haben dich die ganze Zeit durch die Warteschlange getragen. Weißt du noch, du wolltest Achterbahn fahren.

AMIN.
Achterbahn?

PACECCO.
Ja, jetzt sind wir dran. Los, steigen wir ein.

PAULE.
Kommst du, Vater?

AMIN.
Achterbahn?

*Als die Familie Manfred endlich an der Reihe ist, nehmen Amin, Paule und Pacecco in einem freien Wagen Platz.
Während man im Anschluss bei gemächlichem Tempo die Achterbahn hochfährt und dabei in aller Ruhe den wunderbaren Ausblick auf das*

bunte Landschaftspanorama bewundert, bekommt Amin am höchsten Punkt der Achterbahn plötzlich ein ungutes Gefühl.

AMIN.
Grundgütiger!

PAULE.
Was hast du, Vater?

AMIN.
Grundgütiger! Was sind das für Viecher?

PACECCO.
Welche Viecher?

AMIN.
Seht ihr das denn nicht? Dort oben! Riesige Mantarochen stürzen sich vom Himmel auf uns herab!

PACECCO.
Und schon geht's wieder los.

PAULE.
Schande! Vater imaginiert wieder in seinem Wahn!

PACECCO.
Gib Ruhe, Amin, da sind keine Mantarochen, die bildest du dir nur ein!

AMIN.
Oh Gott, ich muss gehen.

PACECCO.
Gehen?

PAULE.
Es ist nicht möglich, zu gehen! Wir befinden uns inmitten einer Achterbahnfahrt!

AMIN.
Nervös.

Ich muss sofort gehen! Lasst mich hier raus!

PACECCO.
Verflucht, Amin, krieg dich wieder ein, ja? Jetzt geht es nur noch abwärts! Wir müssen die Fahrt zu Ende bringen!

AMIN.
Wenn ich noch länger in diesem Wagen fahren muss, werde ich noch jemanden umbringen!

Mit aller Kraft windet sich Amin auf seinem Sitz hin und her. Durch geschickte Bewegungen schafft er es, seine Beine aus dem Schoßbügel zu drehen. Nur sein linker Fuß bleibt in der Verankerung hängen.

PAULE.
Himmel, Vater ist aufgestanden! Er wird noch hinunterstürzen und als matschiger Fleck in der Landschaft enden!

AMIN.
Hilfe! Lasst mich hier raus! Diese Schweine haben mir eine Fußfessel angelegt!

PACECCO.
Verdammt, Amin! Bist du lebensmüde?
Hält Amin am Arm fest.

PAULE.
Bitte halte ihn gut fest, Pacecco! Gleich folgt eine scharfe Kurve!

AMIN.
Verdammte Kommunisten! Werft euch doch alle in einen Müllschlucker!

PACECCO.
Reiß dich zusammen, Amin, oder ich breche dir deinen Arm!

AMIN.
Wie kannst du es wagen? Dabei bin ich der Einzige, der noch klar bei Verstand ist und diese Invasion aufhalten kann! Ich werde die Mantarochen mit einem Netz einfangen und

überwältigen!

Amin reißt sich das Unterhemd vom Leib und spannt es weit auf.

PACECCO.
Lass gefälligst deine Klamotten an, du Irrer!

Ein Mann und eine Frau treten auf.

MANN.
Was ist denn da vorne los?

FRAU.
Hat der Mann ein Problem?

PACECCO.
Dieser Mann hat ein schweres Herzleiden! Aber keine Sorge, ich bin Arzt. Dr. Pacco, stets im Einsatz! Seien Sie ganz beruhigt!

AMIN.
Dr. Pacco? Ich habe diesen Mann noch nie in meinem Leben gesehen! Hilfe! Hilfe!

Mann und Frau ab.

PAULE.
Vorsicht, jetzt kommt ein Tunnel!

AMIN.
Was für ein Hexenwerk findet hier statt? Sie haben die Erde verdunkelt! Die Mantarochen übernehmen die Weltherrschaft!

PAULE.
Zum Glück ist die Fahrt gleich vorbei! Gleich nach der Wasserschlucht!

AMIN.
Wasserschlucht? Das ist meine Haltestelle! Wie zum Teufel hält man diesen verdammten Zug an?

PACECCO.
Setz dich endlich hin! Gleich können wir raus, aber erst machen die noch ein Foto von uns!

AMIN.
Was? Fotos? Verdammte Paparazzi! Überwachungsstaat! Der gläserne Bürger!

PAULE.
Unser Wagen verliert endlich an Geschwindigkeit. Gleich ist es vorbei!

PACECCO.
Was für ein Höllentrip. Ich wusste, es würde wieder so enden.

Als der Wagen mit den Manfreds zum Stehen kommt, stehen mehrere Polizisten am Seitenrand und erwarten offenbar die Ankunft unserer drei Helden.

PAULE.
Da steht auch schon unser Empfangskomitee.

PACECCO.
Na super.

AMIN.
Ob die mir eine Medaille überreichen wollen, weil ich die Mantarochen vertrieben hab?

PAULE.
Ich befürchte eher, dass sich deine vergangenen Taten auf dem Jahrmarkt nun rächen und sie deshalb auf uns warten.

AMIN.
Zum Glück habe ich den schwarzen Gürtel in Schattenboxen! Ich hole uns alle hier raus!

Doch bevor sich Amin überhaupt zur Wehr setzen kann, packen ihn die Polizisten mit vereinten Kräften und schleifen ihn unter lautstarkem Protest davon.

AMIN.
Lasst mich los, ihr Faschisten! Die verdammten Nazis haben den Krieg gewonnen! Das ist das sechste Reich!

PACECCO.
Das war's wohl für heute. Die Party ist vorbei.

PAULE.
Das glaube ich auch. Wo sie Vater wohl hinbringen?

AMIN.
Die Affen tragen Kleidung! Seht ihr, die verdammten Affen tragen Kleidung! Bald werden sie ganze Städte aus dem Boden stampfen und über Religionen quatschen!

PACECCO.
Wahrscheinlich in die Geschlossene.

AMIN.
Ihr Wahnsinnigen! Ihr habt die Erde in die Luft gesprengt! Ich verfluche euch! Ich verfluche euch alle!

PAULE.
Schau nur, wer uns aus der Menge heraus beobachtet, Pacecco!

PACECCO.
Hast du Töne? Da ist ja schon wieder dieses Kind!

Das Kind tritt auf.

KIND.
Winkt Amin hämisch lächelnd nach.
Auf Wiedersehen, du alter Bär!
Amin wird abgeführt.

3. Szene

Nach diesem anstrengenden Ausflug auf den Jahrmarkt hat sich Vater Amin eine kleine Ruhepause redlich verdient. Und wo könnte er besser abschalten, als im städtischen Krankenhaus? Dort macht er es sich auf einem weichen Federbett gemütlich, schaut etwas Fernsehen und stellt einer hübschen Krankenschwester nach.

AMIN.
Nehmen Sie sofort dieses Tablett wieder mit! Diesen widerlichen Fraß können Sie sich in die Haare schmieren!

KRANKENSCHWESTER.
Nur die Ruhe, Brauner! Wenn Ihnen das Essen nicht schmeckt, können Sie das auch in einem höflichen Ton sagen, ja?

AMIN.
Mir reicht's langsam mit diesen Höflichkeiten! Ständig stürmen Sie zur Tür herein und bringen Unruhe in mein Zimmer!

KRANKENSCHWESTER.
Das ist nicht Ihr Zimmer, sondern das Zimmer aller Patienten! Außerdem mache ich nur meinen Job, auch für undankbare Menschen wie Sie. Oder wollen Sie in Zukunft selbst Ihre dreckigen Bettbezüge wechseln?

AMIN.
Ich pfeif auf Ihre Bettbezüge! Ich wäre Ihnen dankbar, wenn Sie mich endlich mal in Ruhe lassen!

Paule und Pacecco kommen zur Tür herein.

PAULE.
Wir haben von draußen lautes Gebrüll vernommen. Also geht es Vater wieder besser?

KRANKENSCHWESTER.
Ja, leider. Seitdem er die Augen aufgemacht hat, verhält er sich unausstehlich. Ich hoffe inständig, dass er bald entlassen wird.
Krankenschwester ab.

PACECCO.
Tag, Amin. Du hast mal wieder das ganze Personal im Würgegriff, was? Hier, wir haben dir Kaffee mitgebracht.
Gibt Amin einen Pappbecher mit heißem Kaffee.

AMIN.
Her mit dem Kaffee! Ich krieg hier den ganzen Tag nur Wasser und Tee!
Schlürft gierig und macht danach ein angewidertes Gesicht.
Pfui Deibel! Was ist das für ein widerliches Gesöff?

PACECCO.
Was ist? Schmeckt der Kaffee nicht?

AMIN.
Bah! Der Kaffee schmeckt genauso, wie die Krankenschwester aussieht!

PACECCO.
Das wundert mich nicht. Den haben wir aus einem Automaten im Erdgeschoss.

AMIN.
Kauft ja nichts in diesem Krankenhaus! Dieser Ort ist verflucht!

PAULE.
Abgesehen von diesem vielleicht unglücklich gebrühten Kaffee – wie geht es dir heute, Vater?

AMIN.
Wieso? Wie soll's mir schon gehen?

PACECCO.
Nun ja, selbst du liegst nicht alle Tage in einem Krankenhaus.

AMIN.
Mir geht's prächtig. Alles in Ordnung. Bis auf diese ständigen Ruhestörungen und das grässliche Krankenhausessen. Damit wollen die wohl den angeschlagenen Patienten endgültig den Todesstoß versetzen.

PACECCO.
Hast bestimmt mächtige Kopfschmerzen, oder?

AMIN.
Ach ja, aber ich bin's ja gewöhnt. Die verschwinden auch wieder.

PAULE.
Wir haben uns schon Sorgen gemacht, weil du so lange bewusstlos gewesen bist. Du hast zwei Tage lang durchgeschlafen.

AMIN.
Zwei Tage? Mein lieber Mann, darum ist meine Zunge so pelzig! Als hätte ich 'ne dicke Katze gefressen!

PACECCO.
Das nicht. Noch nicht. Aber du hast den Jahrmarkt auch so ziemlich aufgemischt.

PAULE.
So sehr, dass wir jetzt lebenslanges Jahrmarktverbot haben.

AMIN.
Ach ja? Ich hab fast keine Erinnerung mehr. Ich erinnere mich nur noch dunkel an eine grinsende Plüschkatze.

PAULE.
Die Polizei hat uns auf der Wache ein paar Fragen gestellt. Wenn du wieder auf den Beinen bist, werden sie dich mit großer Wahrscheinlichkeit auch vernehmen.

PACECCO.
Wird aber diesmal wohl keine große Sache werden. Wahrscheinlich ein Bußgeld, weil du einen Budenbesitzer aus nächster Nähe mit einem Luftgewehr angeschossen hast.

AMIN.
Luftgewehre, Polizei und Bußgelder sind mir egal. Wenn die wollen, können die mich auch in Ketten legen und auf eine Sklavengaleere verfrachten. Es macht keinen Unterschied.

PACECCO.
Na ja, mach dir um das Bußgeld keine Gedanken. Ich bin ja

wieder in der Kohlemiene unterwegs. Es gibt viel zu tun.

PAULE.
Einer muss ja für unser leibliches Wohl sorgen.

Eine unangenehme Gesprächspause entsteht.

AMIN.
Nun steht nicht da wie die Ölgötzen und starrt mich mit großen Augen an! Wieso seid ihr überhaupt hier? Kommt nichts Gutes im Fernsehen?

PACECCO.
Doch. Die zeigen heute viele gute Pornofilme, darunter *Bonnie in Clyde* oder *Monstergurken überfallen die Schweiz*.

AMIN.
Wirklich?

PACECCO.
Ja, aber erst heute Nacht.

PAULE.
Tatsächlich sind Pacecco und ich gekommen, um dich zur Beerdigung zu begleiten, Vater. Heute ist Samstag.

AMIN.
Beerdigung? Was denn für eine Beerdigung?

PACECCO.
Von dem Nachbarn aus den Todesanzeigen. Schnee-Henry.

AMIN.
Ach du Scheiße, die Beerdigung! Die hab ich ja völlig vergessen!

PACECCO.
Zum Glück hast du uns, wir denken ja an alles.

AMIN.
Wie ist 'n das, darf ich überhaupt schon raus hier?

PACECCO.
Nun ja, du darfst zwar theoretisch das Krankenhaus nicht einfach so verlassen, aber ich denke, für zwei Stündchen geht das schon in Ordnung.

PAULE.
Wir werden dich ja direkt im Anschluss wieder zurückbringen.

AMIN.
Dann nichts wie raus hier! Ich kann diese weißen Wände sowieso nicht mehr ertragen! Man sollte diejenigen, die diese menschenunwürdigen Räume zu verantworten haben, für alle Ewigkeiten darin einsperren!

PACECCO.
Ich gehe mal vor die Tür und schaue mal, ob draußen die Luft rein ist. Wenn der Flur leer ist, gebe ich euch ein Zeichen.
Ab.

AMIN.
Dann werde ich mal schnell meine Klamotten anziehen. Ich kann ja schlecht nackt auf der Beerdigung auftauchen, nicht wahr?
Zieht seine Hose an.

PAULE.
Vater?

AMIN.
Was?

PAULE.
Du hast die Beerdigung keinesfalls vergessen, oder?

AMIN.
Nach einer kleinen Pause.
Nein.

PAULE.
Und deswegen das ganze Theater auf dem Jahrmarkt?

AMIN.
Theater ist gut. Ich kapiere nicht, wie Schnee-Henry einfach so sterben kann. Das ist so unwirklich. Weißt du, die Leute, mit denen ich aufgewachsen bin, verschwinden einfach. Egal, was ich tue. Das macht mich fertig.

PAULE.
Aber was bleibt uns anderes übrig, als uns irgendwie damit zu arrangieren? Auch wenn es das Schwerste ist, was es in diesem Leben gibt.

AMIN.
Ich hab einfach Schiss, das ist alles.

PAULE.
Ich weiß, Vater. Komm, nun wollen wir zur Beerdigung gehen und unserem lieben Nachbarn gebührend Tribut zollen.

AMIN.
Das machen wir.
Schaut sich entgeistert um.
Moment mal!

PAULE.
Was hast du?

AMIN.
Ich glaub, diese Schweine vom Krankenhaus haben mir mein Unterhemd geklaut!

Ende

Folge 12 – Die Zahnbehandlung

1. Szene

Als am Freitagabend allmählich die goldenen Sterne am dunklen Firmament erscheinen und der Mann im Mond sein freundlichstes Lächeln aufsetzt, tänzelt unser lieber Pacecco leichtfüßig die Treppen im Hause Manfred empor.

PACECCO.
Kommt zur Tür herein.
Juhu – endlich Wochenende! Seit Montag früh warte ich auf diesen Moment! Zwei Tage lang kein Stress und keine Schinderei in der Kohlemiene!

PAULE.
Sei gegrüßt, lieber Pacecco! Du kommst gerade pünktlich zum Abendbrot! Ich war so frei und habe dir bereits Wurst- und Käsestullen geschmiert, geviertelt und auf dem Wohnzimmertisch zurechtgelegt, sodass du zusammen mit Vater gemütlich fernsehen kannst. Ein eiskaltes Bier steht dort auch für dich bereit.

AMIN.
Ruft aus dem Wohnzimmer.
Paceccos Glas ist völlig leer, du Wicht! Das kalte Bier war ja schon fast lauwarm!

PAULE.
Wie bitte? Ich habe es doch erst vor einer halben Minute eingeschenkt!

AMIN.
Ruft.
Und ich musste es retten, kapiert? Eine Schande, dass du unserem Gast diese lauwarme Brühe anbietest!

PAULE.
Unserem Gast? Pacecco wohnt hier!

PACECCO.
Jetzt hört mal auf, hier rumzubrüllen! Wir wissen ja, dass wir Amin nicht mit einem Glas Bier im Zimmer alleine lassen dürfen.

PAULE.
Ich werde dir unverzüglich ein neues Bier aus dem Kühlschrank holen!

AMIN.
Ruft.
Dann bring mir gefälligst auch ein Bier mit, Paule! Es ist wichtig, den Kreativen immer bei Laune zu halten!

Die Manfreds essen auf dem Sofa vor dem Fernseher gemütlich zu Abend. Doch als Amin gerade herzhaft ein Brötchen mit Erdnussbutter vertilgt, verzieht er deutlich sein Gesicht.

AMIN.
Aua, verdammt!

PACECCO.
Was ist?

AMIN.
Was soll schon sein? Kümmer dich gefälligst um deinen eigenen Kram!

PACECCO.
Ist ja schon gut.

PAULE.
Möchtest du noch eine Stulle, Pacecco?

PACECCO.
Ne, danke, ich bin pappsatt. Noch ein Bissen und ich gehe hoch wie die Sprengladung eines Selbstmordattentäters.

AMIN.
Aua, verdammte Hacke! Dreckiger Mist! Hexenpest und

dreimal Schwarzer Peter!

PAULE.
Was bekümmert dich, Vater?

AMIN.
Wieso fragst du?

PACECCO.
Weil du fluchst und schimpfst, als ob du Schmerzen hättest?

AMIN.
Ach das. Das ist nichts. Nur mein Zahn, das ist alles.

PAULE.
Dein Zahn, Vater?

AMIN.
Ja, der Scheißkerl juckt schon 'ne ganze Weile.

PAULE.
Du hast also Zahnschmerzen?

AMIN.
Ja und? Jeder Mensch hat irgendwann mal Zahnschmerzen, okay? Ich bin da keine Ausnahme. Sogar die verdammte Mona Lisa verfällt!

PAULE.
Wann ist der Schmerz denn zum ersten Mal akut aufgetreten?

AMIN.
Keinen Schimmer. Letztes Jahr im Winter vielleicht. Oder war's schon Frühling?

PACECCO.
Frühling?

PAULE.
Soll das etwa bedeuten, dass du seit mehr als einem halben Jahr Zahnschmerzen hast und bisher kein Wort darüber verloren

hast?

AMIN.
Das kann schon hinkommen. Ich bin halt von Natur aus ein sehr schüchterner Mensch und rede ungern über mein Privatleben. Vor allem, wenn es darum geht, meine lieben Söhne mit meinen Problemen zu belasten! So etwas tue ich nicht!

PACECCO.
So ein Schwachsinn, Amin. Du bist doch auch sonst der Erste, der sich über jeden Fliegendreck bei uns beschwert!

AMIN.
Ist doch keine große Sache! Ich hab dann halt immer mit der anderen Seite gekaut. Das war überhaupt kein Problem für einen Vollprofi wie mich.

PACECCO.
Schön für dich. Und wenn auf der anderen Seite irgendwann auch mal was kaputt geht?

AMIN.
Dann mach ich's wie die Hamster und kau nur noch in der Mitte, ist doch klar!

PACECCO.
Du bist doch geisteskrank, Amin.

PAULE.
Und noch dazu schadest du mit diesem gedankenlosen Verhalten deiner Gesundheit! Im Körper ist alles miteinander verbunden! Wenn du gegen einen angegriffenen Zahn nichts unternimmst, kann es sogar irgendwann dazu kommen, dass dein armes Herz Schaden erleidet!

PACECCO.
Ich habe mal eine ganz doofe Frage: Warum gehst du nicht einfach zum Zahnarzt?

AMIN.
Weil ich diese Typen nicht leiden kann, darum! Das ist doch ein Beruf für Hobby-Schlachtermeister! Wer in jungen Jahren den Wunsch hat, in seinem Beruf den ganzen Tag faule Zähne zu sehen und in Unmengen von Blut zu waten, muss doch schwer einen an der Waffel haben!

PACECCO.
Irgendwer muss sich ja um die ganzen Stinker kümmern, die zu blöd zum Putzen sind.

PAULE.
Da muss ich Pacecco recht geben! Es gibt so viele freundliche Zahnärzte, die sich sorgsam um ihre Patienten kümmern und nur das Beste für ihr Allgemeinwohl im Sinn haben!

AMIN.
Dass ich nicht lache! Die sind doch nur auf die fette Kohle scharf! Die verdienen ihr Geld mit dem Leid ihrer Patienten und kaufen sich davon einen fetten BMW! Schäbiges Pack!

PAULE.
Wenn du die Welt aus dieser Perspektive betrachtest, dürftest du auch etwas gegen Allgemeinmediziner, Chirurgen und Pharmazeuten haben!

AMIN.
Diese Pharmazeuten kommen wenigstens an den guten Stoff ran!

PAULE.
Wie du meinst. Lässt du mich denn wenigstens den Zahn einmal begutachten, sodass ich mir einen Eindruck über das Ausmaß der Zerstörung verschaffen kann?

AMIN.
Was willst du? Hau bloß ab, Mann, ich lasse mir von niemandem in den Mund schauen, ist das klar?

PACECCO.
Sei doch nicht direkt so aggressiv! Willst du jetzt ewig mit dem

kaputten Zahn rumrennen?

AMIN.
Genau das habe ich vor! Bis ans Ende meiner Tage!

PAULE.
Das ist doch kein Zustand, Vater! Wir müssen umgehend einen Termin beim Zahnarzt für dich vereinbaren.

AMIN.
Auf keinen Fall, ich geh nicht zum Zahnarzt! Außerdem haben die sowieso keinen Termin für mich frei!

PACECCO.
Woher willst du das wissen?

AMIN.
Na, aus dem Fernsehen natürlich! In einer Sendung, in der es um Schönheitsoperationen ging, hat so eine Gesichtsruine erzählt, dass sie drei volle Monate auf ihren Zahnarzttermin warten musste!

PACECCO.
Und warum glaubst du, dass es bei dir genauso ablaufen würde? Du hast noch nicht einmal in einer Praxis angerufen!

AMIN.
Ich glaube es nicht, ich fühle es! Das ist männlicher Instinkt!

PACECCO.
Instinkt? Du hast doch nur Schiss!

PAULE.
Was ist mit Doktor Drüsenhäger? Wie ich aus deiner Vergangenheit von den Großeltern weiß, hat er dich schon im jungen Alter behandelt.

AMIN.
Der alte Drüsenhäger ist ein elender Sadist! Immer, wenn ich damals in seine Praxis kam, hat der mich mit einer Wasserpistole bespritzt!

PACECCO.
Wieso das?

AMIN.
Was weiß ich? Wahrscheinlich fand der das lustig! Ich sag's ja, diese Typen sind nicht ganz knusper in der Birne!

PAULE.
Ich bin mir sicher, dass er das heutzutage nicht mehr mit dir machen würde. Aber wenigstens kennt er dich bereits. Das ist viel wert!

AMIN.
Niemand kennt mich richtig!

PAULE.
Blättert im Telefonbuch.
Schau, Nummer und Adresse von Doktor Drüsenhägers Praxis stehen noch immer im Telefonbuch, darum werde ich nun einfach mal dort auf gut Glück anrufen. Ich bin mir sicher, dass du als Patient mit akuten Schmerzen keine drei Monate auf einen Termin warten musst.

AMIN.
Stopp! Mir ist da gerade was eingefallen!

PACECCO.
Was denn?

AMIN.
Gib mir den Telefonhörer, Paule!

PAULE.
Moment, es klingelt bereits!
Jemand hebt ab.
Ja, hier Paule Manfred am Apparat!

AMIN.
Gib mir sofort den Telefonhörer, Paule, oder ich vergesse mich!

PACECCO.
Gib ihm lieber den Hörer, Paule, sonst zerschlägt er wieder die Möbel.

PAULE.
Spricht in den Hörer.
Ja, es tut mir leid, falsch verbunden!
Zu Amin.
Was ist nur in dich gefahren? Oder möchtest du den Herrn Doktor selbst anrufen?

AMIN.
Bullshit, ich ruf jetzt den Zerda an!

PACECCO.
Zerda? Was hat der damit zu tun?

AMIN.
Eine Menge! Wenn Zerda nämlich noch heute kommt und mich mit genügend Koks versorgt, kann ich damit den Schmerz hervorragend betäuben! Ich werde gar nichts mehr spüren! Das ist genial!

PAULE.
Das ist Wahnsinn, Vater! Die Wirkung dieser fatalen Droge sorgt lediglich dafür, dass du die Schmerzen zeitweise aussetzen kannst, doch verschwinden werden sie davon nicht! Wenn die Wirkung verfliegt, fängt dieser teuflische Kreislauf wieder von vorn an! Dann benötigst du wieder eine Dosis, vielleicht sogar eine höhere, um den gleichen Effekt zu erzielen!

AMIN.
Sag ich doch! Das ist genial! Ich muss gleich Zerda Bescheid sagen, dass er mir ein paar Schubkarren voll Koks im Keller bunkern soll!

PAULE.
Aber ...

PACECCO.
Lass ihn nur, Paule. Er wird schon sehen, was er davon hat.

AMIN.
Mensch, es muss schon toll sein, einen so cleveren Vater wie mich zu haben!

2. Szene

Ein paar Tage später scheint bei den Manfreds wieder angenehme Routine eingekehrt zu sein. Während sich Vater Amin im Wohnzimmer vor dem Fernseher geistig an politischen Diskussionen beteiligt, sorgt Paule derweil in der Küche für das leibliche Wohl der Familie. Da schneit auch schon Pacecco zur Tür herein.

PAULE.
Ah, guten Abend, werter Pacecco!

PACECCO.
Ich bin völlig fertig. Heute hatten es diese Schweine wieder auf mich abgesehen! Nur, weil ich schwarz bin!

PAULE.
Schwarz? Du bist doch gar kein Schwarzer.

PACECCO.
Ach ja? Sag das nicht meinen armen Lungen! Die sind mittlerweile von diesem ganzen Staub so verrußt, dass es so aussieht, als hätte ich seit dem 3. Lebensjahr Kette geraucht!

PAULE.
Musst du denn oft husten?

PACECCO.
Soll das ein Witz sein? Jeder, der dort arbeitet, hustet! Die Kollegen, der Vorarbeiter, der Chef, sogar der Hund vom Chef!

PAULE.
Dann solltest du dich schleunigst von einem Arzt untersuchen lassen. Mach es bitte nicht wie Vater, der sich um einen solch

wichtigen Termin drückt wie ein Kleinkind.

PACECCO.
Wo wir gerade von ihm reden, wo steckt der Irre überhaupt?

PAULE.
Er ist im Wohnzimmer und konsumiert pornografische Filme. Rufst du ihn bitte zum Essen?

PACECCO.
Ruft ins Wohnzimmer.
Hey, Amin, du Perverser! Essen ist fertig, hast du gehört?

AMIN.
Schreit aus dem Wohnzimmer.
Schon wieder Essen? Was soll der Scheiß?

PAULE.
Hör lieber nicht hin. Durch diesen ständigen Kokainkonsum ist Vater nicht recht bei Sinnen. Beim Mittagessen hat er haargenau dasselbe gesagt.

AMIN.
Poltert in die Küche.
Verdammte Axt, ihr Buttermilchschlürfer! Warum soll ich ständig essen? Ich fühle mich wie ein Schwein, das den ganzen Tag zur Futtertränke gezerrt wird!

PAULE.
Aber es ist Abendbrotzeit, Vater. Schau nur, Pacecco ist gekommen.

AMIN.
Na und? Der ist doch vorhin erst gegangen!

PACECCO.
Vorhin? Ich habe den ganzen Tag gearbeitet und davon jede einzelne Minute in meinen Muskeln gespürt!

AMIN.
Ach ja? Das ist Pech! Mein Tag verlief heute recht fix! Wie ein

Wimpernschlag!

PACECCO.
Schön für dich. Wie oft warst du heute wieder im Keller?

AMIN.
Überhaupt nicht oft! Vielleicht ein oder zehn, sechzehnmal! Wieso fragst du das überhaupt? Bist du ein Cop? Beschattest du mich heimlich?

PACECCO.
Nur die Ruhe, das war ja nur eine Frage.

PAULE.
So, das Essen ist serviert. Es gibt selbst gemachte Erbsensuppe mit geräuchertem Speck und Brötchen!

AMIN.
Schaut angewidert auf seinen Teller Suppe.
Das musste ja so kommen. Nun sieh sich einer nur diesen Fraß an!

PAULE.
Fraß? Aber ich habe eine Stunde lang in der Küche gekocht!

PACECCO.
Für mich passt es. Mach mir bitte eine große Schüssel voll! Ich habe Hunger wie ein Eisbär!

PAULE.
Soll ich dir auch eine Portion auf den Teller schütten, Vater?

AMIN.
Ja, aber nicht zu viel. Mir reicht's langsam mit diesem ständigen Fraß!

PACECCO.
Liegt das vielleicht daran, dass das Koks nicht mehr richtig anschlägt?

AMIN.
Das Koks? Das ist ein Wundermittel gegen jeglichen Schmerz! Ein paar Tage lang habe ich überhaupt nichts mehr gespürt! Das war das wahre Leben!

PACECCO.
Und jetzt?

AMIN.
Und jetzt ist es so, dass mein Koksvorrat langsam ausgeht. Zerda muss dringend kommen und mir eine neue Schubkarre besorgen. Oder gleich zwei!

PACECCO.
Gut, die bezahlst du aber dann gefälligst von deinem eigenen Geld.

AMIN.
Von meinem eigenen Geld? Wovon sprichst du? Ich habe dich ausgetragen, geboren und groß gezogen! Nun musst du gefälligst für meinen Lebensstandard sorgen!

PAULE.
Aber Vater, Pacecco hat doch recht! So kann es auf keinen Fall weitergehen! Schau nur, wie aggressiv du durch diese schändlichen Drogen geworden bist! Bei jeder Kleinigkeit rastest du völlig aus! Noch dazu siehst du sehr ungesund aus. Deine Haare sind filzig, deine Augen errötet, und deine Haut ist schlecht!

PACECCO.
Geh endlich zum Zahnarzt, Amin!

AMIN.
Ich muss überhaupt nicht mehr zum Zahnarzt! Ich bin völlig schmerzfrei! Ich bin ein Wunder der modernen Medizin!

PACECCO.
Wenn das so ist, dann hast du sicher nichts dagegen, die Erbsensuppe auf der anderen Seite zu kauen.

AMIN.
Was sagst du? Das mach ich doch die ganze Zeit!

PACECCO.
Machst du nicht. Du kaust mit der linken Seite!

AMIN.
Verdammtes Pack! Was fällt euch ein, über meinen Kauvorgang zu urteilen?

PACECCO.
Tu es, Amin! Oder ich kürze dir auch dein Budget für Bier!

AMIN.
Du bluffst doch, du mieser Teppichverkäufer! Das würdest du nicht tun!

PACECCO.
Doch, das würde ich. Also los, zeig mir, wie schmerzfrei du wirklich bist.

AMIN.
Also gut. Dann kaue ich halt auf der anderen Seite. Da ist doch nichts dabei.
Steckt einen Löffel mit Erbsensuppe in seinen Mund und kaut ganz langsam.
Seht ihr, alles ist gut. Es macht mir sogar Spaß! Hurra!

PACECCO.
Gut, nimm noch ein Stück Brötchen dazu.

AMIN.
Ein Brötchen? Wir haben doch überhaupt kein Brötchen!

PACECCO.
Es liegt genau vor deiner Nase. Also nimm das Brötchen. Sofort.

AMIN.
Nimmt das Brötchen und tunkt es in die Erbsensuppe.
Na schön. Dann beiße ich halt in ein Brötchen! Wen juckt's?

Millionen Menschen beißen jeden Tag auf ein Brötchen!

PAULE.
Ich kann gar nicht hinsehen.

Langsam führt Amin das Brötchen in seinen Mund ein und berührt damit seinen wunden Zahn. Abrupt springt Amin vom Tisch auf, schreit wie ein angeschossener Kojote und stürzt Hals über Kopf ins Badezimmer.

PACECCO.
Der Herr hat also keine Schmerzen?

AMIN.
Schreit.
Ich halt's nicht mehr aus! Ich gebe auf! Ich gebe auf! Macht mit mir, was ihr wollt! Aber macht es schnell!

PAULE.
Ich werde unverzüglich in der Praxis von Doktor Drüsenhäger anrufen!

3. Szene

Nachdem ein Termin bei Doktor Drüsenhäger erfolgreich vereinbart wurde, macht sich Amin zwei Tage später in Begleitung von Paule und Pacecco frühmorgens auf den Weg in dessen Praxis. Unsere Helden erreichen schon bald darauf die Eingangspforte.

PAULE.
Sag selbst, Vater, ist das nicht grandios, dass wir bereits zwei Tage nach meinem Anruf einen Termin bei Doktor Drüsenhäger für dich ergattern konnten?

AMIN.
Ja, ich freu mich 'nen Ast. Wenn du bloß mal aufhören würdest, so verdammt fröhlich zu sein!

Als sich die Tür zur Praxis öffnet, läutet ein Glöckchen.

AMIN.
Oh Scheiße, was ist das? Lasst uns abhauen!

PACECCO.
He, bleib schön hier, das war nur die Glocke über der Tür, damit die Leute hier wissen, dass wir kommen. Ein Glück, dass ich uns beide vorher mit Handschellen verbunden habe!

AMIN.
Erniedrigt hast du mich! Wie ein Tier!

PACECCO.
So kannst du wenigstens nicht entkommen.

AMIN.
Wer will denn entkommen? Ich habe doch nur 'nen normalen Kontrolltermin. Jeden Tag gehen Millionen von Menschen zum Zahnarzt. Was soll schon passieren?

PAULE.
Bravo! Das ist der richtige Spirit, Vater! Du und Pacecco, ihr könnt euch schon mal ins Wartezimmer begeben, während ich für dich zur Anmeldung gehe und deine Anwesenheit bestätige.

PACECCO.
Alles klar. Hier lang, Amin!
Zerrt Amin herum.

AMIN.
He, nicht so grob, ja?

Gemeinsam betreten Pacecco und Amin das Wartezimmer, in dem bereits weitere Patienten sitzen und auf ihre Behandlung warten.

AMIN.
Nun sieh sich einer nur mal diese schäbige Baracke von Wartezimmer an! Überall kahle Wände ohne Farbe, die die Leute wohl mit Absicht deprimieren sollen! Aber meinen Geist werdet ihr nicht brechen, das sag ich euch!

PACECCO.
Nun setz dich hier auf den freien Stuhl und schrei nicht so! Hier sind auch noch andere Leute!

AMIN.
Mahlzeit, ihr Leute! Na, seid ihr auch der verdammten Süßwarenindustrie zum Opfer gefallen?

PACECCO.
Gib jetzt Ruhe, Amin. Nimm dir lieber eine Zeitschrift vom Stapel.

AMIN.
Das sind doch alles Zeitschriften für verzweifelte Hausfrauen! Da nehme ich mir lieber diese Buntstifte für Kinder und male denen ein Bild davon, wie ich mit einer selbst gebastelten Rohrbombe die Praxis in die Luft sprenge!

PACECCO.
Lass die Stifte liegen!
Schlägt Amin die Stifte aus der Hand.

AMIN.
Wie kannst du es wagen?

PACECCO.
Du bist so ein Kleinkind!

PAULE.
Betritt das Wartezimmer.
So, Vater, ich habe dich angemeldet. Du musst nur noch diesen Fragebogen ausfüllen, ja?

AMIN.
Fragebogen? Was soll der Scheiß?

PAULE.
Eine reine Formalität. Den müssen alle Patienten bei ihrem ersten Besuch ausfüllen.

AMIN.
Da haben wir es mal wieder – der gläserne Bürger! Wollen die vielleicht auch noch meine Fingerabdrücke, einen Speicheltest und 'ne gottverdammte Urinprobe?

PAULE.
Nein, nur den Fragebogen. Es dauert auch nicht lange, du wirst sehen.

PACECCO.
Gib schon her, ich mach das für Amin, sonst kommen wir hier nie mehr raus!

AMIN.
So ist's recht! Pacecco ist dran! Ich will schließlich nicht ewig in diesem muffigen Kabuff hocken!

Mit bestem Gewissen füllt Pacecco Amins Fragebogen aus. Nur an einer Stelle weiß er nicht so recht, was er schreiben soll.

PACECCO.
So, ich bin fast fertig. Nur eine Sache noch: Hier wird gefragt, ob du Drogen oder Medikamente nimmst.

AMIN.
Nein, von dem Scheiß lass ich die Finger!

PACECCO.
Wann war denn Zerda das letzte Mal bei dir?

AMIN.
Erst heute Morgen, wieso?

PACECCO.
Na super. Und was soll ich jetzt schreiben?

AMIN.
Mach einfach einen Querstrich, um sie zu verwirren. Das hilft immer!

Nachdem eine Weile vergangen ist, kommt eine Zahnarzthelferin ins

Wartezimmer und ruft unseren allseits geduldigen Amin aus.

ZAHNARZTHELFERIN.
Herr Manfred, bitte!

AMIN.
Das bin ich!

PACECCO.
Dann steh schon auf, jetzt geht es los!

AMIN.
Jetzt schon? Aber ich fand's gerade so gemütlich hier!

PAULE.
Keine Bange, wir begleiten dich und weichen dir nicht von der Seite, Vater. Du wirst sehen, deine Schmerzen werden bald gelindert.

AMIN.
Das will ich aber auch hoffen, sonst lass ich den ganzen Laden hier hochgehen!

Die Zahnarzthelferin führt die Manfreds in ein freies Behandlungszimmer. Dort müssen sie sich noch einen Moment gedulden, ehe Doktor Drüsenhäger lächelnd in das Zimmer eintritt.

DOKTOR DRÜSENHÄGER.
Guten Tag, Herr Manfred. Sie habe ich ja ewig nicht mehr hier bei uns gesehen. Aber in der Tat habe ich gelegentlich in der Zeitung von Ihnen gelesen.

AMIN.
Ach, Sie wissen ja, wie das ist, Doc. Diese Zeitungsfritzen übertreiben doch alles, um ihre Schundblätter mit Schlagzeilen zu füllen.

DOKTOR DRÜSENHÄGER.
Da war doch diese Geschichte mit dem Tiger, der an Weihnachten in einem Einkaufscenter gewütet hat, stimmt's?

AMIN.
Erinnern Sie mich bloß nicht daran! Die verdammten Bullen haben mich danach drei Tage lang in die Mangel genommen!

DOKTOR DRÜSENHÄGER.
So ist das also. Und was verschafft mir die Ehre Ihres heutigen Besuchs?

AMIN.
Ach, nichts weiter. Ich wollte einfach mal vorbeischauen und fragen, wie es Ihnen geht. Vielleicht können wir ja gemütlich einen Kaffee trinken und über die alten Zeiten quatschen.

PAULE.
Zu Doktor Drüsenhäger.
In Wirklichkeit leidet Vater jedoch unter heftigen Schmerzen infolge einer möglichen kariösen Erkrankung eines Zahns im rechten Unterkiefer.

AMIN.
Zu Paule.
Du miese Petze!
Zu Doktor Drüsenhäger.
Glauben Sie diesem Spinner kein Wort! Er ist wahnsinnig!

DOKTOR DRÜSENHÄGER.
Nur die Ruhe, Herr Manfred. Wenn Sie unter Schmerzen leiden, werden wir Schritt für Schritt vorgehen. Erst einmal muss ich Ihnen natürlich mal in den Mund schauen, damit ich eine Diagnose erstellen kann. Wenn Sie so freundlich wären, auf dem Stuhl hier Platz zu nehmen.

AMIN.
Dann sagen Sie meinem bescheuerten Sohn, dass er mir dafür die Handschellen abnehmen soll!

DOKTOR DRÜSENHÄGER.
Handschellen?

PACECCO.
Eine reine Vorsichtsmaßnahme.

Schließt Amins Handschellen auf.

Amin setzt sich auf den Zahnarztstuhl. Die Zahnarzthelferin kommt und legt Amin einen Patientenumhang an.

AMIN.
Was ist das? Ein Lätzchen?

ZAHNARZTHELFERIN.
So ähnlich. Wir wollen ja nicht, dass Ihre Kleidung schmutzig wird, nicht wahr?

Nachdem die Kopflehne des Zahnarztstuhls ein Stück weit heruntergefahren wurde, beleuchtet Doktor Drüsenhäger mit der Behandlungsleuchte Amins Mund.

AMIN.
Shit! Das Licht blendet mich so stark! Ich werde ja blind!

PACECCO.
Stell dich nicht so an und mach gefälligst die Augen zu!

AMIN.
Niemals! Ich muss ja sehen, was hier passiert! Was zum Teufel haben Sie dort in der Hand, Doc? Ist das ein Bohrer?

DOKTOR DRÜSENHÄGER.
Nein, nein, das ist nur ein Spiegel. Ganz harmlos. Öffnen Sie jetzt bitte ganz weit den Mund, dann sehe ich mir den Zahn mal an.

AMIN.
Aber treiben Sie bloß keine Spielchen mit mir, ich hab den schwarzen Gürtel!

PACECCO.
Ja, im Biertrinken.

Doktor Drüsenhäger schaut sich mit dem Spiegel in Amins Mund um und klopft anschließend mit einem Instrument leicht auf den kaputten Zahn.

DOKTOR DRÜSENHÄGER.
Tut das weh?

AMIN.
Jault laut auf.
Ob das wehtut? Sind Sie noch zu retten, Sie mieser Sadist? Von wegen harmlos! Was fällt Ihnen ein, so brutal auf meinen Zahn zu schlagen?

DOKTOR DRÜSENHÄGER.
Was auch immer Sie denken mögen, aber ich mache das bestimmt nicht, um Sie zu ärgern.

PAULE.
Er will dir doch nur helfen, Vater!

AMIN.
Ich brauche keine Hilfe, ich brauche dringend ein Bier!

PACECCO.
Hier gibt's kein Bier! Und nun halt den Rand und tu, was der Doktor sagt, Amin!

DOKTOR DRÜSENHÄGER.
Nun, Herr Manfred, ich fürchte, Ihr Zahn ist bereits tief zerstört.

AMIN.
Zerstört? Wie kann das nur sein? Dabei putze ich doch so regelmäßig und gründlich!

PACECCO.
Ja, aber nur jeden zweiten Tag.

AMIN.
Ich lasse halt ungern den Wasserhahn laufen, okay? Ich weiß, euch Verschwender kümmert das kein Stück, wenn in Südafrika die Menschen infolge des Wassermangels zugrunde gehen!

DOKTOR DRÜSENHÄGER.
Ich bin mir sicher, dass die Weltgemeinschaft nicht aus den Fugen gerät, wenn Sie öfters Ihre Zähne putzen. Ich würde nun gerne ein Röntgenbild anfertigen lassen, um einen besseren Eindruck davon zu kriegen, ob an Ihrem Zahn noch etwas zu retten ist.

AMIN.
Ein Röntgenbild? Das heißt, Sie wollen mich mit Gammastrahlen durchleuchten wie ein Glühwürmchen?

Amin wird in ein separates Zimmer geschickt. Dort wird ihm von einer Helferin eine Bleischürze angezogen. Um zu schauen, wie tief die Zahnfraktur ist, muss Amin auf einen dünnen Röntgenfilm beißen, der an seinen kaputten Zahn gehalten wird.

AMIN.
Verdammt, das tut höllisch weh!

ZAHNARZTHELFERIN.
Ich weiß, aber wenn Sie schön mitmachen, ist es im Nu vorbei!

AMIN.
Würgt und spuckt.
Das ist viel zu tief in meinem Mund drin! Ich glaub, ich muss mich übergeben!

ZAHNARZTHELFERIN.
Atmen Sie tief durch die Nase und entspannen Sie sich.

AMIN.
Hilfe! Hilfe! Gedankenpolizei!

Während Amin im Röntgenzimmer weiter behandelt wird, unterhalten sich die restlichen Manfreds ein wenig mit Doktor Drüsenhäger.

DOKTOR DRÜSENHÄGER.
Zu Pacecco.
Ich glaube, ich verstehe jetzt Ihre Maßnahme bezüglich der Handschellen.

PACECCO.
Nicht wahr? Ich bin sein Sohn, ich weiß genau, wie ich mit diesem Irren umgehen muss.

PAULE.
Wird Vater denn bald wieder gesund, Herr Doktor?

DOKTOR DRÜSENHÄGER.
Auf körperlicher Ebene werde ich ihm sicher helfen können.

PACECCO.
Und auf geistiger Ebene hilft sicher nur noch eine Zwangseinweisung.

Nach einer zufällig erfolgreichen Röntgenaufnahme wird Amin zurück ins Behandlungszimmer geführt.

AMIN.
Zu Doktor Drüsenhäger.
Ihre verdammte Helferin hat mir das Zahnfleisch zerschnitten! Mein ganzer Mundboden ist zerfetzt!

DOKTOR DRÜSENHÄGER.
Ich weiß, es drückt zwar ein bisschen, aber für den diagnostischen Wert ist es leider unverzichtbar.

AMIN.
Von wegen! Ich werde Ihre Machenschaften aufdecken und Sie vor den Obersten Gerichtshof schleppen!

ZAHNARZTHELFERIN.
Hier ist Herr Manfreds Röntgenbild, Herr Doktor.

DOKTOR DRÜSENHÄGER.
Ja, danke.
Schaut sich das Röntgenbild genau an.
Aha. Aha.

AMIN.
Nun rücken Sie schon raus mit der Sprache! Mir können Sie's sagen: Werde ich krepieren?

DOKTOR DRÜSENHÄGER.
Wie? Nein, das nicht. Aber es ist leider so, wie ich befürchtet habe, Herr Manfred: Der Zahn muss raus.

AMIN.
Meinen Zahn ziehen? Kommt gar nicht in die Tüte, Sie Knilch!

DOKTOR DRÜSENHÄGER.
Es kommt ganz auf Sie an. Aber wenn Sie den Zahn im unbehandelten Zustand lassen, könnte das für Ihre Gesundheit Konsequenzen haben.

PAULE.
Bitte höre auf den Doktor, Vater! Wenn der Zahn erst einmal draußen ist, bist du all deine Sorgen los! Dich erwartet eine vollkommen neue Lebensqualität!

AMIN.
Ist mir egal! Ich will nicht, dass mir jemand ein Stück meines Körpers entfernt!

PACECCO.
Du solltest dir gut überlegen, was du tust, Amin. Denk dran, dass du bald wieder Geld für Bier von mir willst.

AMIN.
Ich verfluche dich, Pacecco! Immer erpresst du mich mit meinem geliebten Bier!

PACECCO.
Genau das tue ich. Also entscheide dich gut. Wenn du hier ohne Behandlung raus marschierst, siehst du von mir keinen müden Cent mehr.

AMIN.
Das ist ein ganz dreckiger Trick! Das hat man nun von seinen lockeren Erziehungsmethoden! Aber was soll ich machen, ich beuge mich der höheren Gewalt.

DOKTOR DRÜSENHÄGER.
Eine gute Entscheidung, Herr Manfred. Dann werde ich Ihnen jetzt den Zahn mit einer Spritze betäuben.

AMIN.
Dann machen Sie mal voran, Doc! Ich bin schließlich der Amin und habe in schlammigen Schützengräben gekämpft und Dreck gefressen! Ich halt alles aus!

DOKTOR DRÜSENHÄGER.
Setzt die Spritze an.
Dann machen Sie mal schön weit den Mund auf!

AMIN.
Ach du meine Güte! Das nennen Sie eine Spritze, Sie Metzger? Das ist ja eine riesige Harpune!

DOKTOR DRÜSENHÄGER.
Es dauert nur einen Moment, Sie werden sehen.

AMIN.
Nein, ich lasse mir von Ihnen kein riesiges Loch ins Zahnfleisch stechen! Ich hab jetzt genug von diesem Bullshit! Ich hau ab aus diesem Rattenloch!

Sogleich springt Amin vom Zahnarztstuhl auf und schlägt Doktor Drüsenhäger die Spritze aus der Hand. Bevor Paule und Pacecco überhaupt reagieren können, springt Amin mit einem Satz aus dem geöffneten Praxisfenster und läuft wie von Sinnen über eine angrenzende Wiesenfläche.

PAULE.
Herr im Himmel! Vater ist aus dem Fenster gesprungen! Er flieht! Er flieht!

PACECCO.
Ich hab's ja geahnt! Wir hätten diesen Verrückten gleich an dem Stuhl anketten sollen!

DOKTOR DRÜSENHÄGER.
Ich muss zugeben, dass mir ein solches Verhalten in meiner

langjährigen Laufbahn als Zahnarzt bisher noch nicht untergekommen ist.

PACECCO.
Na, der kann sich jetzt auf trockene Zeiten einstellen. Das Bier ist für ihn gestrichen!

PAULE.
Oh weh! Werden wir in dieser Familie denn nie wieder Ruhe finden?

4. Szene

Die Tage vergehen, ohne dass Vater Amins Zahnbehandlung weiter fortgesetzt wird. Jeder versucht auf seine Art, mit der neuen Situation umzugehen. Während sich Pacecco in die Arbeit flüchtet, lenkt sich Paule damit ab, die leckersten Speisen am Küchenherd zu kredenzen. Unser Amin ist angesichts dieser Unterstützung sichtlich gerührt.

PAULE.
Einen wunderschönen guten Abend, Pacecco!

PACECCO.
Tag, Paule. Ich bin völlig fertig. Diese dreckige Arbeit unter Tage bringt mich noch ins Grab.

PAULE.
Es steht bereits eine reichhaltige Mahlzeit für dich auf dem Tisch. Es gibt gebratenes Putenmedaillon mit Kroketten und Mais.

PACECCO.
Hört sich gut an. Isst Amin auch mit?

PAULE.
Das bezweifle ich stark. Als ich Vater heute zum Mittagessen gerufen habe, hat er einen Stuhl an der Wohnzimmerwand zertrümmert.

PACECCO.
Na super. Und beim Frühstück wollte er mir in den Finger beißen. Dabei hätte dieser Feigling den blöden Zahn schon längst los sein können.

PAULE.
Die permanente Pein in seinem Schlund hat ihn völlig verändert. Dabei ist er eigentlich von Herzen so ein liebenswerter Charakter!

AMIN.
Brüllt aus dem Wohnzimmer.
Verdammt noch mal, rieche ich da etwa gebratene Putenmedaillons mit Kroketten und Mais? Ich habe euch verrückten Hühnern doch verboten, in meiner Gegenwart zu essen!

PAULE.
Wie bitte? Ich habe zwei Stunden lang in der Küche gekocht!

AMIN.
Brüllt.
Was kann ich dafür, dass du immer so lang brauchst?

PACECCO.
Schreit zurück.
Jetzt reicht es mir! Ich lasse mir nach einem harten Tag mein Essen nicht miesmachen!

AMIN.
Brüllt.
Ihr sollt verdammt sein, dass ihr mich ständig dazu zwingt, zu reden! Jedes Mal, wenn ich den Mund aufmache, kommt Luft an den Zahn! Das tut weh!

PAULE.
Vaters Zustand verschlechtert sich. Er ist dem Wahn nahe, lieber Pacecco. Ob ich erneut in der Praxis anrufen sollte?

PACECCO.
Das bringt doch nichts, außer wir knebeln ihn mit einem

Maulkorb und stecken ihn in eine Zwangsjacke.

PAULE.
Dann ist guter Rat teuer. Wir werden uns auf schwirige Zeiten einstellen müssen.

PACECCO.
Warte mal, ich habe da so eine Idee. Ich weiß aber nicht, ob es klappt.
Zu Amin.
Amin, kommst du mal her zu uns?

AMIN.
Brüllt.
Warum sollte ich, du Bettnässer?

PACECCO.
Schreit.
Weil ich Wodka mitgebracht habe!

AMIN.
Brüllt.
Wodka?

PACECCO.
Schreit.
Ja, gegen die Schmerzen! Es tut mir so weh, dich leiden zu sehen!

AMIN.
Brüllt.
Kein Witz? Du hast wirklich Wodka dabei?

PACECCO.
Schreit.
Natürlich! Wenn ich dir schon kein Bier mehr kaufe, sollst du wenigstens Wodka haben!

PAULE.
Was hast du vor, Pacecco?

PACECCO.
Das wirst du gleich sehen. Drück beide Daumen.

PAULE.
Und wie ich drücke!

Amin stampft durchs Wohnzimmer und öffnet schnaufend die Küchentür.

AMIN.
Keine Scherze jetzt! Rück den verdammten Wodka raus!

Mit voller Wucht schlägt Pacecco Amin die Küchentür gegen die rechte Wange. Amin taumelt ein paar Schritte zurück und fällt bewusstlos zu Boden. Ein kaputter Zahn kullert leise aus seinem geöffneten Mund.

PAULE.
Oh mein Gott, Pacecco! Du hast Vater mit der Küchentür niedergeknüppelt!

PACECCO.
Super, nicht wahr? Aber nun muss ich schleunigst was essen, um den Alten in Schach zu halten, wenn er wieder aufwacht.

Ende

Folge 13 – Die Flüchtlingskrise

1. Szene

Die Abendsonne verschwindet allmählich am Horizont. Während farbenprächtige Schmetterlinge durch die hell beleuchtete Tulpenstraße flattern, versucht Vater Amin daheim bei den Manfreds, seinem lieben Sohn Paule ein Stück Kultur näherzubringen.

AMIN.
Formt mit seinen Händen zwei Pistolen.
Peng! Peng! Peng! Was für eine klasse Aktion! Hast du das gesehen, Paule?

PAULE.
Oh weh! John Wayne hat schon wieder einen armen Indianer vom Pferd geschossen!

AMIN.
Diese dreckigen Indianer! John Wayne als Ethan macht sie alle kalt! Hoffnungslos zerfressen von Rache und Rassismus! *Der schwarze Falke* ist Kult!

PAULE.
Also ich muss gestehen, dass ich den Film bis jetzt leider ziemlich absurd finde.

AMIN.
Absurd? *Der schwarze Falke*? Sag, suchst du Ärger, du Eierbemaler? Das ist der beste Western, den es gibt! Ein Epos! So etwas wird heutzutage überhaupt nicht mehr produziert!

PAULE.
Behauptet wer? Die Filmindustrie?

AMIN.
Nein, das sage ich, der Amin, klar? Und Millionen andere Westernfans auch! Schau dir nur das staubtrockene Monument Valley an – die perfekte Kulisse für einen perfekten Western!

PAULE.
Gegen die Landschaftsaufnahmen möchte ich auch kein schlechtes Wort verlieren. Allein der Ausblick auf die majestätischen Felsen ist wahrlich atemberaubend! Doch was helfen wunderschöne Landschaftsaufnahmen, wenn die Figuren darin so hölzern agieren?

AMIN.
Ich sag dir eins, Paule: Wenn du die Qualität dieses ewigen Klassikers nicht erkennst, bist du entweder behämmert oder bösartig! Oder beides!

PAULE.
Stichwort bösartig – da wären wir bei meinem Hauptkritikpunkt. Der Bösewicht, also der schwarze Falke, sieht überhaupt nicht aus wie ein Indianer. Das wirkt auf mich eher so, als hätten die Verantwortlichen einen x-beliebigen Fremdling von der Straße aufgegabelt, ihm eine schwarze Perücke aufgesetzt, angemalt und für ein paar Stunden in die Sonne gesetzt.

AMIN.
Pah! Du unterschätzt die gnadenlose Niederträchtigkeit dieses Charakters! Schließlich hat er Ethans Familie fast vollständig massakriert!

PAULE.
Mit der Figur des Ethan Edwards habe ich auch meine Probleme.

AMIN.
Was sagst du da? Du hast was gegen Ethan? John Wayne hat sogar im realen Leben seinen Sohn nach dieser Figur benannt!

PAULE.
Ich gebe zu, dass John Wayne den Charakter Ethan mit einer ordentlichen Portion Wut im Bauch spielt. Ansonsten unterscheidet sich diese Rolle nicht allzu sehr von seinen anderen. John Wayne kann nun mal am besten John Wayne spielen.

AMIN.
Ach ja, du Zwerg? Und was ist mit seinen schauspielerischen Leistungen in *Hatari*, *True Grit* und *McLintock*? Die waren überhaupt nicht alle gleich!

PAULE.
Das kann ich weder bestätigen noch dementieren, da ich diese Filme nicht gesehen habe.

AMIN.
Na siehst du, mit dir ist eine Unterhaltung über die Ikone John Wayne vollkommen unnütz! Das war noch ein richtiger Patriot!

PAULE.
Ich sehe ihn eher als rechtsnationalen Kriegstreiber, der sich selbst vor dem Krieg gedrückt hat.

Da kommt Pacecco zur Tür herein. Gedankenverloren hängt er seine Jacke auf.

PAULE.
Pacecco, was für eine schöne Überraschung! Du bist aber heute zeitig zu Hause!

AMIN.
Schwing deinen verdammten Hintern aufs Sofa, Pacco! Es läuft gerade *Der schwarze Falke* im TV!

PACECCO.
Schon wieder? Danke, aber mir ist gerade nicht nach Filmen.

AMIN.
Was ist nur los mit euch? Keiner weiß diesen Kultklassiker zu würdigen! Das hat man davon, wenn man von Bekloppten umgeben ist!

PAULE.
Stimmt etwas nicht, Pacecco? Du machst so ein betrübtes Gesicht.

AMIN.
Macht der doch immer, dieser verschlagene Miesepeter.

PACECCO.
Es ist nichts. Es ist nur alles im Arsch.

PAULE.
Etwas Ernstes?

PACECCO.
Nun ja. Die haben mich heute rausgeschmissen. Stellt euch das mal vor.

PAULE.
Oh nein!

AMIN.
Rausgeschmissen? Wo rausgeschmissen?

PACECCO.
Aus meinem Job.

AMIN.
Aus deinem Job? Du hast deinen Job verloren?

PAULE.
Ich fürchte, genau das will unser lieber Pacecco damit andeuten.

AMIN.
Skeptisch.
Das gibt's gar nicht. Du willst uns verkohlen, Pacco, stimmt's?

PACECCO.
Wieso sollte ich darüber Scherze machen?

AMIN.
Na, ich hab so was Ähnliches schon mal im TV gesehen! Da haben die Kinder ihre Eltern reingelegt, indem sie ihnen irgendeine abenteuerliche Geschichte aufgetischt haben. Am Ende kam der grinsende Showmaster durch die Tür und hat die

ganze Lügengeschichte in Wohlgefallen aufgelöst. Also, ich spiele das Spiel nicht mit! Wo sind die Fernsehkameras?

PACECCO.
Hier gibt es keine Fernsehkameras, Amin. Das ist echt.

AMIN.
Das haben die Kinder zu ihren Eltern im TV auch gesagt. Aber am Ende ...

PACECCO.
Verdammt, Amin, das ist keine Fernsehshow! Wirst du wohl damit aufhören? Ich habe meinen Job verloren! In echt und in Farbe!

AMIN.
Also keine Fernsehkameras?

PACECCO.
Nein.

AMIN.
Springt vom Sofa auf.
Da brat mir doch einer ein fettes Hühnerei! Bist du jetzt völlig bescheuert, Pacco?

PACECCO.
Wieso soll ich bescheuert sein?

AMIN.
Weil du uns im Stich lässt, du Tunichtgut! Wovon sollen wir denn jetzt leben? Soll ich euch etwa alle von meinem sauer verdienten Arbeitslosengeld durchfüttern?

PACECCO.
Ich weiß es nicht. Aber vielen Dank für dein Mitgefühl.

PAULE.
Macht euch bitte keine Sorgen! Ich leiste doch einen wichtigen Beitrag für die Familienkasse, indem ich jeden Morgen Zeitungen austrage!

AMIN.
Na toll! Von deinem miesen Lohn kann man ja nicht mal ein Butterbrot für sein Großmütterchen kaufen!

PACECCO.
Da muss ich Amin recht geben, Paule.

PAULE.
Warum hast du überhaupt deine Arbeit verloren, Pacecco?

PACECCO.
Das war eigentlich keine große Sache. Die haben mich nur beim Schlafen erwischt.

AMIN.
Du Penner! Du schläfst während der Arbeitszeit?

PACECCO.
Es war keine Absicht! Gestern Nacht kam so ein guter Film, den durfte ich nicht verpassen!

PAULE.
Was für ein Film denn, Pacecco?

PACECCO.
Ein ganz neuer Kunstfilm! Der hieß *Aufstand in der Lederhose*.

PAULE.
Aha. So ein Kunstfilm also.

PACECCO.
Ja, der war klasse, jedoch dauerte der Aufstand fast drei Stunden. Und am nächsten Tag wurde ich dann so müde, dass ich mich einfach in irgendeine Ecke gelegt habe. Ich wollte mich nur kurz ausruhen, bin aber dann eingenickt. Und irgendwann kam der Vorarbeiter vorbei und hat mich wach gerüttelt.

AMIN.
Du Lustmolch! Unter deinem ekelhaften Verhalten muss jetzt

die ganze Familie leiden! Pfui!

PAULE.
Es ist wahrscheinlich halb so wild. Pacecco ist jung und hat Muskeln aus Stahl. Um ihn werden sich viele Firmen reißen.

PACECCO.
Das will ich auch hoffen, schließlich habe ich mit meinen eigenen Händen jahrelang im Dreck gewühlt.

AMIN.
Noch mal pfui! Dann hättest du dir lieber mal öfters die Pfoten waschen sollen!

Plötzlich schwillt der Lärmpegel an.

PAULE.
Hört ihr auch diese ungewöhnlichen Geräusche? Sie scheinen von draußen zu kommen.

PACECCO.
Ich höre es. Vielleicht ist ja wieder ein Zirkus in der Stadt.

AMIN.
Diese verdammten Clowns! Kann man in dieser gottverdammten Straße nicht einmal seine Ruhe haben?

PACECCO.
Wann willst du einmal nicht deine Ruhe haben? Heute Morgen bist du mir fast an die Gurgel gegangen, weil ich mein Frühstücksei zu laut gepellt habe.

AMIN.
Du hast das Ei nicht gepellt, sondern brutal mit einem Löffel aufgeschlagen! Nur Schimpansen tun das!

PAULE.
Sieht aus dem Fenster.
Ich habe die Quelle des Lärms ausfindig gemacht! Es ist mitnichten ein Zirkus, stattdessen sieht es so aus, als wäre die neue Flüchtlingsunterkunft nun endlich bezugsfertig.

AMIN.
Was redest du da? Was denn für eine Flüchtlingsunterkunft?

PACECCO.
Das weißt du nicht, Amin? Die haben den ehemaligen Baumarkt nun in eine Unterkunft für Flüchtlinge umgebaut.

AMIN.
Was sagst du da, der Baumarkt ist weg?
Stürmt zum Fenster.

PACECCO.
Ja klar, schon lange. Gehst du nie vor die Tür, Amin?

AMIN.
Starrt aus dem Fenster.
Scheiße! Schaut euch das an! Der schöne Baumarkt!

Amin und Paule schauen auf eine große Menschenmenge von Leuten aller Altersgruppen, die mit Sack und Pack der Reihe nach durch die Eingangspforte des ehemaligen Baumarktes gehen.

AMIN.
Das ... das ist eine Invasion! Und ich muss es ausbaden, wie immer!

PAULE.
Inwiefern musst du es ausbaden?

AMIN.
Na, ich muss mir jetzt extra einen neuen Baumarkt suchen!

PACECCO.
Aber der stand doch schon vorher leer, also hättest du dir sowieso einen neuen Baumarkt suchen müssen.

AMIN.
Hört nicht hin.
Ist ja nicht zu fassen! Dabei war ich erst neulich da, um grüne Farbe für den Anstrich unserer Wohnung zu holen!

PACECCO.
Farbe für unsere Wohnung? Du meinst, bei unserem Einzug vor 10 Jahren?

AMIN.
Zeit spielt keine Rolle! Ich bin dort gern in der Holzabteilung spazieren gegangen!

PACECCO.
Ich nicht. Der Laden war nicht nur überteuert, sondern auch unfreundlich gegenüber den Kunden. Ich erinnere mich noch genau, wie die Mitarbeiter immer weggelaufen sind und sich vor mir versteckt haben, wenn ich eine Frage hatte.

AMIN.
Ich habe diesen Baumarkt immer wie mein zweites Zuhause betrachtet, klar? Und jetzt dient es als Behausung für dieses ganze Asylantenpack!

PAULE.
Asylantenpack, Vater? Aber das sind doch bettelarme Flüchtlinge, die alles aufgeben mussten, um in ihrem Heimatland vor Hunger, Elend und Tod zu fliehen. Ich habe diese ganze Entwicklung in den Nachrichten verfolgt!

AMIN.
Pah! Glaubst du alles, was sie dir in der Lügenpresse erzählen, du Gutmensch? Die meisten Asylanten sind nichts weiter als Wirtschaftsflüchtlinge vom Balkan, aus Polen oder Eritrea. Das sind allesamt sichere Länder! Da ist das Leben doch schön!

PAULE.
Hast du diese Länder schon einmal besucht oder worauf beruht diese kühne Behauptung? Allein in Eritrea werden bewiesenermaßen von der derzeitigen Regierung Menschenrechtsverletzungen in hohem Ausmaß verübt.

PACECCO.
Ich glaube nicht, dass Amin überhaupt weiß, wo Eritrea liegt.

AMIN.
Na, soweit wird's schon nicht weg sein, schließlich hocken jetzt einige von denen bei uns in der heimischen Tulpenstraße! Und warum?

PAULE.
Damit sie sich und ihren Kindern eine bessere Perspektive ermöglichen können?

AMIN.
Kinder? Pah! Ich sehe dort nur junge Männer in der Blütezeit ihrer Jahre!

PAULE.
Du irrst dich.
Zeigt mit dem Finger auf die Menschenmenge.
Schau nur, da drüben sind einige Frauen mit ihren Kindern. Siehst du sie?

AMIN.
Sieht nur flüchtig hin.
Wie dem auch sei, die meisten von denen wollen nur eins: Unseren reichen Sozialstaat ausbeuten, weil hier das Geld quasi auf der Straße liegt. Aber nicht mit mir, das sag ich euch! Die werden sich nicht an meinen hart erarbeiteten Steuergeldern bereichern!

PACECCO.
Was regst du dich auf? Du hast doch zeit deines Lebens nur als Sozialhilfeempfänger gearbeitet.

AMIN.
Aber ich bezahl die verdammte Mehrwehrsteuer, seit ich ein Kind bin, klar? Damit habe ich diesen Staat allein durch meinen gigantischen Bierkonsum mit aufgebaut und zu Glanz und Gloria verholfen! Und was machen diese Geier von der Regierung? Sie verschleudern das Geld, wie sie gerade lustig sind!

PAULE.
Wenn du so sehr davon überzeugt bist, dass etwas falsch läuft

in diesem Land, dann kannst du bei den nächsten Wahlen die aktuelle Regierung ja mit deinem Stimmzettel abstrafen.

AMIN.
Spöttisch.
Pah! Das glaubst du doch wohl selbst nicht, du pomadisierter Pavian! Als ob Wahlen je etwas verändert hätten. Diese Regierungsparteien sind doch alle gleich! Jacke wie Fluse!

PACECCO.
Madonna mia, dann bastle dir doch ein Schild und geh damit vor dem Reichstag im Kreis spazieren. Dann haben wir wenigstens unsere Ruhe.

AMIN.
Bist du des Wahnsinns? Weißt du eigentlich, wie scheiße kalt es draußen ist?

PAULE.
Das wäre in jedem Fall besser, als seine Wut an Minderheiten auszulassen.

AMIN.
Minderheit? Das wird bald die Mehrheit! Wenn es mit dem Flüchtlingsstrom so weitergeht, schafft sich unser schönes Land noch ab!

PACECCO.
Du hörst dich an wie einer dieser gestressten Neonazis.

AMIN.
Von wegen Neonazi, man darf ja wohl noch seine Meinung sagen! Ich bin nur ein besorgter Bürger!

PACECCO.
Von mir aus, du "besorgter Bürger". Aber statt weiterhin diesen Unsinn anzuhören, werde ich lieber mal Stellenanzeigen in der Zeitung durchblättern.

AMIN.
Dann solltest du dich sputen, sonst schnappen dir die

Flüchtlinge alle guten Jobs vor der Nase weg! Ihr werdet schon sehen! In ein paar Jahren wird man unser Land nicht mehr wiedererkennen! Unsere ganze schöne Kultur wird den Bach runtergehen!

PACECCO.
Unsere Kultur? Du meinst Bier trinken?

AMIN.
Ich meine Bier, Weißwurst und Sauerkraut! Solange ich denken kann, hat dieses Land nur Gutes hervorgebracht!

PAULE.
Und was ist mit der Schuld an zwei Weltkriegen, die unzählige Opfer und Gräueltaten zur Folge hatten? Glaubst du nicht, dass jetzt die Chance für unser Land besteht, ein wenig humanitäre Wiedergutmachung für all das erlittene Leid zu leisten?

AMIN.
Jetzt fängst du wieder mit diesen ollen Kamellen an! Ich bin niemandem etwas schuldig! Seit dem letzten Krieg ist viel Zeit vergangen, klar? Wie lange sollen sich nachkommende Generationen denn noch dafür rechtfertigen müssen?

PAULE.
Wir haben eben die Verantwortung, dass sich diese schrecklichen Zustände nicht noch einmal wiederholen. Jeder Einzelne von uns. Auch wenn einige Zeit seitdem vergangen ist, bedeutet es nicht, dass die Ereignisse damit ungeschehen sind.

AMIN.
Ich habe es satt, mir darüber Gedanken zu machen! Aber eins sage ich euch, ich werde mir für die jetzige Schieflage was einfallen lassen, damit wir uns zur Wehr setzen können! Ich kann und werde diesem chaotischen Treiben nicht mehr tatenlos zuschauen!

PACECCO.
Fein! Dann solltest du vielleicht damit anfangen, den Anteil

von Wahnsinn in deinem Frühstück zu überprüfen! Und uns hältst du diesmal aus deinem Unsinn heraus, hast du verstanden? Komm, Paule, wir gehen rüber. Ich kann diesen Quatsch nicht mehr ertragen.

PAULE.
Tut mir leid, Vater. Aber in dieser wichtigen Angelegenheit bist du leider auf dem Holzweg.

Pacecco und Paule gehen aus dem Wohnzimmer, schließen die Tür und setzen sich zusammen in die Küche.

AMIN.
Schreit ihnen nach.
Ja Menschenskinder, dann haut doch ab! Haut doch alle ab! Ich brauche euch nicht! Ich brauche niemanden, habt ihr verstanden? Menschen halten mich nur davon ab, auf dem Sofa zu sitzen und in Ruhe Fernsehen zu schauen!

Amin lässt sich aufs Sofa fallen, knallt demonstrativ die Füße auf den Fernsehtisch und schaut weiter seinen Western. Während einer Schießerei dreht er den Ton des Fernsehers auf volle Lautstärke.

2. Szene

Einige Tage später absolviert Pacecco einen wahren Bewerbungsmarathon und freut sich darauf, nach diesem anstrengenden Tag endlich nach Hause zu kommen. Dabei begegnet er Paule, der auf einer Stufe im Treppenhaus sitzt und gedankenverloren auf einem Grashalm herumkaut.

PAULE.
Sei gegrüßt, Pacecco.

PACECCO.
Tag Paule. Ich bin fix und fertig. Mit diesem engen Anzug schwitze ich wie ein Tier.

PAULE.
Waren deine Bewerbungsgespräche denn erfolgreich?

PACECCO.
Keine Ahnung. Mal sehen, ob sich überhaupt jemand zurückmeldet.

PAULE.
Wie viele Gespräche hattest du denn?

PACECCO.
Viel zu viele. Ich habe mich unter anderem als Steinmetz beworben, als Bauarbeiter, als Kurierfahrer und als Einkaufswagenschieber.

PAULE.
Als Einkaufswagenschieber?

PACECCO.
Ja, Hauptsache die Kohle kommt rein. Aber ich habe mal eine andere Frage: Warum sitzt du hier unten im Treppenhaus?

PAULE.
Vater hat mich aus der Wohnung verbannt.

PACECCO.
Wieso das denn?

PAULE.
Scheinbar will er unsere Wohnung mit Fallen ausstatten, für den Fall, dass Flüchtlinge kommen, unsere Wohnung aufbrechen und unseren "Wohlstand" rauben wollen.

PACECCO.
Oh nein.

PAULE.
Leider doch. Ich habe bereits versucht, ihn von diesem verrückten Vorhaben abzuhalten, aber er ist vollkommen beratungsresistent. Dann hat er mich aus der Wohnung geworfen. Das war um circa 10.30 Uhr.

PACECCO.
Was? Du wartest seit 10.30 Uhr im Treppenhaus?

PAULE.
Nicht ganz. Zwischendurch führte mich mein Hunger raus auf die Straße. Da ich allerdings kein Geld bei mir hatte, musste ich ein paar Gänseblümchen von der Wiese verspeisen.

PACECCO.
Du bist doch krank. Der gute Pacecco hätte dem Amin die Tür eingetreten.

PAULE.
Bedenke, dass ich nicht deine kolossalen Kräfte besitze! Ich hätte mir dabei wahrscheinlich die O-Beine gebrochen!

PACECCO.
Dann komm, wir gehen jetzt hoch und reden mit Amin Tacheles.

In der oberen Etage angekommen, steckt Pacecco seinen Haustürschlüssel in das Schlüsselloch. Zu seiner Verwunderung muss er feststellen, dass der Schlüssel nicht mehr passt.

PACECCO.
Ich glaube das jetzt nicht. Dieser Irre hat das Schloss ausgetauscht!

PAULE.
Auweia! Er macht also wirklich ernst!

PACECCO.
Jetzt werde ich echt sauer.
Klopft laut an die Tür.
Amin!

PAULE.
Es rührt sich nichts. Womöglich ist Vater gerade unter der Dusche?

PACECCO.
Unsinn, der alte Stinker hat seit Weihnachten nicht mehr gebadet! Der hört uns ganz genau!

Klopft lauter.
Amin! Mach sofort die Tür auf!

AMIN.
Von drinnen.
Wer ist da? Hier gibt's nichts zu holen!

PAULE.
Wir sind es, deine Söhne! Pacecco und Paule! Erkennst du uns nicht?

PACECCO.
Er weiß genau, dass wir es sind. Wer sollte denn sonst so verrückt sein, um hier zu klopfen?

AMIN.
Von drinnen.
Was zum Geier wollt ihr?

PACECCO.
Wir wohnen hier! Lass uns endlich rein, du Verrückter!

AMIN.
Von drinnen.
Habt ihr irgendwelche Flüchtlinge dabei?

PACECCO.
Was? Warum sollten wir Flüchtlinge dabei haben?

AMIN.
Von drinnen.
Na, euch Gutmenschen ist nicht zu trauen!

PAULE.
Himmel hilf! Vater ist dem Wahnsinn verfallen, Pacecco!

PACECCO.
Ach? Das fällt dir jetzt erst auf?

AMIN.
Von drinnen.

Ich kenn doch den Paule! So naiv, wie der ist, geht der glatt auf die Straße und lädt das ganze Asylantenpack zur Bunga-Bunga-Party bei den Manfreds ein!

PACECCO.
Zu Paule.
Hast du irgendwen eingeladen?

PAULE.
Nein, ich habe ausschließlich Gänseblümchen verspeist und in einer alten Zeitung geblättert, die ein Nachbar in einer Mülltonne verloren hat.

PACECCO.
Zu Amin.
Siehst du! Keiner hat irgendwen eingeladen! Jetzt mach endlich die Tür auf, oder ich werde richtig gemein!

Endlich tut Amin wie ihm befohlen. Doch bevor Paule und Pacecco eintreten können, muss Amin sich zuerst mit dem neuen Öffnungsmechanismus der Tür befassen.

AMIN.
Nun kommt endlich rein! Aber macht schnell, man könnte euch verfolgen!

PACECCO.
Niemand verfolgt uns, du paranoider Irrer.
Deutet auf die Tür.
Was zum Teufel machst du hier?

AMIN.
Wonach sieht's denn aus, du Bolschewik? Ich sorge für unsere Sicherheit!

PACECCO.
Und dafür musstest du das Schloss austauschen und fünf schwere Eisenketten mit Nägeln in unsere Tür schlagen?

AMIN.
Schließt die Tür und hängt die Ketten wieder ein.

Ja klar! Das hält viel besser als der sonstige Dreck, den sich die ordinären Kunden im Laden kaufen! Wie sage ich immer: Selbst ist der Amin!

PACECCO.
Verrückt ist der Amin! Was hast du noch gemacht? Sprengladungen gebastelt?

AMIN.
Nein, aber ich habe aus meinem Bett eine sichere Höhle aus Decken und Matratzen entworfen.

PAULE.
Wozu soll das gut sein, Vater?

AMIN.
Na, damit ich nicht im Schlaf von räuberischen Flüchtlingen erdrosselt werde, ist doch klar!

PACECCO.
Lass mich raten: Du hast für die Ausstattung deiner neuen Höhle nicht zufällig unsere Matratzen genommen?

AMIN.
Keine Bange. Ich habe dafür eure Spannbettlaken mit alten Zeitungen und Werbebroschüren gefüttert, die garantieren euch Wärme und besten Liegekomfort.

PACECCO.
Das ist zu gütig von dir. Kann ich dein neues "Meisterwerk" mal sehen?

AMIN.
Klar, geh ruhig in mein Schlafzimmer. Aber pass auf den Stacheldraht auf.

PACECCO.
Stacheldraht?

Und tatsächlich: Als Paule und Pacecco die Tür zu Amins Zimmer öffnen, sehen sie, dass zahlreiche Stacheldrähte durch den Raum gespannt und mit Nägeln befestigt wurden.

PAULE.
Großer Gott! Hier sieht es aus wie auf einer Militärfestung!

AMIN.
Eine reife Leistung, nicht wahr? Ich wusste schon immer, dass eine kleine Handwerkerseele in mir steckt, die nur darauf gewartet hat, dass ich sie eines Tages herauskitzle.

PACECCO.
Musste dieser Tag ausgerechnet heute sein, du Geisteskranker? Ich bin so müde von den heutigen Bewerbungen, dass ich eigentlich nur was essen wollte.

AMIN.
Essen willst du? Kein Problem! Jetzt, da ich für deutlich mehr Sicherheit in dieser Wohnung gesorgt habe, können wir endlich zu Abend essen, ohne nervös über unsere Schulter blicken zu müssen.

PACECCO.
Ich weiß nicht, ob man in deiner Gegenwart überhaupt sicher sein kann.

PAULE.
Ich gehe dann rasch in die Küche und werde das Abendbrot herrichten.

AMIN.
Dann schmier mir ein Käsebrot. Und vergiss meinen doppelten Whisky auf Eis nicht.

PACECCO.
War's das also mit deinen Spinnereien, Amin? Oder hast du hier noch irgendwo eine Anakonda als Wachhund versteckt?

AMIN.
Nein, nein, das war alles. Alles ist gut.

PAULE.
Schreit.
AUA!

PACECCO.
Was ist los, Paule?

AMIN.
Der hat auf dem Weg in die Küche bestimmt zu nah in den Spiegel geguckt.

PAULE.
Kippt um und fasst sich ans Bein.
Mein Leben! Ich bin in eine Bärenfalle getreten!

PACECCO.
Was? Du hast Bärenfallen in der Wohnung ausgelegt, Amin?

AMIN.
Stimmt, die hatte ich völlig vergessen! Reife Leistung von dir, dass du sofort meine Fallen sabotierst, Paule! Was soll der Mist?

PAULE.
Es war nicht meine Absicht, Vater! Aber es wäre wirklich reizend, wenn mich jemand aus dieser Falle befreien könnte!

AMIN.
Du mit deinen absurden Forderungen! Soll ich jetzt etwa kommen und pusten?

PACECCO.
Moment, Paule, ich helfe dir gleich.

AMIN.
Immer die gleiche Leier!
Äfft Paule nach.
"Papa, ich habe mir den Schniedelwutz in der Tür eingeklemmt!", oder "Papa, ich habe mir meinen pinken Fingernagel abgebrochen!"

PACECCO.
Hör auf zu reden und räum endlich diese verfluchten Fallen weg, Amin!

AMIN.
Nur weil mein trotteliger Sohn zu doof ist, um auf seine Quadratlatschen zu achten? Das ist doch grotesk!

PACECCO.
Schreit.
Was wirklich grotesk ist, ist die Tatsache, dass du wegen deiner Paranoia unsere Wohnung in einen Albtraum verwandelst! So möchte ich nicht leben wollen!

AMIN.
Brüllt.
Keiner hat dich dazu gezwungen hierzubleiben, Pacco! Wenn du gehen willst, dann geh!

PACECCO.
Schreit.
Das kannst du haben! Ich werde gleich morgen früh meine Siebensachen packen und hier endlich abhauen!

AMIN.
Klasse! Seit du kein Geld mehr ins Haus bringst, bist du für mich sowieso unnütz geworden!

PACECCO.
Ich bin lieber unnütz, als ein beschissener Rassist! Ich habe dir lang genug bei diesem Schwachsinn zugeschaut! Es steht mir bis oben hin!
Geht in die Küche und knallt die Tür zu.

AMIN.
Schreit.
Mir reicht es noch mehr mit deinem ewigen Gejammer! Du nimmst hier nur noch Platz weg!
Geht ins Wohnzimmer und knallt die Tür zu.

Stille tritt ein.

PAULE.
Ruft.
Hallo? Ich möchte mich ungern wiederholen, doch es wäre wirklich reizend, wenn mich jemand aus dieser Bärenfalle befreien könnte!

3. Szene

Eine ungewöhnliche Stille macht sich im Hause Manfred breit. Doch inmitten der Nacht wird Paule plötzlich durch ein merkwürdiges Lichtflackern an seinem Fenster aus seinen süßen Träumen gerissen. Als er aufsteht und neugierig aus dem Fenster blickt, glaubt er seinen Augen nicht zu trauen. Bestürzt humpelt er mit seinem neuen Verband aus der Tür und stürmt in Paceccos Zimmer.

PAULE.
Fuchtelt wild mit den Armen.
Feurio! Feurio!

PACECCO.
Schreckt erschrocken hoch.
Verdammt, Paule! Was ist los?

PAULE.
Es brennt, Pacecco! Feurio!

PACECCO.
Was? Es brennt? Wo denn?

PAULE.
Im Baumarkt! Das Flüchtlingsheim brennt! Es herrscht Panik und Tumult auf der Straße der Tulpe!

PACECCO.
Es brennt? Ach du Scheiße, lass mal sehen!
Springt auf und rennt zum Wohnzimmerfenster.
Tatsächlich, da geht's richtig zur Sache! Los, Paule, weck den Alten auf!

PAULE.
Zu Befehl, mein Käpt'n!

PAULE.
Humpelt weiter in Amins Schlafzimmer und reißt den Ärmel seines Teddybären-Schlafanzugs am Stacheldraht auf.
Vater! Vater! Wach schnell auf! Feurio!

Amin schläft weiter und grunzt Schnarchgeräusche.

PAULE.
Rüttelt an Amin.
Bitte wach auf! Das ist ein Notfall!

Amin schmatzt noch einmal und dreht sich auf die andere Seite.

PAULE.
Er will nicht aufwachen, Pacecco! Er schmatzt wie ein Baby!

PACECCO.
Na warte, du Baby!

Pacecco hastet ins Zimmer, wühlt sich durch die Matratzen und Kissen, reißt Amins Bettdecke herunter, packt seine Füße und zieht ihn aus dem Bett, sodass er geradewegs auf den Fußboden knallt.

AMIN.
Beim kastrierten Knusperkater! Flüchtlinge wollen mich erdrosseln!

PACECCO.
Wir sind es, du Zottel!

PAULE.
Tut uns sehr leid, dass wir dich wecken müssen, Vater, aber eine Katastrophe ist geschehen!

PACECCO.
Steh sofort auf, Amin, der Baumarkt brennt!

AMIN.
Was ist los? Wer brennt?

PAULE.
Das Flüchtlingslager! Komm ans Fenster und sieh selbst!

Widerwillig rappelt sich Amin auf und taumelt ungelenk umher.

AMIN.
Meine Fresse, ist der Boden kalt, da holt man sich ja den Tod! Wo sind denn nur meine Hausschuhe?

PACECCO.
Deine Hausschuhe sind jetzt völlig schnurz! Da drüben heizen sie schon genug ein!

AMIN.
Schaut aus dem Fenster.
Aha. Aha. Ein Feuer. Und was erwartet ihr jetzt für eine Reaktion von mir?

PAULE.
Ich bitte dich, Vater. Schau dir nur die armen Menschen an, wie sie draußen auf die Straße flüchten und mit ansehen müssen, wie sich ihre neu gewonnene Hoffnung geradewegs in Rauch auflöst.

PACECCO.
Kann man sich das vorstellen? Dabei sind sie gerade erst eingezogen.

AMIN.
Selbst schuld, wenn die so blöd sind und ihre eigene Bude in Brand stecken!

PACECCO.
Warum sollten sie das tun? Das war mit Sicherheit ein Anschlag!

AMIN.
Ein Anschlag? Bullshit, wir leben in einer friedlichen Gegend.

Wer sollte denn nachts um 3.00 Uhr hier rumlaufen und irgendwelche Häuser anzünden?

PACECCO.
Gute Frage. Wahrscheinlich Leute wie du.

AMIN.
Leute wie ich?

PACECCO.
Ja klar. Du hast recht, das hier ist eine friedliche Gegend. Aber in letzter Zeit verhalten sich die Leute hier anders. Diese Angst vor Fremden hat Vorurteile geschaffen, die sich ausbreiten wie eine Krankheit und den Hass unter der Oberfläche schüren. Da ist es nur eine Frage der Zeit, bis irgendein wirrer Kopf auf die Straße geht und Flüchtlingsheime in Brand setzt.

PAULE.
Meine Worte, Pacecco.

AMIN.
Nun werd nicht gleich so emotional. So schlimm ist es nun auch wieder nicht! Ich glaube, dass das Feuer nur auf einem dummen Zufall beruht.

PACECCO.
Ob Zufall oder nicht, viele dieser Menschen sehen gerade live dabei zu, wir ihr Zuhause niederbrennt. Bei den eisigen Temperaturen da draußen ist das doppelt hart.

PAULE.
Seht nur, wie hoch die Flammen aus dem Erdgeschoss peitschen! Wenn nicht rasch etwas geschieht, wird der Brand noch das ganze Gebäude erfassen!

Eine Sirene ertönt und wird stetig lauter.

AMIN.
Schwachsinn, da drüben kommt schon die Feuerwehr.

PAULE.
Dem Himmel sei Dank, endlich! Jetzt wird hoffentlich wieder alles gut!

AMIN.
Na, dann ist ja jetzt alles in Butter. Weckt mich zum Frühstück, klar? Ich will gebratenen Speck, an den Seiten schön knusprig.

PACECCO.
Du gehst wieder ins Bett?

AMIN.
Ja klar! Oder soll ich weiterhin am Fenster stehen und Maulaffen feilhalten? Ich will schlafen, verdammt!

PAULE.
Vater, ich bin wirklich schockiert von deinem passiven Verhalten. Du tust so, als würde dich das Schicksal dieser armen Menschen völlig kaltlassen.

AMIN.
Ich tu nicht so, es ist so! Warum soll mich das interessieren? Die haben ihr Leben, ich hab meins. Und sie werden schon einen neuen Baumarkt finden, in dem sie leben können. Je größer der Abstand, desto besser ist das. Dann gibt es keine Probleme.
Schlurft ins Schlafzimmer zurück.

PACECCO.
Schreit Amin nach.
Genau! Dann hau doch wieder ab in dein Bett! Es braucht dich hier sowieso niemand!

PAULE.
Lass ihn, Pacecco. Es ist seine Meinung.

PACECCO.
Eine schöne Meinung! Für den ist Nächstenliebe doch nur ein Witz! Da ist es auch egal, wenn alle anderen vor die Hunde gehen! Hauptsache ihm geht es gut!

PAULE.
Schaut aus dem Fenster.
Moment mal. Was ist denn jetzt los?

PACECCO.
Was ist wo los?

PAULE.
Ihr werdet es nicht für möglich halten, aber ich glaube, die Einsatzkräfte der Feuerwehr werden daran gehindert, das Feuer zu löschen.

AMIN.
Ruft aus dem Schlafzimmer.
Was sagst du da?

PACECCO.
Paule hat recht! Scheiße, da sind ein paar Typen, die gehen auf die Feuerwehrleute los!

AMIN.
Hastet zum Fenster zurück.
Seid ihr jetzt völlig übergeschnappt? Lasst mal sehen!

Es ist wahr. Unsere Familie Manfred muss mit Bestürzung feststellen, dass vier scheinbar gewaltbereite Schläger die Feuerwehrleute attackieren. Das Feuer kann indes ungehindert weiter Schaden anrichten.

PAULE.
Da! Jetzt versuchen sie, den armen Feuerwehrleuten die Schläuche aus den Händen zu reißen! So können sie den Brand niemals löschen!

PACECCO.
Das sind todsicher dieselben Typen, die auch den Brand gelegt haben! Das müssen verdammte Nazis sein!

AMIN.
Verdammte Nazis in der Nachbarschaft? Sind denn jetzt alle verrückt geworden?

PACECCO.
Scheiße! Die können machen, was sie wollen! Und keiner kommt zur Hilfe! Kriegt das denn keiner mit?

AMIN.
Ach was, die Nachbarn sind doch alle wach und drücken sich wahrscheinlich ihre feigen Visagen an den Fenstern platt!

PACECCO.
Ja, genauso wie wir! Wir sind keinen Deut besser!

AMIN.
Klar sind wir das! Ich seh mir das nicht länger an!

PAULE.
Was hast du vor, Vater?

AMIN.
Ich sag dir, was ich vorhabe, ich sorge jetzt für meine wohlverdiente Nachtruhe!
Reißt das Fenster auf und brüllt.
HEY!

PAULE.
Oh, oh. Jetzt geht's los.

AMIN.
Brüllt weiter.
Hey! Hey, ihr Abfallprodukte! Was fällt euch ein, die Feuerwehr zu belästigen? Verzieht euch, aber ein bisschen plötzlich!

PACECCO.
Bloßes Gerede wird sie nicht aufhalten, Amin! Ich muss sofort runter!

PAULE.
Nicht doch, Pacecco! Das sind Nihilisten! Die werden dich lynchen!

Zu spät. Schon reißt Pacecco die Eisenketten von der Tür, rennt heraus und stürmt wutentbrannt das Treppenhaus hinunter.

AMIN.
Brüllt aus dem Fenster.
Verkackte Nihilisten!

PAULE.
Pacecco hat das Gebäude verlassen, Vater! Himmel, sie werden ihm sein Becken brechen!

AMIN.
Mach dir nicht ins Hemd, der Pacco wird das Ding schon schaukeln! Zum Glück habe ich von hier oben den perfekten Überblick und kann ihm lebensnotwendige Ratschläge zubrüllen!

Als Pacecco raus auf die Straße rennt, schauen Amin und Paule gebannt aus dem Fenster.

PAULE.
Da ist Pacecco! Schon eilt er zu einem der Feuerwehrmänner und unterstützt ihn im Kampf gegen diesen unmoralischen Angreifer!

AMIN.
Brüllt aus dem Fenster.
Mach sie fertig, Pacco! Hau ihnen die Backenzähne raus!

PAULE.
Hurra! Jetzt schalten sich auch einige der Flüchtlinge ein und helfen unserem Pacecco! Damit könnten sie die Oberhand über den Feuerwehrschlauch gewinnen!

AMIN.
Beim Teutates, was hab ich dir gesagt? Wenn man zusammen auf etwas einschlagen will, schafft man das auch!

PAULE.
Das hoffe ich inständig! Sieh nur, dort unten ist plötzlich ein Auto vorgefahren! Da scheinen noch mehr von diesen primitiven Kerlen zu kommen!

AMIN.
Noch drei von der Sorte? Na warte!

PAULE.
Was sollen wir nur tun? Wir müssen Pacecco und den anderen irgendwie helfen!

AMIN.
Scheiße, dass ich Großväterchens Jagdgewehr neulich für einen Kasten Bier verpfändet habe, sonst wüsste ich schon, wie wir helfen könnten!

PAULE.
Gewalt ist keine Lösung, Vater. Wir sollten uns viel mehr dafür einsetzen, eine diplomatische Lösung zu finden.

AMIN.
Ha! Was bin ich doch für ein ausgekochtes Schlitzohr! Da kommt mir glatt ein hervorragender Masterplan!

PAULE.
Dann lass mich bitte an deinem Masterplan teilhaben!

AMIN.
Hast du den leeren Bierkasten aus der Küche schon weggebracht?

PAULE.
Nein, das wollte ich morgen erledigen!

AMIN.
Klasse! Dann zahlt sich jetzt endlich mal aus, dass du so eine faule Primel bist! Lauf schnell in die Küche und hol mir den Kasten!

PAULE.
Aus welchem Grund?

AMIN.
Frag nicht so blöd, sondern hol mir sofort den verdammten Kasten!

PAULE.
Ist gut!

Paule stürmt auf direktem Weg in die Küche, schnappt sich den Kasten mit den leeren Bierflaschen, hechtet zurück zu Amin und schmeißt ihm den Kasten vor die Füße.

AMIN.
Alles klar! Jetzt wollen wir mal sehen, ob diese Arschgeigen wirklich solche harten Burschen sind!

PAULE.
Was hast du nur vor?

AMIN.
Ich zeige denen mal, was es heißt, mit mir Krieg zu führen!

Amin packt sich eine leere Flasche aus dem Kasten und wirft sie aus dem Fenster.

PAULE.
Himmel, Vater, Stopp! Du könntest jemanden ernsthaft verletzen!

AMIN.
Ach ja?

Amin schnappt sich die nächsten zwei Flaschen und donnert sie auf die Straße. Eine Flasche schlägt direkt durch das Seitenfenster des vorgefahrenen Wagens.

AMIN.
Den hab ich voll versenkt!
Brüllt aus dem Fenster.
Na, was haltet ihr davon, ihr Ziegenschänder?

PAULE.
Schaut aus dem Fenster.
Oh Schreck!

AMIN.
Was ist?

PAULE.
Vater, ich möchte ja keine unnötige Panik erzeugen, aber ich glaube, dass die drei Kerle zu uns hochkommen wollen!

AMIN.
Das sollen diese Spiegelglatzen mal versuchen! Das Haus hat eine massive Eingangstür, die nachts immer verschlossen ist. Es wird ewig dauern, bis die dort durchkommen!

PAULE.
Dein Optimismus in Ehren, doch als Pacecco soeben rausgerannt ist, um den Feuerwehrmännern zur Hilfe zu eilen, hat er wohl versehentlich die Tür nicht wieder geschlossen. Sie steht sperrangelweit auf!

AMIN.
Was sagst du da? Pacco der Vollhorst hat die Tür aufgelassen?

Schon können unsere zwei tapferen Freunde hören, wie mindestens drei schwere Kerle das Treppenhaus hinaufstürmen. Ihrem lauten Poltern und dem lautstarken Gebrüll lässt sich entnehmen, dass sie den Manfreds nicht gerade freundlich gesinnt sind.

PAULE.
Oh Gott! Oh Gott! Sie kommen hoch zu uns! Sie werden jeden Moment hier sein! Wo bleibt nur die Polizei?

AMIN.
Pfeif der Hund auf die Polizei, wir können uns selbst helfen!
Zertrümmert eine leere Bierflasche am Fensterrahmen in zwei Hälften und hält den kaputten Flaschenhals als Waffe in die Luft.
Wenn diese Fäkalfresser Stunk wollen, können sie den gern haben!

PAULE.
Aber das sind drei bullige Kerle, die vermutlich tätowiert sind! Wir haben nicht den Hauch einer Chance!

AMIN.
Bullshit! Sag einem Höllenhund wie mir niemals, wie die verdammten Chancen stehen! Schnell! Häng die verdammten Eisenketten wieder vor die Tür!

PAULE.
Humpelt zur Tür und hängt die Eisenketten wieder an die Nägel.
Erledigt. Und was nun?

AMIN.
Hilf mir den Küchenschrank umzuschmeißen, damit wir ihn vor die Tür schieben können!

PAULE.
Aber das gute Kaffeegeschirr von Oma Friedel wird dabei völlig zu Bruch gehen!

AMIN.
Na und? Ich konnte diese ekelhaften Blumenbilder auf den Tellern und Tassen sowieso noch nie leiden!

Mit einem lauten Scheppern werfen Amin und Paule den Schrank auf den Boden und schieben ihn bis an die Wohnungstür heran.

AMIN.
Geschafft! Das dürfte diese Hodenköpfe eine Weile beschäftigen.

PAULE.
Das wünsche ich mir sehr! Ich höre schon ihre Stimmen! Sie müssen direkt hinter der Tür sein!

Paule täuscht sich nicht. Es dauert nicht lange, bis die drei Schläger Ulf, Heinrich und Dobermann die Wohnung der Manfreds ausfindig machen und nun mit ihren schweren Stiefeln gegen die Wohnungstür treten.

DOBERMANN.
Von draußen.
Ihr dreckigen linken Zecken! Wir kommen jetzt rein und schlagen euch eure Köpfe ein!

PAULE.
Meine Güte, das reimt sich! Diese Schläger haben womöglich im Kern doch eine zarte Seele, sodass wir lieber ein klärendes Gespräch mit ihnen suchen sollten!

AMIN.
Du kannst meinetwegen gern rausgehen und sie fragen, ob ihre Seele zart ist!

Die Schläger treten nun fester gegen die Tür. Die Eisenketten werden dabei erschüttert.

PAULE.
Ich denke, ich verzichte lieber.

AMIN.
Brüllt.
Ihr gottverdammten Suppennazis! Macht, dass ihr Land gewinnt!

DOBERMANN.
Von draußen.
Weiter so, Kameraden! Gleich brechen wir durch!

AMIN.
Brüllt.
Ich warne euch! Jeder, der mit seinen dreckigen Füßen mein Grundstück betritt, kriegt es mit mir zu tun!

HEINRICH.
Von draußen.
Warte nur, bis wir mit dir fertig sind!

Unter den gewaltigen Tritten der Nihilisten werden nach und nach die Eisenketten aus ihrer Verankerung gerissen. Es scheint sich nur noch um wenige Augenblicke zu handeln, bis die Tür vollends nachgibt.

PAULE.
Sie brechen gleich durch! Wir müssen sofort hier verschwinden!

AMIN.
Niemals, ich werde diese Wohnung niemals aufgeben! Oder soll ich etwa feige aus dem Fenster springen?

PAULE.
Das Fenster, natürlich! Ich rufe Pacecco um Hilfe!

AMIN.
Dafür ist es zu spät! Jetzt kommt es nur noch auf uns beide an! Wir blicken dem Feind direkt ins Auge, Mann gegen Mann!

PAULE.
Humpelt ans Fenster und jault.
Pacecco! Pacecco! Zu Hilfe! Die Vandalen dringen in unsere Wohnung ein!

AMIN.
Kannst du ihn sehen?

PAULE.
Nein, aber ich höre Sirenen und sehe blaues Licht! Die Polizei ist endlich da!

AMIN.
Wie schön, dass die feinen Damen von der Polente endlich mit ihrem Kaffeekränzchen fertig sind, während wir hier um unser Leben kämpfen müssen!

Als die letzte Eisenkette nachgibt und die Tür aus den Angeln gerissen wird, haben die drei Eindringlinge zuletzt wenig Mühe, den massiven Küchenschrank beiseitezuschieben.

PAULE.
Da! Sie strecken schon ihren Arm durch die Tür!

AMIN.
Keiner streckt seine dreckigen Pfoten ungestraft in meine Wohnung! Da erwacht die Bestie in mir!
Stürmt zur Tür, krallt sich an Dobermanns Arm fest und beißt ihm in die Hand, sodass er vor Schmerz aufbrüllt.

DOBERMANN.
Verdammte Scheiße, dieser Irre hat mich gebissen!

ULF.
Na warte!
Drückt mit aller Kraft gegen die Wohnungstür.

PAULE.
Komm schnell von der Tür weg, Vater! Sie kommen jeden Moment durch!

AMIN.
Schnell, ins Schlafzimmer! Wir verschanzen uns hinter dem Stacheldraht!

Paule und Amin rennen in Amins Schlafzimmer und knallen die Tür hinter sich zu. Anschließend verheddert sich Paule mit seinem Schlafanzug vollends im Stacheldraht.

PAULE.
Oh nein! Oh nein! Ich hänge am Stacheldraht fest!

AMIN.
Was machst du auch für Sachen, du Flötenkönig! Jetzt ist nicht die Zeit, Spielchen zu spielen!

PAULE.
Hilf mir rasch, mich zu befreien, Vater!

AMIN.
Dir helfen? Menschenskind, was du heute alles von mir verlangst!
Hastet zu Paule und fummelt an seinem verhedderten Schlafanzug herum.

Dobermann, Heinrich und Ulf schaffen es derweil in die Wohnung der Manfreds und eilen wutentbrannt ins Schlafzimmer. Amin und Paule stehen den Angreifern nun direkt gegenüber.

DOBERMANN.
Na schön, ihr zwei. Schluss mit lustig. Wer von euch ist das miese Schwein, das mir in die Hand gebissen hat?

PAULE.
Hören Sie, das war alles ein unglaubliches Missverständnis! Bestimmt können wir uns zusammensetzen und gemeinsam nach einer diplomatischen Lösung suchen!

AMIN.
Geht zwei Schritte zur Seite und deutet auf Paule.
Ähm. Der Paule war's! Der Paule war's!

PAULE.
Wie bitte?

DOBERMANN.
Schlägt seine Fäuste gegeneinander und geht auf Paule zu.
Wenn das so ist, dann sprich dein letztes Gebet, Freundchen.

AMIN.
Es ist sehr anständig von dir, dass du dich für uns opfern willst, Paule!

PAULE.
Grundgütiger! Ich will mich aber nicht opfern!

Plötzlich stürmt Pacecco durch die Tür, gefolgt von zahlreichen Flüchtlingen, die nun die Nihilisten mit vereinten Kräften packen und festhalten. Diese schreien im Hinblick auf die überraschende Wendung natürlich Zeter und Mordio.

PAULE.
Pacecco! Pacecco! Wir sind gerettet!

HEINRICH.
Verdammte Scheiße!

DOBERMANN.
Lasst mich los, ihr dreckigen Zecken!

PACECCO.
Ganz ruhig, ihr Scheißkerle. Die Polizei wird sicher gleich da sein und sich um euch kümmern.

AMIN.
Perfektes Timing, Pacco! Ich hab diese miesen Einzeller schon ordentlich in die Mangel genommen!

PACECCO.
Ach ja? Ich dachte, ich hätte schon im Treppenhaus gehört, dass du Paule eigentlich opfern wolltest.

AMIN.
Was? Quatsch! Das habe ich nur gesagt, um Zeit zu schinden! Oder dachtest du ernsthaft, dass ich dich opfern wollte, Paule?

PAULE.
Ähm …

AMIN.
Genauso ist es! Und nun haben es die Manfreds wieder einmal geschafft! Damit ist mein Masterplan komplett!

4. Szene

Als nach dieser schrecklichen Nacht so langsam die ersten Sonnenstrahlen des lieben Morgens durch die heimischen Vorhänge der Häuser der Tulpenstraße dringen, hat sich die Lage einigermaßen beruhigt. Nichtsdestotrotz hat der Brandanschlag dazu geführt, dass ein Teil des Baumarktes fürs Erste unbewohnbar bleibt.
Während die Feuerwehr und die Polizei weiterhin damit beschäftigt sind, die Lage unter Kontrolle zu bringen, haben sich Pacecco, Paule und Amin indes in die Nähe des Baumarktes zu den Flüchtlingen auf die Straße gestellt, um sich mit den Menschen zu solidarisieren und den verursachten Schaden zu begutachten.

PAULE.
Wie geht es deinem Kinn, Pacecco?

PACECCO.
Es schmerzt noch. Dieser dicke Nazi hat mir ganz schön zugesetzt. Aber ich habe gut gekontert. Seine beiden Schneidezähne müssen noch irgendwo auf dem Boden

rumliegen.

PAULE.
Das haben diese rohen Wüstlinge ja auch verdient, gemessen an dem Schaden, den sie angerichtet haben.

PACECCO.
Zeigt auf die Flüchtlinge.
Zum Glück haben mir ein paar nette Leute hier geholfen, die Nazis zu überwältigen und sie zu Boden zu drücken. So hatten wir Zeit, zurück in die Wohnung zu stürmen und euch zu helfen.

PAULE.
Und dafür sind wir auch ehrlich dankbar und zutiefst bewegt. Da dachten diese armen Menschen, sie würden in unserer Tulpenstraße nach all dem erfahrenen Leid und dem Schmerz endlich Frieden finden.

PACECCO.
Ja, hätten wir das Feuer nur früher bemerkt, hätten wir früher einschreiten können.

AMIN.
Hätte, hätte, Fahrradkette!

PAULE.
Willst du uns etwas sagen, Vater?

AMIN.
Ja, ich sage, dass die Trauerzeit vorbei ist! Jetzt will ich Taten sehen!

PACECCO.
Was denn für Taten? Du siehst doch, dass einige Bereiche des Baumarkts völlig verkohlt sind. Wir müssen warten, was die Polizei sagt.

AMIN.
Warten sollen wir? Bullshit! Ich sag euch jetzt, wie's läuft: Pacco, du trommelst sofort Hilfe aus der Nachbarschaft

zusammen, aber zack, zack!

PACECCO.
Warum Hilfe aus der Nachbarschaft? Ich habe diese Nacht keinen von unseren Nachbarn hier draußen gesehen.

AMIN.
Nicht zu fassen, oder? Da gehen diese scheinheiligen Hundefriseure jeden Sonntag in die Kirche und predigen für den Weltfrieden, aber wenn es wirklich mal hart auf hart kommt, hört man von denen keinen Mucks! Anscheinend müssen wir sie mal daran erinnern, was christliche Nächstenliebe wirklich bedeutet! Du rennst also jetzt von Haus zu Haus und fragst nach warmen Klamotten, Essensrationen, Geldspenden und sonstigen Hilfsgütern!

PACECCO.
Ich kann es ja mal versuchen. Aber was ist, wenn die nix geben?

AMIN.
Dann drohst du ihnen damit, dass ich mich andernfalls selbst bei ihnen zum Essen einlade, um mit ihnen auf eine gute Nachbarschaft anzustoßen!

PACECCO.
Gute Idee, dann geben die mir bestimmt alles.

AMIN.
Sag ich ja! Und du, Paule, wirst jetzt in den Supermarkt rennen und sämtliche Sachen besorgen, die man für ein gutes kräftiges Frühstück braucht.

PAULE.
Frühstück, Vater?

AMIN.
Jawohl, mit gutem Bohnenkaffee, Eiern, Marmelade, Käse und Speck. Damit werden wir mit den Jungs und Mädels Flüchtlingen ein großes Frühstück in unserer Wohnung veranstalten. Die Einladung gilt besonders denjenigen, die

heute Nacht ihre Bleibe verloren haben. Platz ist genug!

PAULE.
Das ist eine großartige Idee, Vater!

AMIN.
Das ist aber noch nicht alles. Dazu wirst du unsere Kleiderschränke ausräumen und alles in große Tüten stopfen! Achte vor allem auf dicke Wintermäntel, Mützen, Handschuhe und Schals!

PACECCO.
Moment, Amin. Wenn du jetzt unsere ganzen Klamotten verschenkst, haben wir ja nichts mehr zum Anziehen.

PAULE.
Da hat Pacecco nicht unrecht, Vater. Da er gerade erst seinen Job verloren hat, müssen wir nun auch ein bisschen schauen, wo wir bleiben.

AMIN.
Bullshit, uns geht's doch prima! Oder etwa nicht? Wenn ich ihm richtig Beine mache, wird Pacco schon bald einen neuen Job finden! Und Klamotten sind ersetzbar! Außerdem war das mit der Hilfe von Anfang an eure Idee! Also wollt ihr nun den Leuten helfen oder wollt ihr nur darüber reden?

PACECCO.
Schon gut, dann klingel ich jetzt mal in der Nachbarschaft.

PAULE.
Und ich kaufe die Lebensmittel ein. Hat zufällig jemand ein Eurostück für den Einkaufswagen?

AMIN.
Eurostück? Nimm dir während des Einkaufs gefälligst einen leeren Karton aus dem Supermarktregal, die sind kostenlos! Muss ich dir denn alles erklären?

PAULE.
Ich eile, ich fliege!

Als Paule und Pacecco schon ein paar Meter gelaufen sind, muss sich Amin allerdings noch eine wichtige Sache von der Seele reden.

AMIN.
Moment mal! Stopp!

PACECCO.
Dreht sich genervt um.
Ja Mensch, was denn noch?

AMIN.
Nichts weiter. Ich wollte nur noch Danke sagen.

PACECCO.
Danke?

AMIN.
Ja, ich hab in letzter Zeit etwas den Faden verloren.

PAULE.
Und Stacheldraht ausgerollt.

AMIN.
Jaja, verdammt! Aber nun, ihr habt nicht lockergelassen und auf mich eingequatscht und mir gedroht und jetzt bin ich wieder klar im Kopf. Das wollte ich nur mal loswerden.

PACECCO.
Ich wundere mich nur, weil ich dieses Wort noch nie von dir gehört habe. Woher der plötzliche Sinneswandel?

AMIN.
Ach, ich hab mir gedacht, dass man nicht damit einverstanden sein muss, was diese Geier von der Regierung in ihrem goldenen Turm alles tun und veranstalten. Es kommt für uns nicht darauf an, das ganze Land zu retten, sondern zumindest in der eigenen Nachbarschaft dafür zu sorgen, dass keiner zurückgelassen wird. Im Gegenzug müssen sich alle Neuankömmlinge natürlich darum bemühen, sich nach unseren Werten zu richten, um hier ein gutes Leben zu führen und

böses Blut zu vermeiden. Aber egal, wie sich das Ganze entwickelt: Hauptsache wir bleiben dabei menschlich, klar?

PAULE.
Wir haben verstanden, Vater, mach dir keine Sorgen. Es ist alles vergeben und vergessen. Ist es nicht so, Pacecco?

PACECCO.
Ja, doch. Du hast Glück, dass ich kein Elefant bin, Amin.

AMIN.
Das ist schön. Dann wird es euch hoffentlich auch nicht stören, die nächsten paar Nächte im Oldtimer zu schlafen.

PACECCO.
Was?

PAULE.
Wie bitte, Vater? Wir sollen im Oldtimer nächtigen?

AMIN.
Ja klar! Denkt doch mal nach: Wenn ich ab sofort an eurer statt ein paar Flüchtlinge bei uns in der Wohnung übernachten lasse, bekomme ich reichlich Zuschuss vom Staat! Das ist genial!

PACECCO.
Oh nein.

PAULE.
Du willst dich also an der Flüchtlingskrise nur bereichern, Vater?

AMIN.
Bereichern? Ich sehe das ganz pragmatisch: Ich unterstütze die Flüchtlinge und die unterstützen uns. Gemeinsam gehen wir Hand in Hand! Außerdem kommen wir damit fürs Erste finanziell über die Runden!

PAULE.
Und wie lange soll das andauern?

AMIN.
Natürlich so lange, bis der Pacco einen neuen Job gefunden hat, ist doch klar! Also streng dich gefälligst an, du Penner!

PACECCO.
Na sicher. Ich kann es gar nicht erwarten, jeden Tag wieder für 8–10 Stunden aus dieser Irrenanstalt rauszukommen.

AMIN.
Dann reicht es jetzt auch mit den warmen Worten! Verschwindet endlich und lasst uns Gutes tun! Wir sind schließlich die Manfreds und haben die Nächstenliebe mit goldenen Löffeln gefressen!
Erhebt seine Stimme und winkt dabei mit den Händen.
Also, an alle Flüchtlinge hier draußen, ich bin der Amin! Folgt mir, wenn ihr hungrig seid!

Die Flüchtlinge schauen Amin skeptisch an.

PAULE.
Ich bezweifle, dass sie bereits unsere Sprache sprechen, Vater. Versuch es doch einmal auf Englisch.

AMIN.
Ähm ... power to the people!
Zu Paule.
Was heißt denn Flüchtlinge auf Englisch?

PAULE.
Refugees.

AMIN.
Hab ich's doch gewusst!
Mit starkem Akzent.
Also dann, follow me! Ich bin the Amin! And wir sind the motherfucking Manfreds! Refugees welcome!

Ende

Dieses Buch ist der Familie Manfred gewidmet

Fabian, Juan & Daniel – Freunde fürs Leben

„Champagner auf dem Balkon"

Dieser Gedichtband handelt von Liebe und Verlorenheit, Verlust und Nostalgie. Es geht um unerfüllte Träume von kaputten Existenzen, die ziellos durch die nächtlichen Straßen der Großstädte streifen und ihren Kummer allein in dunklen Bars ertränken. Es geht um kritische Momente, selbstzerstörerische Stimmungen und um die Hoffnung auf einen besseren Morgen.

„Sieben Tage für die Liebe"

Gwen Anderson, eine erfolglose Schriftstellerin mit Hang zu Melancholie und Weißwein, hält sich mit schlecht bezahlten Gelegenheitsjobs über Wasser.
Eines Tages zwingt sie ein plötzlicher Trauerfall dazu, nach Jahren der Abwesenheit in ihre alte Heimatstadt zurückzukehren. Dort muss Gwen sich nicht nur den Dämonen ihrer Vergangenheit stellen, sondern lernt noch dazu den charismatischen Ben Miller kennen, der mitten in einer unglücklichen Beziehung mit einer egozentrischen Influencerin steckt und Gwens Gefühlswelt gehörig durcheinanderwirbelt ...

"Sieben Tage für die Liebe" — eine melancholische Liebeserklärung an Musik, Film und die Kunst, jeden Tag aufs Neue bewusst zu gestalten.

„Baby Joe entdeckt die Welt – Mein erstes Jahr"

Baby Joe feiert seinen ersten Geburtstag und erzählt dabei in geselliger Runde spannende Anekdoten aus seiner Zeit als Baby.
Natürlich lässt der kleine Joey dabei keine Details aus und berichtet mit scharfer Beobachtungsgabe unter anderem von seiner eigenen Entbindung, dem chaotischen Fotoshooting im Krankenhaus, der Kunst des perfekten Wickelns und von den täglichen Abenteuern und Erfahrungen, die er daheim mit seinen frischgebackenen Eltern erlebt hat.

"Baby Joe": Ein humorvolles Buch aus der Perspektive eines Babys!

www.ingramcontent.com/pod-product-compliance
Lightning Source LLC
LaVergne TN
LVHW051108080426
835510LV00018B/1953